南懷瑾文化

花雨滿天 維摩說法

南懷瑾◎講述

下

目錄

《花雨滿天維摩說法》下冊

卷下

菩薩行品第十一　431

囑累品第十四 621

觀眾生品第七

爾時，文殊師利問維摩詰言：菩薩云何觀於眾生？維摩詰言：譬如幻師見所幻人，菩薩觀眾生為若此。如智者見水中月，如鏡中見其面像，如熱時焰，如呼聲響，如空中雲，如水聚沫，如水上泡，如芭蕉堅，如電久住，如第五大，如第六陰，如第七情，如十三入，如十九界，菩薩觀眾生為若此。如無色界色，如燋穀芽，如須陀洹身見，如阿那含入胎，如阿羅漢三毒，如得忍菩薩貪恚毀禁，如佛煩惱習，如盲者見色，如入滅盡定出入息，如空中鳥跡，如石女兒，如化人煩惱，如夢所見已寤，如滅度者受身，如無煙之火，菩薩觀眾生為若此。

文殊師利言：若菩薩作是觀者，云何行慈？維摩詰言：菩薩作是觀已，自念：我當為眾生說如斯法，是即真實慈也。行寂滅慈，無所生故。

行不熱慈，無煩惱故。行等之慈，等三世故。行無諍慈，無所起故。行不二慈，內外不合故。行不壞慈，畢竟盡故。行堅固慈，心無毀故。行清淨慈，諸法性淨故。行無邊慈，如虛空故。行阿羅漢慈，破結賊故。行菩薩慈，安眾生故。行如來慈，得如相故。行佛之慈，覺眾生故。行自然慈，無因得故。行菩提慈，等一味故。行無等慈，斷諸愛故。行大悲慈，導以大乘故。行無厭慈，觀空無我故。行法施慈，無遺惜故。行持戒慈，化毀禁故。行忍辱慈，護彼我故。行精進慈，荷負眾生故。行禪定慈，不受味故。行智慧慈，無不知時故。行方便慈，一切示現故。行無隱慈，直心清淨故。行深心慈，無雜行故。行無誑慈，不虛假故。行安樂慈，令得佛樂故。菩薩之慈為若此也。

文殊師利又問：何謂為悲？答曰：菩薩所作功德，皆與一切眾生共之。何謂為喜？答曰：有所饒益，歡喜無悔。何謂為捨？答曰：所作福祐，無所希望。文殊師利又問：生死有畏，菩薩當何所依？維摩詰言：

菩薩於生死畏中，當依如來功德之力。文殊師利又問：菩薩欲依如來功德之力，當於何住？答曰：菩薩欲依如來功德力者，當住度脫一切眾生。又問：欲度眾生，當何所除？答曰：欲度眾生，除其煩惱。又問：欲除煩惱，當何所行？答曰：當行正念。又問：云何行於正念？答曰：當行不生不滅。又問：何法不生，何法不滅？答曰：不善不生，善法不滅。又問：善、不善孰為本？答曰：身為本。又問：身孰為本？答曰：欲貪為本。又問：欲貪孰為本？答曰：虛妄分別為本。又問：虛妄分別孰為本？答曰：顛倒想為本。又問：顛倒想孰為本？答曰：無住為本。又問：無住孰為本？答曰：無住則無本。文殊師利，從無住本，立一切法。

時，維摩詰室，有一天女，見諸天人聞所說法，便現其身。即以天華，散諸菩薩、大弟子上。華至諸菩薩，即皆墮落，至大弟子，便著不墮。一切弟子神力去華，不能令去。爾時，天問舍利弗：何故去華？答曰：此華不如法，是以去之。天曰：勿謂此華為不如法，所以者何？是華無所分別，仁者自生分別想耳。若於佛法出家，有所分別，為不如法。若無所分別，是則如法。觀諸菩薩華不著者，已斷一切分別想故。譬如人畏時，非人得其便。如是弟子畏生死故，色聲香味觸得其便也。已離畏者，一切五欲無能為也。結習未盡，華著身耳。結習盡者，華不著也。舍利弗言：天止此室，其已久如？答曰：我止此室，如耆年解脫。舍利弗言：止此久耶？天曰：耆年解脫，亦何如久？舍利弗默然不答。天曰：如何耆舊，大智而默？答曰：解脫者，無所言說，故吾於是不知所云。天曰：言說文字，皆解脫相。所以者何？解脫者，不內，不外，不在兩間。文字亦不內，不外，不在兩間。是故舍利弗，無離文字說解脫也。所以者何？一切諸法是解脫相。舍利弗言：不復以離婬怒癡為解脫乎？天曰：佛為增上慢人，說離婬怒癡為解脫耳。若無增上慢者，佛說婬怒癡性，即是解脫。舍利弗言：善哉！善哉！天女，汝何所得？以何為證？辯乃如是？天曰：我無得無證，故辯如是。所以者何？若有得有證者，即於佛法為增上慢。

舍利弗問天：汝於三乘為何志求？天曰：以聲聞法化眾生故，我為聲聞。以因緣法化眾生故，我為辟支佛。以大悲法化眾生故，我為大乘。舍利弗，如人入瞻蔔林，唯齅瞻蔔，不齅餘香。如是，若入此室，但聞佛功德之香，不樂聞聲聞、辟支佛功德香也。舍利弗，其有釋、梵、四天王、諸天、龍、鬼、神等入此室者，聞斯上人講說正法，皆樂佛功德之香，發心而出。舍利弗，吾止此室十有二年，初不聞說聲聞、辟支佛法，但聞菩薩大慈大悲，不可思議諸佛之法。舍利弗，此室常現八未曾有難得之法。何等為八？此室常以金色光照，晝夜無異，不以日月所照為明，是為一未曾有難得之法。此室入者，不為諸垢之所惱也，是為二未曾有難得之法。此室常有釋、梵、四天王、他方菩薩來會不絕，是為三未曾有難得之法。此室常說六波羅蜜、不退轉法，是為四未曾有難得之法。此室常作天人第一之樂，絃出無量法化之聲，是為五未曾有難得之法。此室有四大藏，眾寶積滿，賙窮濟乏，求得無盡，是為六未曾有難得之法。此室釋迦牟尼佛、阿彌陀佛、阿閦佛、寶德、寶炎、寶月、寶嚴、難勝、師子響、一切利成，如是等十方無量諸佛，是上人念時，即皆為來，廣說諸佛祕要法藏，說已還去，是為七未曾有難得之法。此室一切諸天嚴飾宮殿，諸佛淨土，皆於中現，是為八未曾有難得之法。舍利弗，此室常現八未曾有難得之法，誰有見斯不思議事，而復樂於聲聞法乎？

舍利弗言：汝何以不轉女身？天曰：我從十二年來，求女人相了不可得，當何所轉？譬如幻師化作幻女，若有人問：何以不轉女身？是人為正問不？舍利弗言：不也，幻無定相，當何所轉？天曰：一切諸法，亦復如是，無有定相，云何乃問不轉女身？即時天女以神通力，變舍利弗令如天女，天自化身如舍利弗，而問言：何以不轉女身？舍利弗以天女像而答言：我今不知何轉而變為女身。天曰：舍利弗，若能轉此女身，則一切女人亦當能轉。如舍利弗，非女而現女身，一切女人，亦復如是。雖現女身，而非女也。是故佛說一切諸法，非男非女。即時，天女還攝神力，舍利弗身還復如故。天問舍利弗：女身色相，今何所在？舍利弗言：女身色相，無在無不在。天曰：一切諸法，亦復如是，無在無不在。夫無在無不在者，佛所說也。

舍利弗問天：汝於此沒，當生何所？天曰：佛化所生，吾如彼生。曰：佛化所生，非沒生也？天曰：眾生猶然，無沒生也。舍利弗問天：汝久如當得阿耨多羅三藐三菩提？天曰：如舍利弗還為凡夫，我乃當成阿耨多羅三藐三菩提。舍利弗言：我作凡夫，無有是處。天曰：我得阿耨多羅三藐三菩提，亦無是處。所以者何？菩提無住處，是故無有得者。舍利弗言：今諸佛得阿耨多羅三藐三菩提，已得當得，如恆河沙，皆謂何乎？天曰：皆以世俗文字數故，說有三世，非謂菩提有去來今。天曰：舍利弗，汝得阿羅漢道耶？曰：無所得故而得。天曰：諸佛菩薩，亦復如是。無所得故而得。

爾時，維摩詰語舍利弗：是天女已曾供養九十二億諸佛，已能遊戲菩薩神通，所願具足，得無生忍，住不退轉，以本願故，隨意能現，教化眾生。

現在開始講第七品。我們要把握本經一個觀念，《維摩詰經》的重點是不二法門的解脫，不二法門是無所謂出世入世、修道與不修道。佛與眾生，本來已經解脫了，沒有人束縛你。真得了解脫，就可以證得法身了。法身本自清淨，如何能證得清淨呢？必須有解脫的般若。所以解脫、法身、般若是一體的。把握了這個重點，再來研究第七品。

這一品有個重點，在《金剛經》裡，佛也提過這個問題，佛說：「眾生眾生者，如來說非眾生，是名眾生。」一切眾生本來自我解脫的，本來在道中。因為我們不能得解脫，《金剛經》最後提出結論：「一切有為法，如夢幻泡影，如露亦如電，應作如是觀。」怎麼去觀呢？本來是個大法，可是因為我們不了解，把它變成了小法了。把大止觀變成了小止觀，所以怎麼觀也觀不起來。這個觀是心觀，心解脫了是正觀。如何心得解脫？要般若正觀，也就是正念。如何是非眾生？他告訴我們非眾生並不就是佛，反過來講，眾生即非眾生，也無所謂佛不佛。有個佛的觀念存在，就不是佛，又變成眾生了。

幻觀

「爾時，文殊師利問維摩詰言：菩薩云何觀於眾生？」行大乘菩薩道，怎麼樣看眾生？我們學佛的人要先檢討一下，普通一提到眾生這名辭，我們就想到豬牛狗馬，或者別人。從來沒有想到自己也是眾生，對不對？這是我們常犯的錯誤，我們就是眾生，這是第一。第二，行願時犯的錯誤是，大家都知道要度眾生，對於自己親近左右的人，像是父母、夫妻、兒女、朋友，卻非常怨恨，度不了自己身旁的眾生，只有結怨。這是要好好反省的。

鳩摩羅什法師的翻譯都是用眾生，到玄奘法師就是用「有情」，甚至有的地方他連「有情」都不用，而是用「補特伽羅」——數取趣。我們看到鳩摩羅什法師翻譯的眾生，就要參考玄奘法師的翻譯。在梵文中，眾生是指現象，就像是一盆花的花朵，而有情是指花的根，因為眾生是因有情欲而來的。到宋朝以後，有時就把兩種翻譯連起來用，成了「有情眾生」，就把這名辭的意義表達了三分之二。不過還有一個意義沒有包括：數取趣。所以在《成唯識論》還是用音譯的「補特伽羅」。

觀眾生就是觀自己，自己觀成了，再觀一切有情眾生。觀是真實工夫，硬要止觀做到了。例如小乘與大乘共同修法的白骨觀和不淨觀，我幾十年來大聲疾呼，我們在末法時代不要忘了佛的本法。白骨觀和不淨觀真的修好了，顯教各種的止觀、各種定力三昧，密教的各種法門，就都通了，非常非常的重要。很多密宗畫的佛像，腳下就踩著個死人骷髏，蓮花生大士手裡拿的就是骷髏杖，再不然普賢菩薩手上托的是天靈蓋，就是要你先把基礎的白骨觀和不淨觀修好了，才能進一步修轉化的法門。

為什麼講到這裡呢？修白骨觀的人由一根腳趾頭開始，把自己觀成白骨的修法成就了，然後觀一切眾生都是白骨。這只是成就了初步止觀的觀，還沒有到達真正大止大觀的境界。到達白骨化光，連光也空，與虛空合一，才是白骨觀的成就，這還是止觀的初步。由此證得各種果位，是小乘的基點，化空以後，由此起行願，一步一步走入大乘般若境界。

《維摩詰經》上講的「觀於眾生」，就是由這個止觀擴充到大的實相法門，不是理論。現在看維摩居士的答案。

「維摩詰言：譬如幻師見所幻人，菩薩觀眾生為若此。如智者見水中月，如鏡中見其面像，如熱時焰，如呼聲響，如空中雲，如水聚沫，如水上泡，如芭蕉堅，如電久住」，這些是佛經常用現象界的比喻，佛學上有所謂「十比喻」，就是這裡用的。《維摩詰經》文字流暢，我們常就這麼看過去了。文學境界正是落在有情的「情」上面，修道的人看到好的詩詞歌賦，就不應該被它騙走了，要拿智慧來念。反而是研究唯識這些智慧的學問，卻要用情感來看。一切學問成就的巧妙就在這裡。

現在維摩居士用比喻的法門，是比方，不是真的。但是這比喻又是真的，因為是止觀的境界，這個印象真達到了，你的定力就夠了。他說比如「幻師見所幻人」，幻師是變把戲的，用今天的話是像拍電影時的攝影師。你們都用過照像機，不見得搞過電影，在攝影棚中拍攝一天下來，自己都不知道在搞什麼了。我們看到的電影都是他拍下來的，他拍了後只看這個畫面，不是在看戲，那個心情是不一樣的。幻師見所幻人就像是這個心情。從止觀來說，不管你用什麼法門，數息、念佛、觀想，到了這時候，一幕一幕的境界就出來了，乃至看自己的身體也如此。此時，你不要忘記「譬如幻師見所幻人」，不是真的。認為是真的就被騙了，入魔了。說是假的嗎？不是假的，夢幻也是真的。這個裡頭須要般若了，需要解脫了。

菩薩觀一切眾生，乃至觀自己的身心，從四念處開始。這四念處是大小乘基礎的基礎，不能動搖的。我們再提一次：「念身不淨、念受是苦、念心無常、念法無我。」要觀到自己身心真如幻境，就是正止觀了。

「如智者見水中月」，這裡要注意「智者」這兩個字。看水中月是佛的八萬四千法門中的一種。禪宗的祖師們常講在水邊林下行道，中國佛教畫觀世音菩薩在南海上打坐，都是水觀或觀水中月，是真實的修法。不過要修過這個法門的師父指導，否則容易走入幻境。在水邊或海邊看月亮，很容易就忘掉身體了，忘掉了我，忘掉了一切，好像水中的月與我身心渾然一體。觀成功後，離開了水月現場，意識上還隨時在水月境界中，心境無比清淨，無比清涼，立刻得到解脫。但是要注意：譬如幻師見所幻「境」，不要認為自己成功了，那樣馬上很多妄想境界就來了。書讀得愈多的人幻想愈多，比如王陽明的詩：

險夷原不滯胸中　何異浮雲過太空
夜靜海濤三萬里　月明飛錫下天風

王陽明當時受奸臣劉瑾迫害，要追殺他。他那時正在學天台宗的禪，他逃到一處躲起來，故意留下一對鞋在水邊，追殺他的人以為他投水了。這時他心中平靜，看空了生死，這首詩的氣派極大。飛錫是講智者大師的典故，大師到了天台山，在兩山之間，將錫杖一丟，就乘錫杖而飛過。你看你們個個聽得眼睛發亮，在領受這詩的境界，如果修定修觀到了這個樣子，就已經是魔障了！是什麼魔障？文字魔障起來了。你說自己也沒有打妄想，但你這境界一起來就是魔障了。所以修止觀是不容易的。你雖然沒有起男女之欲，也沒有求名求利，文字魔也是魔，就障礙住你了。

這裡講的水月觀等等都是夢幻觀，是真工夫。密宗叫作幻網三昧，有專門修這個的法門。在顯教有《梵網經》，只提這個法門。

「如鏡中見其面像」，密宗也有這種法門，但是不可以多修。比如在修準提法也偶爾會露一點消息，打坐時坐在鏡子前面，自己看自己，不用半個鐘頭，你身體就沒有了。你們聽了不要自己去玩啊！玩不好同我沒有關係的。這種看自己的法門在密法是大戒，不是有大功德的人不能修的，修不好就是精神分裂。修得好就化身成就，看到鏡中的人變成了我，自己這肉體就丟開了，看一切眾生就如夢幻。這是提一點影子給你們聽，不是全部的修法，只是證明顯教的佛經，都是實際修法的真事。

「如熱時焰」，你在大熱天時看馬路，尤其是在高速公路上，看到前面像是水一樣的幻像，就是熱時焰。佛經上有說，我們人類的水，在餓鬼看起來是火，他不敢喝的，在天人看來又是琉璃。這就看你從誰的觀點在看，所以物質界沒有一樣東西是真實的。我們看到的高樓大廈，在物理大師的眼中就不一樣，可見世上東西都是熱時焰。你打坐到某個程度會流汗，有時候牙痛，頭發脹，那是裡面發炎，不是打坐坐出來的，是你身體內部本來有毛病，因為靜極了，把裡面的病逼了出來，這對身體是有益的，但是因為信心不夠，就亂投醫。這個時候的用藥，同一般的用法是兩樣的，一般醫生不知道，藥吃下去更不對，打坐就變成病了。

熱時焰是講有時你打坐看見了什麼境界，自以為得了天眼通，認為看見的都是真實的。當然不是的，是你身體內部所存的熱時焰，由於後腦神經的氣脈不通所引起的。所謂氣脈不是空氣之氣，是屬於血液循環的流行。因為流行不通透，就發出這些光影。有人修止觀的，到了眼睛，眼睛發紅，到了耳朵，耳朵發炎。這是修止觀的熱時之焰，是假象，你一概不理就進一步了，就可以得如幻三昧，進去了。

「如呼聲響」，是空谷回音，聲音一出就回過來是響。空谷回音，你們去到山野中，如果要躲雨時，不要隨便入山洞，佛門規矩是要先拍掌，如果山洞有回音，立刻就要退出來。古代是說這代表了洞中有妖怪，實際上，山洞或是一間房中有回聲，代表著空氣不能對流。如果有對流，就沒有回聲，這是科學道理。空氣不能對流當然不好，廢氣容易積聚，容易被悶死。聲響的作用在於此。

念佛、修觀音法門的人，碰到這個境界就要反聞聞自性，許多又學念咒子、又學止觀、又學聽呼吸的人，甚至從印度傳過來的，現在全世界流行的超覺靜坐，念咒子念慣了，到了相當程度，耳朵裡經常聽到有人跟你講話，很多人就這樣變神經了，例子特別多。事實上，呼聲響的幻觀法門是修行上必經之路。搞錯了以為是耳通，耳朵裡聽到跟你講的事都很靈驗，有的人就出來玩神通、賣錢了。了解的話，就要把握《維摩詰經》這一段：「譬如幻師見所幻人」，智者觀之皆如夢幻空花。那樣你可以修正止觀了，那聲音也馬上就沒有了，就會進到自性真空的境界。如果不懂這個道理，就被幻相的聲音迷住了，這就是小說講的走火入魔，這魔都是你自己變的，哪裡有什麼魔！

「如空中雲」，這個觀法在普通地方不能修持，要住山頂的人才能修，要在孤峰上打坐，也不能跏趺坐，要用獅子坐，手撐著，觀雲海而入定。慢慢自己的身體化作一片雲，受陰就空了，很容易進入空幻三昧。

「如水聚沫」，這修法也真有的，同上面說的水邊林下修法不同。據我了解，水聚沫的法門是不大肯傳的，因為據佛經上說，這法門是龍宮的修法。不過這消息在《楞嚴經》也露了一點，二十五種圓通法門中，就有一位菩薩是修水觀的。中國隋朝時有位比丘（注：釋法進）是修水觀的，在《神僧傳》上有記載。這比丘在房中作水觀，徒弟來叫他吃飯，看不到人，但是整個房中都是水，徒弟就撿了顆小石子投入水中。師父出定之後，覺得胸中痛，像有個東西在裡面。等叫來徒弟了解了事情經過之後，就吩咐徒弟，等一下再回去房中，從水中把石子撿出來。於是比丘重回房中作水觀入定，徒弟撿走了石子，他再出定就好了。你們聽了笑，這不是小說啊！是真工夫，你修成了就到了如幻三昧。

「如水上泡」，這同水聚沫是兩個特殊修法，是龍宮的修法，是水族眾生修的法門。

「如芭蕉堅」，我告訴你們一個經驗，我可算是個笨人，但是又可以說是很聰明。為什麼這麼講？我常說世界上成功的人，都是最聰明的人走最笨的路，一定成功的。聰明的人走聰明的路，百分百失敗的，你們很多青年同學都犯這個錯誤。我當年讀佛經，講芭蕉，當然我是看過芭蕉樹的，但是不懂佛經的比喻，就去砍了株芭蕉樹，然後硬把它扒開，才看到中間是空的。豈止是芭蕉樹，世界上萬物的中心都是空的。比如桃子的核，你把它敲開左右兩半，中間也是空的；我們吃的米粒，中間也是空的；我們頭髮的中心也是空的；這就是佛法。有一句罵人的話「空心大佬倌」，是說人空洞不實在。

如芭蕉堅的修法在哪裡呢？修氣脈色身成就的人，就到這個境界，他覺得身體是個皮囊，中間是空的，隨時都在無念的境界，身子也空了。一切紅教、白教、花教，走氣脈修法的法門，就是這個法門。

「如電久住」，芭蕉不是堅的，電也不久住的，這裡鳩摩羅什法師他翻得妙啊！電閃一下就沒了，但是它真的是有，你不要看一剎那，一剎那就是千秋，千秋就是一剎那。這種修法是看光，修到了光與我都合一了，進到了空的境界，就是如幻三昧。

《維摩詰經》這裡用佛經中的十種比喻，既很祕密、也很明顯地告訴我們，菩薩如何觀眾生，而達到如夢如幻真實的三昧境界。為什麼鳩摩羅什法師翻譯時，把十種比喻作了些變化？他沒有提「如夢」「如幻」，因為這裡本身是幻觀，而沒有提如夢。這是否梵文原文如此，我就不知道了。

馬祖的弟子南泉禪師說：「時人見此一株花，如夢相似。」這都是真實境界，你必須修持到這個境界才行，不是把鼻子一扭就悟了，你縱然把鼻子割了也是不行的。

下面是空觀。

空觀

「如第五大，如第六陰，如第七情，如十三入，如十九界，菩薩觀眾生為若此。」這些是空話，以佛學本身的名辭，破一切修佛法的執著。比方他說第五大，佛學只有講到四大。只有五陰，沒有第六陰。只有六情，沒有第七情。有十二入，沒有十三入。有十八界，沒有十九界。這些都是空觀，是沒有的，不要自己加上。

這個話很妙，我們學佛的人專門搞幻想，大家參禪打坐，心裡有個幻想，以為入了定就什麼都不知道了，思想念頭都沒有了，一般初學的人都有這樣的想法。這是佛告訴你的嗎？真是這樣的話，何必學佛呢？吃安眠藥去學死人就好了。佛也沒有告訴我們入定以後眼睛看到什麼、耳朵聽到什麼。他只告訴我們修定。修定是個什麼境界？修定是證空觀。還有人看了六祖在《壇經》中說：「無念為宗」，搞了幾十年也找不到無念。也不想想就算是無念了，充其量也不過是無想定。無想定不是佛法，佛也曾經修到了無想定再把它丟掉了，為什麼你現在要去求無想定呢？所以要真正了解佛法，不要去空想。佛法也說要跳出三界外，哪裡有個第四界？有，教理上有，叫作聖賢界，那是個假定的名稱。諸佛菩薩是不出三界不住三界，隨時在解脫三界。你真跳出了三界，去了第四界，佛也沒說第四界在哪裡。教理上的聖賢界只是名稱，例如特別好的人是聖人，但是他還是人啊！就是這個道理。

我們讀了這一段經文要自己反省，大家都在那裡幻想。大家修定，千萬要把握修止觀。如何是止？繫心一緣，才是正止正念。因此念佛的人，行住坐臥中都要淨念相繼，方是正念。如此說者是佛說，非此說者，必是魔說。

維摩居士說的第五大、第六陰、第七情、十三入、十九界，都是空的，一切眾生空活著，在那裡空想，做些空事。如果般若慧觀不清楚，修行也是空事。所以「菩薩觀眾生為若此」，本空，一切皆空。再下來又不同了，講的是真實境界，要特別注意。

真實境界

「如無色界色，如燋穀芽」。無色界應該沒有色了，但是他用的字很妙：「無色界色」。大家要特別留意研究唯識，研究華嚴。到了無色界，是有色還是無色？還是有色的，這是《百法明門論》所說的：「法處所攝色」，是真實的。我們凡夫所處的，是佛所說的欲界。過了欲界，欲轉化成光明，就是色界，此處所講的光明，不是這個物理世界的光，太陽月亮的光還是物理世界的光，色界的光是不同的。無色界還是有色，是法處所攝色，是自性光明來了。這自性光明是無相光，不是欲界、色界的光。是意生身之後的境界，妙觀察智中所起的光色，就是佛的光色身，是真實的。因為眾生修持沒有到這個境界，所以佛在顯教經文中不多說，但是顯教的《維摩詰經》，還是露了一點消息：「無色界色」。

前面那幾句第五大、第六陰都是沒有的，下面講的都是有的。「如燋穀芽」，焦了的穀子還會發芽？嘿，就會發芽！禪宗有句話說：「冷灰裡爆豆」，要大死一番才能大活。《法華經》說的焦芽敗種好像永遠沒辦法，真做到焦芽外面都打死了之後，那法身就種起來了。在物理上，焦芽只要有一點生機存在，它還是會發芽。比如說，煤炭已是燒焦了的東西，它怎麼還會生火呢？又比如，垃圾堆也可以發電。這些道理在《楞嚴經》也露了消息：「性火真空，性空真火，清淨本然，周徧法界，隨眾生心，應所知量……循業發現。」你有修持工夫，它就出來了。眾生有這妄想的業力，它也引發了。

溈山隨侍百丈很久，《指月錄》記載，一日百丈在打坐，當時應該是很冷的天氣，溈山雖然站在旁邊也自己在用功。百丈看機緣到了，就要溈山把火撥一下，火可能要熄了。溈山就去撥，撥了一下，就回報百丈說，已經沒有火了，他心裡可能還埋怨，百丈為什麼不早吩咐。百丈就自己下座去撥，居然找到了一點火星，就指給溈山看，這一下，溈山開悟了。後人因此作了個偈子：「深深撥，有些子。平生事，只如此。」深深撥是要好好用功，去參透、去觀透。有些子是這個消息才會來。就是這麼回事。

所以燋穀芽不是沒有的東西，你不要以為《維摩詰經》這一路下來，都是在講沒有的東西，他可是有幾個轉接的。上面十種比喻是講「幻」，修夢幻觀。接下來，從第五大到十九界，是修「空」觀。再下來是講真空妙有，用天台宗的止觀來講，中觀的境界出來了，非空非有，即空即有，是真實的事。何以見得？下面經文都告訴你了。

真空妙有

「如須陀洹身見」，須陀洹是初果羅漢，斯陀含二果，阿那含三果，阿羅漢四果。初果羅漢證到了以後，貪瞋癡慢疑就薄了、淡了。但是貪瞋癡慢疑薄了淡了，就可以證果嗎？證果不是工夫，不是修養，是般若見地。貪瞋癡慢疑等等是屬於小乘的思惑。你縱然貪瞋癡（慢疑還不算）薄了，還不見得證果。我們看古人或今天，很多出家人的修養都到了這個境界，沒有貪瞋癡了。即使現在課堂上的諸位，貪瞋癡也很少了，但你只在這一個鐘頭裡沒有。不要認為我這一句話是玩笑，你即使能在一分鐘裡保持沒有，已經了不起了，這就是功德。但是這不能算證果，你的見地不到，見惑沒有去。見惑是什麼？身見、邊見、邪見、見取見、戒禁取見，這些觀念是最難去的。雖然你心中沒有動貪瞋癡之念，但見惑這些觀念去不掉，就是止觀的觀不到，就不能證果。

所以須陀洹能證果，不論他修白骨觀、不淨觀、念佛，他的貪瞋癡已經伏下去了（還沒有斷），破了身見。所以勸諸位趕快修白骨觀，身見真空了，可以證須陀洹果，這是正面。《維摩詰經》用了反面，把正面消息告訴我們了，他說「如須陀洹身見」。證到須陀洹應該是絕對沒有身見的，對不對？所以他是反面告訴你要去掉身見。

「如阿那含入胎」，阿那含是三果羅漢不還果，本來是不會到這個欲界來入胎了。但是三果羅漢還有沒有身呢？有的，在色界天，那不是胎生，在大乘來講是化身，在小乘來講是了脫分段生死，還在最輕微的變易生死，沒有徹底了生死。不要認為不入胎就了了生死，這僅是對欲界而言。普通修持想不再到這個世界來的話，必須要證到三果的境界。禪定工夫到了，貪瞋癡慢疑才能夠伏下去，但是如果見地不透，還是不行的。見是最重要的，所以我常要你們留意三界天人，八十八結使。配合教理與修持，才是二十一世紀振興佛法的路線。《維摩詰經》還是用反面，襯托正面的道理：要到了阿那含果，才能不再來這個人間。

「如阿羅漢三毒」，貪瞋癡叫三毒，到四果羅漢的境界，貪瞋癡就根本降伏了。可是真不起了嗎？沒有。本經下面天女散花一段，把阿羅漢沒有大解脫的一面露出來了，餘習未斷，習氣沒有斷。貪瞋癡三毒還是暫時伏下去而已。要把餘習完全斷了，除非迴心走入大乘菩薩道，入世來修才行，在出世法中是斷不了的。

十幾年前快二十年了，有一位年輕的法師在此地的一個山洞中打坐，沒有人供養，經人介紹給我，我就供養他。他每個月要下山來我這裡，拿些米和日用品帶回去。過了近一年，我就告訴他，你這樣修是不會成功的，也悟不了道。因為你是修行人，我供養你有功德，但是你缺德了。他說：老師，我不會辜負你的期望，我在山頂上已經是無欲境界。我說：你算了吧！不要吹了！我帶你去聲色場所，你還能保持在山頂上的境界才差不多。你在山上可以，一入世統統垮了。他問我是怎麼看出來的，我說你來到我家中，書架上都是佛經，你看也不看，只坐在客廳看茶几下面的畫報，就憑這一點我就看穿你了。他當場懺悔，後來跑去香港還俗，也結婚生子。

所以說，三毒縱然到阿羅漢境界被伏了下去，不迴心向大乘，不在世俗的大火洪爐裡鍛鍊，是過不了關的！哪有這麼容易！所以要學地藏王菩薩的精神，就是硬要在那裡面鍛鍊。禪宗祖師的偈子你們要記得：

劍樹刀山為寶座　龍潭虎穴作禪床
道人活計原如此　劫火燒來也不忙

你的禪堂在哪裡？就在劍樹刀山上。那個股票市場就是龍潭虎穴，搞政治的就是坐在劍樹刀山上，學道的人就應該在這上面磨練。

「如得忍菩薩貪恚毀禁」，恚是埋怨心，怨天尤人是恚心。瞋心是更強烈的怨恨心。得忍辱波羅蜜的菩薩沒有瞋恚心，絕對不會犯這個戒的。禁就是戒。維摩居士說，修夢幻觀的人，得忍辱波羅蜜的菩薩犯了貪瞋戒（沒有講癡）是反面說的。為什麼他六度中只提這一條，其他都不提？

你看《金剛經》，明明是在講能斷金剛般若波羅蜜，重點卻是在布施和忍辱，布施到了內布施就是般若，中間最重要的是佛拿自己作例子，佛在多生前被歌利王一刀一刀慢慢割死而不動念（如項羽的自刎是大英雄氣派，但還是不能與佛的氣度修持相比），說明忍辱波羅蜜的重要。做到布施、忍辱這兩項，般若波羅蜜自然成就。做不到這一點，就不能成就。

得忍菩薩還有癡否？有的，大乘菩薩瞋恚念頭都斷了，無比地慈悲眾生，這一念慈悲就是癡的根本。我說話負責任的。

「如佛煩惱習」，正面地講，成了佛是絕對沒有煩惱習氣的。反面地講，對不住，還是有一點點煩惱習氣。佛與佛見面也要問：「眾生易度否？少病少惱否？」這可不是我亂說的，所以學佛成道難啊！學禪的人是不可離開《維摩詰經》的，但是如果學禪的人籠統地去讀《維摩詰經》就糟糕了，因為你的工夫見地都要拿這個經來核對的。

「如盲者見色」，瞎子哪能看見顏色？嘿！絕對看得見。《楞嚴經》就露了消息，瞎子固然看不見我們看見的顏色，但是他有他的境界，他看見的是黑洞洞的，眼識的習氣還是在的。

「如入滅盡定出入息」，到了滅盡定絕對沒有出入息了，是講鼻子沒有出入息。《八識規矩頌》講入定的境界：「眼耳身三二地居」，眼耳身這三識在初禪都還有，鼻子的呼吸沒有了，嘴也不起作用，不講話了。就是到了滅盡定，沒有了出入息，心臟跳動也非常緩慢，可是皮膚的呼吸還是有的。因為入滅盡定的人，煖壽識，身識沒有離開。如果離開了就入了無餘依涅槃。所以這裡講的還是真空轉妙有的實際修持。

「如空中鳥跡」，空中鳥飛過去是不留痕的，不留嗎？留的。閃電都有痕跡的，鳥總沒有閃電快。剎那即千秋，到那個境界是沒有時間長短了，但它是有痕跡的。現在科學用紅外線照相，就可以照到鳥在空中飛過的痕跡，你離開了座位幾個鐘頭，用紅外線一照座位，還可以照到你的痕跡。

以解決了。「如石女兒」，石女在古代是有生理缺憾的女性，到了今天，開刀就可以解決了。

「如化人煩惱」，化人有兩種說法，普通當作是影子，影子好像沒有煩惱，也有的，它是跟著我們的，我們皺眉、它也應皺眉。這還不算，只算是邏輯上的強辯，真實的化人是化身，修成了的人可以有意生身。這意生身的化身有沒有煩惱呢？碰到有些境界照樣會有輕微的煩惱。化身回不到色身上，或者化身回不到法身境界時，化身還是有煩惱。等於我們意境上，煩惱裡面還有煩惱，有時夢中覺得自己還在做夢。

「如夢所見已寤」，這真是夢中夢了，不是說夢醒了，是夢中覺得自己已經醒了，其實還在做夢，大家都有這個經驗吧。所以，這個境界是有的。

「如滅度者受身」，這嚴重了。完全得到滅盡定的人，他死後色身被火化了，你說他能不能再投胎？能。諸佛菩薩都是三界再來人，他們悲不入涅槃，智不住三有。他們的再來「如滅度者受身」，需要色身再來人間，隨時隨地在夢幻觀中。

「如無煙之火」，這是最後的結論，無煙之火在今天是有的，電能發熱都是無煙的。

「菩薩觀眾生為若此。」菩薩觀一切眾生，乃至觀自己在世間，一切如夢如幻。這其中內容包括了幻觀、空觀、中觀，得到空觀以後才能得到真空生妙有，即空即有的觀法。

現在《維摩詰經》的中心問題來了，從現在開始，是文殊師利菩薩與維摩居士對話，問到佛教中心的慈悲喜捨。經文的原文說得最多的是慈，悲喜捨都沒有多談。這裡是一個大問題。

什麼是慈

「文殊師利言：若菩薩作是觀者，云何行慈？」文殊師利菩薩問，學大乘佛法的菩薩，怎麼行慈？

「維摩詰言：菩薩作是觀已，自念：我當為眾生說如斯法，是即真實慈也。」維摩居士答：菩薩要自己隨時有這個心念存在，什麼心念？「我當為眾生說如斯法」。佛法講度人，怎麼度？以法施使人精神解脫，超越生命的束縛，這是真正的慈。下面再引申慈的深義。

我答應過好幾個同學要講什麼是有情，學佛是不是要做到無情，如何達到無情？這又連帶到究竟有我無我的大問題，這個問題在前面提過了。再來是出世與入世的問題，出世怎麼跳出？大乘講入世，入世怎麼入？我正想作個專題來講，剛好碰到《維摩詰經》這一段講慈悲，我暫且先不講維摩居士是怎麼說慈的，這等到下次再一個一個來講。我們先了解慈悲，普通社會上講到佛教，就有兩句流行的俗語：「學佛以慈悲為本，方便為門。」過去佛教界裡面，出家人也流行兩句相反的話：「慈悲生禍害，方便出下流。」這是叢林中對品德的要求。

什麼叫慈悲？慈與悲是分開的概念。等於在春秋戰國以前，道與德是分開的，到了漢朝以後，道德就連起來用了，但也不是後世的要求。宋明之後道德變成很死板，甚至目不能斜視，這種理學家所造成的道德觀念，只是中國文化的一部分，並不能代表整個中國文化。慈與悲在中國固有觀念中，幾乎是連在一起的；但是在佛經中，慈是慈，悲是悲。現在把慈悲當作口頭用語，連有人倒杯茶給你，也會謝說：慈悲！慈悲！

佛教有兩位菩薩代表慈悲的：彌勒菩薩代表慈，所以他稱為大慈氏，這也就是他稱號的涵義；觀世音菩薩代表悲，平常念南無大慈大悲觀世音菩薩是對的，但是嚴格說來，他是代表悲的。

男性父愛的擴充，是慈的基本，母愛的擴充，是悲的基本。兩者性質完全不同，但是愛心是相同的，不同的是發出來的作用。我們都做過人家的子女，這裡大概有一半以上的人還做過人家的父母，應該可以體會到父母愛的不同。媽媽打孩子，一邊打一邊哭，是悲。父親打孩子，心中固然難過，就少有哭的，甚至鬧到脫離父子關係，其實還是愛子女的，這是慈。

現在講有情與無情。學佛要怎麼做到沒有情？我多次提到，中國文化用兩句話概括了仙佛之道：「不俗即仙骨，多情乃佛心。」佛畢竟是多情的。古代有位很高明的善知識，他融會了儒釋道三家，然後專心皈依佛法，他說：

「我佛世尊，一代時教，只為一切無情眾生說有情法爾。」這話說得多麼深刻！換言之，我們說學佛要做到無情，但是眾生本來都是無情的，更沒一個多情的，所以佛出來是為無情眾生說有情法的。這話說得非常高明，是第一義諦的話，佛要度盡一切眾生，你看他多情不多情？

這個情的發揮，就是慈悲，作忠臣孝子就是多情人，作嚴父慈母也都是情的作用。佛法的慈悲就是多情，是解脫的多情。有情解脫了就是大慈悲；執著解脫，把解脫當作究竟，也正是多情，正是自己被情所困。

了解了這些道理，我們再來看經文的內容。

「我當為眾生說如斯法。」以說法度人，用文化教育使人精神得到解脫，生命得到昇華，是「慈」的第一個條件。

「行寂滅慈，無所生故。」慈悲用了，無所不用。禪宗有個公案，講到兩師兄弟都悟道了，他們一同外出行腳參方。古代的行腳僧都隨身帶個方便鏟，既可以挑行李，又可以行慈悲，見到屍體方便埋掉。他們走著，其中一個看見有個人死在路上，就唸阿彌陀佛，用方便鏟把屍體埋了；另外一個看到了，理都不理，繼續行路。旁人看見了，就去問這師兄弟的師父，為何兩個開悟弟子的行為如此不同。師父就說，那個動手埋的是慈悲，不理的是解脫。他並不批評哪個對哪個不對，這個道理要去參。

這裡講「行寂滅慈」，既然寂滅了還有什麼慈？寂滅就是進入涅槃，萬緣放下，一切了不可得。但是了不可得才是真慈。為什麼？把一切雜念、妄想、煩惱、習氣統統清淨了，情近於無情，是真慈。下一句話「無所生故」，就是「行寂滅慈」的答案。譬如《紅樓夢》寫林黛玉葬花，其中有名的一句：「儂今葬花人笑癡，他年葬儂知是誰？」你說林黛玉是為花還是為人生傷心呢？花落還會花開，是自然規律，本來寂滅，所謂生而無生即是寂滅，寂滅不是死亡。他說這是真慈。

「行不熱慈，無煩惱故。」問題來了，《維摩詰經》的重點是解脫，沒有得到解脫之前，你所有的愛心也好，慈悲也好，都會變成煩惱，因為是凡夫的情。凡夫最欣賞的是熱情，實際上是煩惱。普通講情是指情、愛、欲三項，是一體的，實際都是欲。用這觀點來研究佛學，小乘佛經主張要離蓋去欲，大乘不了義的佛經要離蓋了情，了義的要轉情。不熱之慈就是情、愛、欲完全轉化了，就是大慈悲。一切眾生不論是忠臣、孝子、嚴父、慈母，乃至兒女癡情，都是給人家「熱」情，是絕對的煩惱，增加人的痛苦，像熱鍋上的螞蟻。

岳飛的〈滿江紅〉大家都唸過了，那就是他的情。他另有一首詩：

經年塵土滿征衣　得得尋芳上翠微
好水好山看不足　馬蹄催趁月明歸

他一年到頭都在帶兵打仗，軍服上都是塵土，好不容易回到池州，就去翠微亭一遊，翠微亭在一座小山上，風景還沒看夠，晚上又要匆忙回部隊了。這首詩充滿了感情，是忠臣的癡，欲界中的情。

其次，梁啟超所標榜的愛國詩人陸放翁，也有首名詩：

衣上征塵雜酒痕　遠遊無處不銷魂
此身合是詩人未　細雨騎驢入劍門

這也是忠臣的情感昇華成了文學境界，是欲界的情，會帶給人煩惱的。

再提一個，清代康熙朝有名的文人納蘭性德，是滿族人，他父親叫明珠，是康熙初年的名宰相。這位少爺是位八旗子弟中的頂尖人物，文學高，佛學高，但是才氣這麼高，三十幾歲就死了。他的一首充滿熱情的詞，給人家給自己都帶來煩惱：

憶江南　宿雙林禪院有感

心灰盡　有髮未全僧
風雨消磨生死別　似曾相識只孤檠　情在不能醒
搖落後　清吹那堪聽
淅瀝暗飄金井葉　乍聞風定又鐘聲　薄福薦傾城

他描述自己心灰意冷，心境上出家但還留著頭髮，世間感情只在表面上好像沖淡了，到了晚上，只有對著似曾相識的孤檠，檠是蠟燭臺，每天的生活只有對著這個老朋友，人世一切都變去了，這種情境令人受不了。「勝」不是勝利之意，在此要讀如「升」。懂了他這文學境界的人，可能讀起來會很難受，特別會勾起自己生離死別經驗的感慨。詩人文學的情境，都是人的心理上有情，是情緒不穩定而發出來的。

他的另一首〈憶江南〉：

挑燈坐　坐久憶年時
薄霧籠花嬌欲泣　夜深微月下楊枝　催道太眠遲
憔悴去　此恨有誰知
天上人間俱悵望　經聲佛火兩淒迷　未夢已先疑

他講在夜裡點燈坐著，人坐在燈下想事情，想到少年的事。這裡他極可能在想一位長輩，或者他母親，不見得在想情人，這情感是那麼充沛。想到母親當年帶著一群丫環照顧他，夜深了，月亮已落下楊枝，就催他早些睡。現在年紀大了，一想心裡就難過。「經聲佛火兩淒迷」，有的同學在做法事時，香讚一唱就眼淚掉個不停，人就進入那個感情境界，還沒入夢已經疑了。我看有些老居士經常去趕法事的，他們已經習慣了「經聲佛火兩淒迷，未夢已先疑」，這也是情。

慈悲就是情的轉換，把情、愛、欲解脫了，無條件地愛護一切人，連愛的觀念都沒有地去幫助一切人，這是慈，這種慈是不給你煩惱。但是文學境界的多情常給人煩惱，比如有個名句，你們愛文學的可能遍查典籍也找不到出處，其實出自一本小說《花月痕》，你們可能很少人讀過。它用的名句很多，假托男女情感描寫社會百態，其中就有兩句：「多情自古空餘恨，好夢由來最易醒」，已經成為中國文學的俗語了。

這小說的作者是清代的魏子安（名秀仁，字子敦），福建人，是位名士，在小說上的化名叫韋癡珠。到了後二句：「豈是拈花難解脫，可憐飛絮太飄零。」已是佛學境界了，你以為讀懂了，其實不見得。什麼是「絮」？楊柳樹在三四月開花，它的花很輕，飄飄蕩蕩，所以「水性楊花」是罵人的話。楊柳的花就是絮。為什麼說可憐飛絮太飄零？宋代與蘇東坡同時的有位法師，他正打坐時，有文人想逗他，找了幾個歌女到他面前表演艷舞，這法師也邊笑邊看。演完了後，他問人這是在幹什麼？大家曉得他境界很高了，就請他把境界寫下來，他寫道：「禪心已作沾泥絮，不逐春風上下狂。」小說寫的是出自這個典故。這禪師雖然在看歌女，但是同看幾個二三歲小孩在玩是一樣的心境。

沒有解脫了的感情，縱然是行大乘菩薩道，都是給眾生煩惱。有時你愛別人，但被愛者並不幸福，給自己給別人都是煩惱，這不是慈悲。佛法講慈悲，不管你多情與否，引起別人煩惱的都是罪過。所以，「行不熱慈，無煩惱故。」才是真慈悲。

上面引的這些詩詞，都是文字般若對於情與無情的了解。再舉雪竇禪師的詩句：「太湖三萬六千頃，月在波心說向誰。」這境界非常高，是至情。〈普賢菩薩行願品〉所說，「虛空有盡，我願無窮」，也是至情。所以情與無情之間，轉化了才是真慈悲。慈是有情的，不是無情的，不過它的情是解脫的、擴大的。歷史上中外文學充滿了男女之情，你看各種小說，他非加上這東西不可，這就是人的社會，是情欲世界。再舉個納蘭性德的詞句：「人到情多情轉薄，而今真個不多情。」這都是屬於熱惱的情，不是真正的慈。

「行等之慈，等三世故。」根據《維摩詰經》，這個情用到慈上，要行等之慈，佛菩薩的情是平等的慈悲，怎麼平等呢？平等到前一生、這一生、下一生，沒有時間的阻礙，慈愛永遠存在，於三世平等而行慈。

「行無諍慈，無所起故。」無諍在《金剛經》上也見過，須菩提得無諍三昧。什麼叫無諍？我看到有同學身上掛著禁語牌，不講話，有人找你說話就指一指身上的牌子，別人就不同你講了。但是這牌子只擋住了外面的，自己的心內還在諍。要內在心念無諍了，就沒有善惡是非的觀念，一味的平等行慈，才是無諍之慈，因為本身不起念了。

明代蒼雪禪師悟道之後，在山上住茅蓬，幾十年不下山，自己寫了一首詩掛著，有人來了就指一指，說法就說完了，其中最有名的兩句：「不是息心除妄想，只緣無事可思量。」他說，不是在用工夫或者聽呼吸硬把妄想除掉，你想除妄想的心就是煩惱心，妄想是永遠除不了的，「只緣無事可思量」就是六祖講的「無念為宗」。到了這樣境界所起的慈心，就是無諍之慈，因為無所起之故。

「行不二慈，內外不合故。」什麼是不二？不二就是一，為什麼還有內與外不合呢？慈，當下即是，不管外境，不管內在。上面講「行等之慈，等三世故」，沒有時間的差別。行不二慈，是沒有內外的差別。內外是親疏的差別，比如依儒家的道理，唐朝的大儒韓愈，他力排佛法，造成儒家與佛家的爭論。孔子講的「仁」就是慈，儒家也主張慈悲，但是他們抨擊佛家的慈悲思想沒有立足點，儒家講的慈悲就有立足點的，是慢慢擴大圈子的。儒家講親親、仁民、愛物，要親我親而及人之親，先愛自己的家人，有餘力再愛別人的家庭，擴而充之到社會、國家、天下。

因此儒家反對佛教。他們經常提一個故事，假設釋迦牟尼佛和孔子在河邊，見到他二人的母親跌到河裡，釋迦牟尼佛會先去救自己的母親還是孔子的母親？如果他先救自己母親就不慈悲，應該要平等行慈，如果先救孔子的母親是不孝。孔子就會先去救自己的母親，再去救釋迦牟尼佛的母親，這是親我親而及人之親必然的道理。

《維摩詰經》講要「行不二慈，內外不合故」，內外不合就是內外不分，那麼碰到上面這個問題怎麼辦？除非你有神通，可以一下子同時救起二人，但是普通凡人只有走親我親而及人之親了，在現實的時候就是行現實的慈悲。

「行不壞慈，畢竟盡故。」永遠存在叫不壞，有人生病了，你想行慈悲，你能醫好他，讓他永遠不死嗎？如果不能，何以講去行不壞之慈呢？答案在「畢竟盡故」。一切萬有，有生就有滅，畢竟是空的。不壞不是現象的不壞，是法身本體的不壞。這裡有個主題，以法布施，「行不壞慈，畢竟盡故。」

「行堅固慈，心無毀故。」真正慈悲要愛一切人，使眾生得永遠的堅固。這堅固是說把慈心擴充，沒有自己毀壞慈心。有的人慈心過了頭，把自己身體搞垮了，發脾氣受不了，就毀壞了慈心，那是不堅固。

「行清淨慈，諸法性淨故。」真慈悲是清淨行慈，一念清淨就是大慈悲，自然就是慈心。

「行無邊慈，如虛空故。」這要配合〈普賢行願品〉，但是立足點要承認儒家是對的。佛法起行的層次在大乘戒律，你研究了就明白，佛法所講起行是同儒家一樣，由小點慢慢擴大。經典告訴我們的是原則，戒律講的是行為。一步一步，到了最後是行無邊之慈，有如虛空。

「行阿羅漢慈，破結賊故。」「結」是結使，代表了習氣，我們現在說人的個性不同，每個人的煩惱也不同，是哪裡來的？各人天生的結使不同，像打了一個結，這個結使力使我們成了今天的形態。結使是煩惱之賊，煩惱的根本就是習氣、習慣來的。得阿羅漢是破了一切結使之賊的人，是小乘的果位。若從大乘來看，阿羅漢是不慈悲的，因為阿羅漢是絕對無情的，要慧劍斬情絲，斷惑證真，一切根本習氣煩惱都斷了。這是瞋心與偏見，只以清淨為道，不清淨的就不敢碰，所以不以煩惱做道場。《維摩詰經》說煩惱即菩提，煩惱就是修道的道場。阿羅漢不敢在煩惱中修道，所以要破一切結使。阿羅漢固然是瞋到了極點，但這也是大勇、大精進。能把大精進翻過來就是大慈悲。這裡轉了兩個彎，所以說「行阿羅漢慈，破結賊故。」因此大阿羅漢就是佛菩薩，《華嚴經》就提到，只有佛才夠得上稱大阿羅漢，破盡一切煩惱即是度盡一切眾生。

「行菩薩慈，安眾生故。」先有了阿羅漢的慈悲，破除了煩惱結使之賊，能夠跳出世網（世界一切法像網一樣），才能行菩薩之慈，使一切眾生得安樂。這是佛法的中心，你看這一句講到這裡，剛好在這一篇的中間。要先能出世才能入世，不能得解脫而一味行慈悲，會被這個世網網住。所以古人講：「世網攖人不自由」。

「行如來慈，得如相故。」佛的慈悲與阿羅漢、菩薩的慈悲統統不同。佛的慈悲是「得如相」，慈悲、不慈悲都是不二。前面提的故事，那埋葬路邊屍的禪師是慈悲，撒手而去的禪師是解脫，一切皆如。憐愍是慈，解脫也是慈，這是佛境界。

「行佛之慈，覺眾生故。」這是佛的行，以覺悟度化一切眾生。

「行自然慈，無因得故。」既然慈悲，沒有對象，沒有什麼特別原因，慈悲就是慈悲。

「行菩提慈，等一味故。」什麼是菩提慈？大徹大悟，阿耨多羅三藐三菩提。什麼是一味？修與不修，行與不行都是一味。一味在顯教與密宗都非常重要，在禪宗講是打成一片。趙州和尚到八十歲還到處行腳參訪，這不一定是參學，也可以是弘法。人家問他為什麼，他答只為打成一片。什麼是打成一片？他說過，除二時粥飯以外（出家人過午不食，所以不講三餐），無雜用心處。在密宗的修持叫一味瑜伽，也是打成一片。行菩提之慈，晝夜都在慈心的境界裡，就是一味。

「行無等慈，斷諸愛故。」上面講平等的慈悲，現在加一層：無等，沒有可以相等的慈悲，不是世俗的愛心。去年有些人在刊物上打筆戰，爭論該不該用西方文化的愛字來翻譯佛法的慈。同學來問我意見，我說這是多餘的。用了也沒有錯，例如《聖經》中的愛字也不是愛情的愛，是仁慈的愛。

這樣爭論只是名辭問題，是宗教情緒作祟，被世網綁住了。用現有的英文名辭也是個方便，只要解釋清楚就好了，不要如此小器，這哪裡是不二？都三了。行無等之慈，斷諸愛，這個愛是欲愛，欲界色界的愛心不是慈悲。斷了一切愛，換言之是擴充了愛心，是真的慈了。

父母愛子女算不算慈悲呢？當然算，那該叫愛還是叫慈悲，就隨便你叫了。父母愛子女是無條件的。有人問孔子什麼叫孝，孔子答：「父母唯其疾之憂。」這好像牛頭不對馬嘴，他是說了解父母親看到子女生病的那種心理，就是孝道。我從小到十一二歲之前一直在多愁多病中，看到花落了都會哭一場，一到了熱鬧地方也掉眼淚。當然後來就沒這回事了，我反省起來，父母照應我夠痛苦了，到了自己為人父母時，體會更深，「養子方知父母恩」啊！孔子的回答要你當了父母才會懂，你了解了父母那種擔憂痛苦的心理，能同樣用這種心理回轉來照應父母，就是孝道。這也就是西方人講的愛，儒家講的仁，佛家講的慈。佛家講的慈是高一等，是無等的、形而上的法身之慈，非一般世俗的愛心能比，是斷諸愛的。

「行大悲慈，導以大乘故。」你看，慈和悲是分開用的。大悲是母愛的性質，永遠不疲倦。在座的蔡先生講過一個他年輕時親身經歷的事，當年日本侵華，他要前往重慶，經過湖南時，有兩兄弟用床板抬著生病的母親逃亡。後來母親一定要兄弟倆自行逃亡，把她放下來，如果不照辦就是不孝。兒子不肯，母親硬是自己從床板上滾下來，不久就斷氣了。兩兄弟痛哭流涕，把母親埋了。這是大悲心的一種，大悲之慈。

所以諸佛菩薩弘法世界，導以大乘。度人有時被寫成渡人，也可以啦！比喻用船渡人。什麼叫度？就是上面說過的：「我當為眾生說如斯法」，使眾生的生命和精神昇華得到解脫，就是法布施，行大悲慈，導以大乘。以現在漂亮的話來說，就是以文化哲學來救世界。

「行無厭慈，觀空無我故。」行慈悲是沒有滿足時候的，所以說「虛空有盡，我願無窮」，沒有厭足。為什麼？自性本空，空的境界是沒有停止的，也不能劃一條界線，那是無量無邊的。

「行法施慈，無遺惜故。」法布施本身就是慈，這一段所講的一切行為做法就是慈，不是在行為之外還有一個流眼淚的慈悲心。法布施是精神、文化思想的布施，一切都施出去，毫無保留。所謂知無不言，言無不盡，就是法布施的慈悲。

「行持戒慈，化毀禁故。」持戒本身就是慈悲。大乘菩薩戒要做到一切行持作為不給人家煩惱，不令任何一個眾生痛苦，要從利他方向出發，這就是持戒的慈。

「行忍辱慈，護彼我故。」忍辱不只是忍受別人對自己的侮辱，那只是一極小部分的涵義。菩薩行的忍辱是行人所不能行，忍人所不能忍，這是學佛的基本精神。比如我精神不好，但是為了幫助別人，把精神不好忘記了，先利益他人要緊，就是忍辱慈。保護他人，自己也沒有損失，也就是保護自己。生命本體是自他不二，自己與他人是沒有差別的。像你拜佛，這佛像是泥巴做的，你拜他，他也不會長大。但是因為拜他，實際上拜了自己。自他不二，自己是對佛法起了恭敬心，不是對偶像，這就自禮禮他了。

「行精進慈，荷負眾生故。」你們打坐硬忍受腿子麻、痛，認為是在精進，這屬小乘的。大乘菩薩的精進，是要挑起一切眾生的痛苦和危難，對社會、天下有責任感，肯為別人犧牲自我。

「行禪定慈，不受味故。」打坐叫作習禪，是用來練習進入禪定，它本身不是禪。但是不論如何，我常告訴你們，打坐是不花本錢的享受，是休息。因此會愈坐愈坐出味道來，人就懶了，往往藉打坐逃避俗事，又表示清高。這只是凡夫的禪，非究竟也。比這高一點的，是小乘的禪定，就是四禪八定。你真到了四禪八定境界，行住坐臥都可以在定中的，因為在定中有無比的快樂。設想，如果修道這麼痛苦，誰去追求禪定呢？大乘的禪，是「不受味」，任何感受都不著了，不只是痛苦的感受放棄，一切樂感受、清淨感受、解脫感受統統不要。耽著禪悅是犯了大乘菩薩戒律的，因為你貪戀清淨安逸，一個人住茅蓬岩洞，放棄了利益他人的責任。所以不貪著禪悅是很大的慈悲。

「行智慧慈，無不知時故。」不論小乘大乘，學佛最高目的在智慧的解脫，不是迷信崇拜，也不是貪戀清淨。「無不知時」，作任何一件事都知時知量，是行智慧之慈。該罵人時就罵，該笑時就笑，人家吃飽了就不要再請他吃。換言之，真正的菩薩行為是非常懂事的行為，做的事剛好是人家需要的，也是人家接受得了的。你們修八萬四千法門，也要知時知量。到了某個境界就要趕快變動，不變就錯了。例如一念清淨了就要開始動，否則清淨久了就成昏沉了。

「行方便慈，一切示現故。」諸佛菩薩以化身神通示現，你能夠寫篇好的文章，出一本好書，能影響到許多人，就是你的示現。這像是有千百化身，是說法的辦法之一，比起對著一小群人說法的功德要大。佛過世後數百年，馬鳴菩薩出世，他的文章和詩詞，影響了印度千千萬萬人都想去修道出家。因此，國王還要同他交涉，不要他再寫下去，影響太大了。這就是方便示現。本院的法師，用佛曲音樂幫助大家進入寧靜的境界，也是方便的示現。

「行無隱慈，直心清淨故。」菩薩行沒有保留，無所隱瞞，一切坦白，但要能不使人起煩惱才行。有的同學很直，但是直得沒有智慧，直得像把刀，使人痛苦，就不是直心清淨了。

「行深心慈，無雜行故。」菩薩的慈，是自己心田沒有絲毫動念，乃至於無夢，打坐所起的境界都是祥和境界。你們夢中或者打坐時生起恐怖境界，不是外來的也不是魔，而是你生理，心理的反映。比如你看到了毒蛇，就是你自己毒辣的心沒有去掉，這是阿賴耶識的反映，就是要行深心慈悲的道理。

「行無誑慈，不虛假故。」修菩薩道的人沒有欺騙人的，但是可能會有善意的誑語，那是一種方便。比如知道老朋友快病死了，若你就這麼直爽地告訴他，就犯了直心清淨的戒，不是真慈悲。這時只有方便了，你可以勸他多休息，能多學佛、拜佛，其他萬事不管，算不定會好起來。這是善意的謊言，是上面說的行方便慈。所以你要能一條一條地參合活用，不是呆板的去理解。

「行安樂慈，令得佛樂故。」這境界很高了，成佛的境界就是真正的慈悲，使一切眾生能夠得到安樂。在這世界上能得到安樂是非常難的，一個人一天當中沒有幾分鐘、甚至幾秒鐘，能夠真正在安詳快樂中的，不是這裡不痛快，就是那兒煩惱。吃飽了飯坐著看電視，還一面看一面想事情，都在煩惱中。真正的安樂是涅槃，是常樂我淨的境界。佛教化眾生的目的，是使眾生最後能成佛，令他們永遠得到佛境界的快樂。

「菩薩之慈為若此也。」這才是菩薩的慈。這一段是維摩居士答覆文殊師利的問題，什麼才叫作大乘菩薩之慈。《維摩詰經》這裡講的都是戒律，你不要以為經典和戒律是分開的，那就完全錯誤。我們經常掛在嘴邊稱人家慈悲只是應酬話而已，沒有想到究竟的義理。這裡每一句都有個「行」字，慈是做出來的，不是用講的。

什麼是悲

「文殊師利又問：何謂為悲？答曰：菩薩所作功德，皆與一切眾生共之。」慈與悲是分開的。維摩居士對於「何謂為悲」的答覆很簡單，絕對沒有自私就是悲心。像天下雨，或是出太陽，絕對沒有想留給自己用，普遍地施給一切眾生，不分好壞。功德代表善的成就，有功勞有辛苦是功，有建立有所得是德。現在人問人家有沒有時間，過去我們是問人家有沒有工夫，工夫就是代表時間，有時也寫成工夫。功德是佛經借用的，原文出自《尚書》。我們常說人功德無量，但是一經說出來就有量了。菩薩所作的功德無量無邊，因為他自己不要，「皆與一切眾生共之」。迴向就是這個意思，以你修持、唸經、禮佛等等的功德，與你親屬一切眾生等共之。

學佛的人有四種最根本、最重要的行為：慈、悲、喜、捨。有的同學面無笑容，一副來討債的樣子，再不然就是一張瞋恨的臉孔。我要你們學佛第一步，先學彌勒菩薩那個歡喜佛的笑容，尤其打坐時兩條腿在痛，你就一邊痛一邊笑嘛！笑上三年，你笑慣了，你就不講話臉上都有笑容的。笑有什麼好處？你一笑神經肌肉都鬆了，打坐咬緊牙齒，何苦呢？唸佛喊得那麼痛苦，搞什麼東西嘛！

學佛這基本的四個行為，要倒轉來先學捨，一切放下。這個字做不到，那當然也喜不起來。第二學喜，再來學悲，最後是慈。尤其這個喜很重要，有的同學志大才疏，要想救世界，算了！你先把自己臉上的細胞救好，鬆一點，帶點笑容。「未成佛道，先結人緣」，臉上帶笑，別人想打你罵你都算了。我告訴同學們，我學遍所有武功，最後學到一種天下第一拳，就不用再學其他拳了，現在傳給你們，有人要打我罵我，我就拱手跪下，「你都對！」就行了，這是無往而不勝利的。你沒有人緣，還能度誰？我常告訴大家，只怕你不成佛，不怕沒有眾生度。要成佛要先自度，自度的道理就在慈、悲、喜、捨這四個字了。

什麼是喜

「何謂為喜？答曰：有所饒益，歡喜無悔。」幫助人的、利益人的，決不後悔，就是喜。有時大家作了好事又後悔，像是布施一百元，後來想想，其實八十元就可以了，就後悔了。貪、瞋、癡、慢、疑、悔，為什麼悔在根本煩惱中有這麼重要？每個人一天到晚都在後悔中，比如吃飯，多吃了半碗，飯後要吃消化藥，後悔多吃了，這也是悔。真正的喜心是，布施出去了就忘了。我常勸同學不要向人化緣，四川人講：「勸人出錢如鈍刀割肉」，讓人愈想愈痛，不是功德啊。有個故事說孫悟空成佛之後，世界上出了個魔王，神通本事比孫悟空還大，大鬧世間。大家公推孫悟空來降魔，孫悟空來了一看，這個魔王我老孫降伏不了。就去找觀音菩薩，觀音菩薩在打坐，懶得理，叫他去西天找佛。佛就找了一個小沙彌，給了他一個小小的黃包袱上路。小沙彌去找魔王，魔王正待發作，小沙彌請他先看個東西，就從黃包袱中拿出化緣簿，請魔王寫個名字，魔王一看就跑了。連魔都怕這個，你們不要隨便去化緣。

這個「歡喜無悔」非常難，你幫助過的人後來對不起你，你一定愈想愈後悔當初去幫他。能做到「怨親平等」，才是功德。

什麼是捨

「何謂為捨？答曰：所作福祐，無所希望。」我常說，一看到宗教徒就怕，當然我不是宗教徒，更不是佛教徒，因為我不夠資格，我不是慈悲喜捨，一副魔王面孔。我為什麼怕教徒呢？這些人一到他們教主的像前，就下跪求平安求財富，都是求。如果這些教主、神明因為人家拜了就保祐他們，那第一就犯了貪污罪，收受賄賂。宗教應該是好的人你要救，不好的人更要救，拜了他要照應，不拜他的也要照應才對。所以這些宗教徒的心理很可怕的，都是有所求。大乘菩薩是一切放下，施與人家的恩惠記都不記，沒有任何希求，所作的功德自己不求回報。乃至你打坐修行都不求成佛，只求自己心中的安詳，因為自己的安詳能影響到他人也安詳，如此而已。

即使對自己的子女也是持這樣態度，我的孩子都去了海外，我同他們說，父子因緣到此為止，因緣是前生的事。我很抱歉，沒有錢給你們，只能送你一張文憑，你從此也不用當我是你的父親，我是公僕，路死路埋，不用你孝順。

如何了生死

「文殊師利又問：生死有畏，菩薩當何所依？」這是一個大問題。人生都在怕中過，今天怕明天，年輕怕老，老了怕死。最大的問題是怕死，死了到哪裡去？生又從哪裡來？剛才講了個四川土話：「勸人出錢如鈍刀割肉」，四川人風趣的話很多，他們還有句土話：「除死無大事，討飯到了家。」人生除死以外再沒有大事，窮到了去討飯，是窮到家了，沒有再窮的了。如果討飯都討不到，那就是第一句，就是死嘛。這句話比皇帝的氣派都大，人生除了這個還有別的嗎？

生死是大問題，眾生在生死中都有恐怖。尤其到斷氣的時候，幾乎沒有一個人肯死。這是真的，我看多了。有一次一個老朋友從醫院打電話給我，要我去一趟，因為他馬上就要走了。我去了，他說，這幾年受了你的影響，對生死看得淡了，但還剩下幾十萬塊錢，要我幫他決定是土葬還是火葬。我聽了火冒三丈，但硬忍下來了，就告訴他，你學佛幾十年，還寫了許多書和文章，像是悟了道的，為什麼到了這個時候還這麼不通？佛說一火能燒三世業，你死了剩幾根骨頭還要裝個棺材運回家鄉埋葬，為什麼不把這錢用來做點好事？當然是火葬嘛！他勉強點了頭，但是後來還是交代用土葬，把剩下來的錢全部用掉。

唉！這種事我看多了，中國人有句老話：「好死不如惡生」，最痛快的死都不願意幹。我常去看臨死的朋友，人將死的時候，味道很難聞，有股尸氣，每次去都是準備生場病的。

文殊師利菩薩在這裡問怎麼樣了生死，學佛的人死後到哪裡去。這個問題要詳細地講，起碼好幾個鐘頭。真得道的人一念空，到死的時候很容易明心見性，中陰身最容易得道悟道。學佛的人常愛講，自己要是修好就可以不用來了，我就問，你要到哪裡去？你有去西方極樂世界的文憑嗎？能不能去得了，拿不拿得到入境簽證，還是問題。你能念佛念到一心不亂，那還有希望，否則這入境簽證批不批就難講了。對不念佛的人，你死了不來，不來是去了哪裡？所以叫你們修白骨觀，作空觀，你修得成，到時一脫離身體，一空靈馬上認得，就定住了。幾千年幾百年不來，在這裡定住很舒服，那是可以。沒有這本事就不行了。不過大乘菩薩還不住在這樣空靈的境界。現在根本的題目來了。

「維摩詰言：菩薩於生死畏中，當依如來功德之力。」這個話是密宗了。從表面文字看，是說菩薩於生死中，靠如來的功德力量來接引。佛當然是會接引你的，但你平時不燒香，靠臨時抱佛腳是沒有用的。萬一如來正巧感冒了，沒能來接引你，那你去哪裡？什麼是如來？這就要註解了。你們唸過《金剛經》的，如來代表一切眾生、一切佛的自性本體，「無所從來，亦無所去，故名如來」。不來不去，不增不減，不生不死，如如不動，當下即是，是如來境界。你沒有功德成就，就做不到如如不動，就空不了。所以，了生死要依自性如來，不是靠釋迦牟尼佛、阿彌陀佛。「當依如來」，這如來一方面是代表佛的名號，所有的人成了佛都是如來，另一面是代表自性。了生死要依自性，自己的生死自己了。功德不是出錢布施，而是自己明心見性，修持到了，福德智慧就成就了，才可以了生死。

因此你可以了解，真正了生死非大徹大悟不可。往生西方極樂世界不是大徹大悟，是去留學的，因為那邊有幾位大師：阿彌陀佛、觀世音菩薩、大勢至菩薩，他們晝夜都在授課，去了是跟他們修習，還是要等你功德到了，見到自性如來，才算成就。

「文殊師利又問：菩薩欲依如來功德之力，當於何住？」文殊師利菩薩真厲害，一步步追問。要了生死必須見到自性，既然要見自性，當於何住，住就是定。大乘不講定，講住，是停留的意思。你們雖然沒有開悟，但是能不能回答當於何住？沒有人回答？太謙虛了，我幫你們答：「應無所住而生其心。」可是維摩居士的答覆不用《金剛經》的說法。

「答曰：菩薩欲依如來功德力者，當住度脫一切眾生」。他說，應該住在什麼境界呢？是住在度一切眾生境界。這同《金剛經》有什麼兩樣？《金剛經》講：「若卵生、若胎生、若濕生……我皆令入無餘涅槃而滅度之」，對不對？六祖在《壇經》上也告訴你，眾生要「自性自度」，自己起心動念，乃至自己身上的細胞細菌，都是眾生，都使他處在同於空的境界，見到空性。

「又問：欲度眾生，當何所除？」文殊師利菩薩又問了，要度心中一切的眾生，應當除去甚麼？

「答曰：欲度眾生，除其煩惱。」你們天天課誦都唸「自性眾生無邊誓願度，自性煩惱無盡誓願斷」，只有自救，沒有佛菩薩可以幫忙你的。

「又問：欲除煩惱，當何所行？」文殊師利菩薩又問，要斷煩惱應該修行什麼法門？

「答曰：當行正念。又問：云何行於正念？答曰：當行不生不滅。」當下就是，不是很明白嗎？我們這兒有位張居士，他寫了一篇文章〈傳佛的心印——維摩居士〉我特別欣賞，是別人沒有寫過的。

「又問：何法不生，何法不滅？」文殊師利菩薩又再追問，怎麼樣叫不生？怎麼樣叫不滅？

「答曰：不善不生，善法不滅。」維摩居士慢慢有點向邊上走了，只好方便度眾生。不善的念頭就是惡念，不生。善念頭就是正念，不滅。這就是六祖《壇經》所說的無念法門。我們一再說過，無念不是沒有思想，無者是無妄想，就是這兒說的「不善不生」。念者是念真如，就是「善法不滅」。

「又問：善、不善孰為本？」文殊師利菩薩又問，善與惡的思想來源誰作了主，哪兒是根本？

「答曰：身為本。」善念惡念是從你現有生命的身體上來。

「又問：身孰為本？」那身體又是以什麼為根本呢？

「答曰：欲貪為本。」身體是由男女兩性欲念而生，這一路是從問生與死，講到生命的來源。

「又問：欲貪孰為本？」這個世界是欲界，其中的萬物不論人、昆蟲都是陽陰兩性的欲念來的。所以他要問，貪欲的根本是什麼？

「答曰：虛妄分別為本。」還是由思想觀念來的，思想觀念是空不了，永遠空不了。

「又問：虛妄分別孰為本？」你們同學要問問題就要這麼問，一步一步追。

「答曰：顛倒想為本。」顛倒妄想是虛妄分別的根本。

「又問：顛倒想孰為本？答曰：無住為本。」剛才提出來的「應無所住而生其心」，我們的思想是不停留的，無所住。所以你們打坐時拚命想把思想停住，這真是吃飽了飯沒事做。思想要你去停它的嗎？是它來停你，知道嗎？我們活了一輩子，哪個思想留得住的？你辦桌酒席、拿個鉤子去鉤，思想都留不下來的！每個念頭，就像我講話一樣，講過了就沒有。你坐在那邊，來個思想怕什麼？它根本不會留在那裡的，本來無所住，要你去空它幹什麼？自性本空，不是你去空它，是它來空你，本空嘛！你想空就已經不空了，你有這個念頭就是顛倒妄想。你不要求空，也不要求不空，思想本來空你的，它不會留在你家裡，所以你可以很安詳，當下即是嘛！要通這個道理才是。

「又問：無住孰為本？答曰：無住則無本。文殊師利，從無住本，立一切法。」維摩居士對文殊師利菩薩畢竟客氣一點，如果是對阿難或是舍利弗，可能就要罵「咄！」了。「無住則無本」，告訴你無住，空。空還有個本嗎？他接著告訴他，一切法本來無住。

所以你說《地藏經》唸一千遍了，放在哪裡啊？你說每天唸一萬聲佛，是放在保險箱還是存銀行了？本來無住啊！如此功德遍一切處，也無功德可得，是名真功德。

這一段好好去體會，學禪、學密、學什麼都到了家了，是佛法最中心處。現在到了有名的「天女散花」這一段。

天女散花黏羅漢

「時，維摩詰室，有一天女，見諸天人聞所說法，便現其身。即以天華散諸菩薩、大弟子上。華至諸菩薩，即皆墮落，至大弟子，便著不墮。一切弟子神力去華，不能令去。」

中國本土也有類似的天女故事，唐代有位李長者李通玄，他是唐宗室的後代，是皇族身分，他沒出家，但是也沒有在家，是完整註釋《華嚴經》的第一人。他帶著《華嚴經》和紙筆墨，到山中去找個地方寫註，碰到一隻老虎伏在地上，他跨上虎背，老虎載他到了個山洞，他就住進山洞裡寫，日夜有兩個天女輪流送飯給他，為他點燈。還有一位道宣法師，在終南山上住茅蓬，也是天女供養。《高僧傳》上這一類記載很多，道家也有這類的記載。

維摩居士房間裡有天女，平常是隱形的。這個時侯，維摩居士房中的天女出現，就在空中散花了，當然不是人間的蘭花梅花，是天花，不是傳染疾病的天花。天花灑在菩薩的身上，都黏不住滑落下來，而在聲聞眾的大弟子，例如大迦葉、阿難、舍利弗、目連尊者等，花就黏上身了。這些弟子們就慌了，花黏在出家人身上犯戒，也不好大動作把花抖下來，否則又犯了威儀戒，真不知如何是好。有神通的使盡神通，練氣功的就發功，但是都沒有用。

「爾時，天問舍利弗：何故去華？答曰：此華不如法，是以去之。」這時天女就問舍利弗，為什麼想要除去身上的天花。他回答，出家人不好戴花。像我們小時候唱的：女人戴花，觀音菩薩；男人戴花，烏龜王八。

「天曰：勿謂此華為不如法，所以者何？是華無所分別，仁者自生分別想耳。」天女告訴他，你不要這麼想，為什麼？這不是世間的花，沒有香臭美醜善惡的分別，你覺得戴花犯戒，是你自心分別，唯心作用。

「若於佛法出家，有所分別，為不如法。若無所分別，是則如法。」天女繼續教訓這些聲聞弟子，你們跟佛出家學佛法，起分別心就不是佛法，修到無分別心才是真正佛法。起分別妄想才是犯戒，就不如法，沒有分別妄想才如法，才算是守戒。你們受過戒的，尤其要注意。

講到這裡，想起當年有位西藏來的法師，我們一同去一位居士家中。到吃飯時間，居士想起沒有為法師準備素菜，這位法師就說，出家人無所分別。他意思是沒關係的，也是可以的。他的確是可以這麼做的。第一，他是西藏來的密宗法師，習慣上可以的。第二，他的修持的確到了這個境界，別人不能。

「觀諸菩薩華不著者，已斷一切分別想故。」菩薩大都是在家人，出家人天天早晚所禮拜的，都是在家人，眾菩薩中只有地藏王菩薩是出家相，百千萬億菩薩都是現在家相，身上還穿的戴的一大堆寶物。羅漢相就拘謹多了。《維摩詰經》講的是不二法門，真正佛法不分出世入世。但是宗教界卻把出家和在家分別得很開，不通到了極點，這是六通之外的第七通，叫不通。還有，大部分的佛經註釋是居士寫的，像李長者、傅大士，現代的歐陽竟無，他們今天還在的話，恐怕也要挨出家人的批評。菩薩身上不黏天花，因為菩薩斷了分別妄想。

「譬如人畏時，非人得其便。」例如人有害怕的心理，就容易被鬼所魔。所以人如有正氣，沒有恐懼心，連鬼也奈何不了他。前天本院有位出家同學回鄉下，在山中追隨一位比丘尼師父，她寫信給我說到這位師父，一人住在山洞中幾十年，沒有什麼高學歷，是真修行人，連鬼都被她嚇跑了。人如果怕鬼，一定有鬼，你給這種非人有隙可乘，它就來了。你正氣一來，它就沒了。我一輩子想看鬼都看不到，遺憾之至。當年我有一個同學說他住的地方有狐狸精，晚上連人帶床都給抬出去了，講得活龍活現。另一個同學武漢大學來的，身患肺病，就自告奮勇去住他的房間，反正自己有病，狐仙來了就跟它走。但是卻什麼事都沒有發生，你不怕它，它無機可乘，就是這樣。

「如是弟子畏生死故，色聲香味觸得其便也。」如果怕生死，怎麼了生死？好看的要看，好聽的要聽，好吃的要吃，連生都了不了，怎麼去了死？碰到外面一個境界你就動念，貪瞋癡就起了，受了六塵六根干擾，怎麼了生死？

「已離畏者，一切五欲無能為也。」無恐怖心者，一切境界就不能動搖他。五欲就是大魔，色聲香味觸者，大五欲是也，另有小五欲，是笑視交抱觸。「已離畏者」，正氣浩然，就算在五欲中打滾也沒有關係，都魔不到你。

「結習未盡，華著身耳。結習盡者，華不著也。」「結習」首次出自《維摩詰經》，此後在中文中就經常用到。修到阿羅漢境界，雖然能不動念了，但是那個根根沒有斷，是壓制住的，那個叫結習未盡。像男羅漢碰到女性，想看而又不敢看，愈是如此，心中已動念了。倒是菩薩境界就算盯著看，反而沒事，因為他見而不見。結習未盡，所以天花黏身，大菩薩結習已盡，所以花不黏身。

《老殘遊記》有首詩好極了，其中一句：「剎那未除人我相，天花黏滿護身雲。」有時我起了煩惱，發了脾氣，就想到這句詩，自己是天花著身了，就笑一笑。

這一段天女散花，最重要的就是「結習未盡」。結習就是《俱舍論》的八十八結使，一點點根不刨掉，結使就沒有斷除。

《維摩詰經》代表的是佛法中心的解脫法門，學佛目的在如何求解脫，怎麼樣才能解脫生死、解脫煩惱、出離三界、找到自己生命的本源。本經對解脫法門說了很多，但是本經最重要的祕密有幾個重點：成佛不在於出家或是在家，沒有出入之分別，能解脫者在世間能解脫，出世間也能解脫。出入自如才是自在，否則永遠得不到自在之身，所以叫不二法門，沒有出家在家、出世入世之別。

維摩居士的方丈大小房間中，可以容納三千大千世界，容納那麼多的人和那麼多巨大的座椅，沒有時間和空間的分別。一千多年後玄奘法師的傳記《大慈恩寺三藏法師傳》，就記載玄奘法師親自到維摩居士的方丈房間的經歷，我們前面講過了。我們人人都有方丈之室，你自己找不到，找到了就成功了。

天女散的花，掉在大菩薩身上都落了下來，唯有落在聲聞眾的弟子們身上就黏住了。這是什麼花？花有很多種，有名利之花，有男女愛欲之花等等。天女後來告訴舍利弗，天花著身是因為這些弟子大阿羅漢們的結習未盡。他們雖然有修持，但是阿賴耶識的根根沒有刨掉，結使的餘習沒有去掉。我們前面講過有位禪師看歌女跳舞的公案，禪師說：「禪心已作沾泥絮」，他的境界已經是天花不著身了。

另外一個公案，一位老太太供養一位禪師三年，有一天，老太太叫幫禪師送飯的女孩，故意坐到禪師身上，抱住他，看他的反應。女孩照做了，禪師動都不動，只說：「枯木倚寒岩，三冬無暖氣。」表示自己毫無欲念，這境界好吧？但是天花落在他身上還黏不黏著？還是會黏的，因為他的欲念是修持工夫壓住的，餘習未斷。所以老太太知道了之後，恨說自己三年白供養了一個癡漢，就把茅蓬燒了，趕走禪師。這是為什麼？難道老太太想要法師破戒？參參看這公案！稱為公案是因為天下的人都要了解。

再有一個公案，有位禪師去向一位居士化緣，這位居士不簡單，已經大徹大悟了。居士就開條件，要能回答得了就供養，他問：「古鏡未磨時如何？」過去鏡子是銅作的，沒有打磨的古鏡當然不能照了。禪師答：「黑如漆。」再問：「古鏡已磨又如何？」禪師答：「照天照地。」這答案聽起來很好啊，可是居士立刻擯斥禪師。你看這回答哪有錯呢？這就是禪宗。禪師吃了棒子，現在話是說他吃癟了，不是用香板打人。他回去再問洞山這兩句話，洞山答：未磨時是「此去漢陽不遠」，既磨後是「黃鶴樓前鸚鵡洲」。這是什麼話呢？你懂也好，不懂也好，這就是禪。

這三段公案與天花著身都有關係。還有件事，相傳是禪宗的起源，有一天釋迦牟尼佛拈起一枝花，望向弟子們，眾人皆不明白佛是什麼意思，只有迦葉尊者破顏微笑，破顏是講原本嚴肅的面孔化成微笑。佛就宣布把正法交付給迦葉尊者。所以禪宗的起源是一朵花，這個花和天女所散的花是不是同樣的花？這是個很重要的關鍵。注意啊！這些公案我可沒有說答案啊！不要說我為你們作了結論，那我是會去法院告你的。可是你們諸位要去找答案。

天女說解脫

「舍利弗言：天止此室，其已久如？」舍利弗挨了天女的訓，就轉了個話題，他問天女，來到維摩居士的房間有多久了。

「答曰：我止此室，如耆年解脫。」這是禪宗式的答案。耆年是年高德劭的人，就是老前輩之意。我們要知道，舍利弗雖然皈依佛，他年紀比佛大，佛三十二歲出世弘法時，舍利弗早就出家在外面當人家的老師了，在印度稱沙門，是對離家修道者的通稱。佛教出家稱比丘，本來不混用的，但是後來翻譯成中文卻不分了。舍利弗皈依佛之後，就帶了自己的弟子一起過來。三迦葉兄弟、目連尊者也是同樣情形。這些在經典上少有提及，但是在律宗部分就有詳載。

天女在此尊稱舍利弗為前輩，舍利弗問她在這邊多久了，她回答說，同您老前輩得道的年齡是一樣的。舍利弗究竟解脫了沒有？在本經看起來還是個問題。天女答得很巧妙，您得道有多久了，我就在這兒有多久了。

「舍利弗言：止此久耶？」舍利弗就再問，那麼天女你在這兒有很久了吧！

「天曰：耆年解脫，亦何如久？」天女又刮他一次鬍子，請問前輩得道也很久了吧？

「舍利弗默然不答。」舍利弗沒辦法接下去了。

「天曰：如何耆舊，大智而默？」天女就差點沒把舍利弗連眉毛都剃了，問舍利弗，前輩是有大智慧的人，為什麼不說話呢？

「答曰：解脫者，無所言說，故吾於是不知所云。」這句話說明舍利弗只是在「理」上解脫，而「事」上的解脫，至少在當時還沒有做到。為什麼這麼講？這從經典上很難看出來，研究戒律才知道，舍利弗雖然得道了，晚年身體很不好，這就成問題了。中國近百年來，研究佛學的人不大管經典，而鑽研戒律，因為這上面很實際。舍利弗的答話是說，得了道的人是「言語道斷，心行處滅」，無話可講，佛說「不可說」，所以他沒話講。這「不知所云」成語也是源出自《維摩詰經》，又是鳩摩羅什法師所創作的中國佛教文學的名句，現在成了罵人的話，指人說話沒有中心，不知道在講些什麼。

「天曰：言說文字，皆解脫相。」天女的回應剛剛和舍利弗的觀念相反。不說話就解脫了嗎？說話同樣是解脫啊！再進一步，說與不說都是解脫，為什麼落入一邊去了？落入一邊的人，在禪宗祖師來講是「擔板漢」，揹了塊板走路，只看到空，沒有看到有。舍利弗的答話犯了邏輯上的錯誤，馬上被天女抓個正著。

「言說」就是「文字」，心中的念頭經過嘴巴表現出來就是言語，其實和思想是一個東西，如果用文學表現出來，就叫作文字。

「所以者何？解脫者，不內，不外，不在兩間。文字亦不內，不外，不在兩間。是故舍利弗，無離文字說解脫也。」天女自問自答，真的解脫了是既不在內，也不在外，也不在中間。明心見性得道了，心在哪裡？不在內，不在外，也不在中間，無所在，也無所不在。同樣的，文字也不在內，不在外，不在中間。比如寫一封信，要表達自己的思想，當寫成白紙黑字了，這文字是你嗎？不是你，那是文字，同你不相干。你說不相干，我讀了你的信，你的感情你的思想就在紙上，不能說沒有你。但是文字與你當下即空，信寫完了，雖然有文字痕跡，你的念已空了，是不是？所以，舍利弗，你不要落入一邊，認為說話就錯了。說話就是解脫，言語本空，過去心不可得，現在心不可得，未來心不可得。這一句話說了當下就沒有了，不要你去空它的。你要去空它，就是妄想了。

「所以者何？一切諸法是解脫相。」什麼理由？一切世間出世間法，它當下本是解脫的，你想做工夫求解脫，就著相了，就不算解脫。

上面這一段講解脫，非常重要，是一切精要所在，自己用功不論修密宗還是顯教，你記住，一切諸法是解脫相。

「舍利弗言：不復以離婬怒癡為解脫乎？」出家的同學們要更加注意了，佛涅槃後，佛弟子以戒為師。戒有好幾種，例如比丘、比丘尼戒是規規矩矩的，稱為「別解脫戒」。那麼中國佛教用的四分律、五分律、十誦律又有什麼差別？這是佛的弟子們後來分了宗派，各個對戒律的不同見解。唐代的律宗，確定了中國的比丘比丘尼戒是依四分律。至於菩薩戒，中國用的是

《梵網經》的菩薩戒，在西藏的菩薩戒，是依《瑜伽師地論》彌勒菩薩的傳承為本。

這些學問研究起來很大，但是所有比丘戒的第一條是戒婬，菩薩戒第一條戒殺，中間差別意義大得很。鳩摩羅什法師所翻譯的其他經典，都是貪瞋癡，唯有在《維摩詰經》中用「婬怒癡」，為什麼？這是個大問題，牽涉到翻譯的歷史背景觀點。

大家知道鳩摩羅什法師的故事，中國為了請他來，滅了兩個國家，這是世界文化史上從來沒發生過的。鳩摩羅什法師到中國時，已三十二歲，中國已經改朝換代，前秦亡了，姚興立了後秦。當時曾有西域一位大阿羅漢，對鳩摩羅什法師的媽媽預言，鳩摩羅什法師有佛的相好，如果到三十六歲仍不婚，可即生成佛，若結了婚，也是佛門龍象。姚興迎到了鳩摩羅什法師，就有了那種希特勒式的優生學想法，非要他留個種子下來不可，就硬派了十個宮女陪侍他。

鳩摩羅什法師究竟有沒有成婚，我們不知道，但是當時跟著他的和尚，有些也想有樣學樣，被鳩摩羅什法師看在眼裡。一日，鳩摩羅什法師就請所有的和尚來吃麵，但是碗裡盛的是針，沒人敢吃，只有法師把碗端起來把針吃下去了。他顯示要有這樣的本事，才可以另當別論。這是有名的「羅什吞針」故事。

西藏第五代達賴喇嘛，是人王而兼法王，是轉生的活佛。到了第六代達賴喇嘛，就有許多風流韻事，我們在前面也提過一些。曾緘的〈布達拉宮詞〉就說：「羅什吞針不諱婬，阿難戒體終無礙」，形容達賴六世，前一句就是引鳩摩羅什法師的典故，後一句出自《楞嚴經》開頭，阿難受摩登伽女引誘的一段。

天女講，一切諸法都是解脫相，舍利弗覺得詫異，就問：難道修行不用離開婬、怒、癡也可以得道解脫嗎？換句話說，不用出家也能成佛嗎？

「天曰：佛為增上慢人，說離婬怒癡為解脫耳。若無增上慢者，佛說婬怒癡性，即是解脫。」這裡很嚴重了，尤其年輕同學，千萬不要曲解經典原意，不要拿這句話作招牌就去放肆，你沒有吞針的本事的。貪瞋癡慢疑是我們生來就有的業習種性，貪瞋癡你們都了解，慢是我慢。現在都講人要有自尊心，這是漂亮的名辭，實際上就是我慢。不要說人，連動物都有我慢的，「螳臂擋車」講的就是。自尊心的反面是自卑感，但是天下沒有人有真正的自卑感，所謂自卑感是傲慢的反面心理。你們懂這個心理嗎？因為很傲慢，「格老子，我還怕你嗎？暫時讓讓你罷了。」看起來內向的人都是傲慢的，都有自卑感的。有自卑感的人都是很傲慢的，這邏輯就是這樣。脾氣大的人往往自卑感重，特別怕被人看不起，習氣就如此。

我慢是眾生的通病，我疑也是眾生的通病。如果沒有我疑的習氣，一讀《維摩詰經》就成佛了。憑「一切諸法是解脫相」這一句就成佛了。你讀了《維摩詰經》，道理懂了，自己想這不過是理論，到底還沒有證到，對自己就多疑。

再回來講什麼是增上慢，慢心是本有的，因為外緣而更加驕慢。學問好的人就覺得自己了不起，這是學問的增上慢。年齡大了看不起年輕人，就是年齡增上慢。有了鈔票，就有了鈔票增上慢。那麼又窮又醜又孤苦的人，應該沒有增上慢了吧？他有的。「格老子，我窮到了極點，誰都不在乎」，還是增上慢。

天女回答舍利弗，佛是為了增上慢的眾生，說一個方便法門，要先處理了婬怒癡才能得解脫。但是對沒有增上慢的眾生，婬怒癡即是解脫，後面這句話對不對？你們點頭的人慢一點，婬怒癡不是解脫，「婬怒癡性，即是解脫」。不要漏了這個「性」字。這是說婬怒癡的本體即是解脫，婬怒癡和慈悲喜捨都是一念的變化，婬怒癡這一念翻過來，即是布施持戒忍辱精進禪定，又翻過去就是婬怒癡，是一體的兩面。比如說水泡了茶，汁就成了茶，水釀了酒就不是水了，但是茶和酒的自性還是水。所以婬怒癡是一種心理行為的變相，佛並不是說婬怒癡即是菩提。差一個性字就完全不同。這個字掉不得的，掉了這個字你就要掉下去很遠嘍！

天女說一乘佛法

「舍利弗言：善哉！善哉！天女，汝何所得？以何為證？辯乃如是？」「善哉善哉」在佛經裡常用，但不是鳩摩羅什法師的創作，首先出自《列子》。善哉就是「好的」，是讚歎之辭。舍利弗對天女說，你究竟得到什麼境界，可以如此辯才無礙？

「天曰：我無得無證，故辯如是。所以者何？若有得有證者，則於佛法為增上慢。」天女說：我什麼都沒有，因此能說。若是覺得自己得到了證到了什麼，就是增上慢。你們今天打坐坐得不錯，就覺得有工夫了，然後看不起別人，怎麼半小時都坐不住？這就犯了增上慢，是犯菩薩戒，還不是比丘戒，很嚴重的。有任何一點看不起別人、批評別人的心理，早就犯戒了。「自讚毀他」是菩薩戒第一條大戒。有的人只自讚而不毀他，這也是不行。真有學問的人，反而變得很平凡，「學問深時意氣平」，不覺得自己了不起，如果不意氣平，那就是半罐子水了。世法出世法都一樣。真得道的人，決不會覺得自己有所證。

「舍利弗問天：汝於三乘為何志求？」舍利弗再問天女，於聲聞、緣覺、大乘三乘中，你想走哪個路線？

「天曰：以聲聞法化眾生故，我為聲聞。以因緣法化眾生故，我為辟支佛。以大悲法化眾生故，我為大乘。」天女說她不一定走哪個路線。

「舍利弗，如人入瞻蔔林，唯齅瞻蔔，不齅餘香。」瞻蔔林是檀香林，一個人進了瞻蔔林，只聞到瞻蔔林的香。

「如是，若入此室，但聞佛功德之香，不樂聞聲聞、辟支佛功德香也。」同樣道理，到了維摩居士的丈室，就沒有三乘大小的差別，只有一乘佛法。

「舍利弗，其有釋、梵、四天王、諸天、龍、鬼、神等入此室者，聞斯上人講說正法，皆樂佛功德之香，發心而出。」釋不是指出家人，是帝釋，欲界忉利天的天主，道家觀念中的玉皇大帝。梵是清淨的意思，此地是指色界大梵天的天主。四天王是欲界中最低層天的天王。諸天是二十八宿的天人。這等等的天人，能有此因緣、功德、智慧進入這個丈室，作了居士的入室弟子，都聞到佛的一乘正法功德之香，都發出了大乘心。換言之，沒有小乘的眾生，都是大乘根器。

「舍利弗，吾止此室十有二年，初不聞說聲聞、辟支佛法，但聞菩薩大慈大悲，不可思議諸佛之法。」天女告訴舍利弗，自己在此丈室十二年了，沒聽過維摩居士說過小乘法門，說的是佛法正統一乘道。《法華經》也是一乘道，沒有三乘之分。

維摩丈室的八特點

「舍利弗，此室常現八未曾有難得之法。」天女現在告訴舍利弗，維摩居士的丈室有八個特點。這個八同唯識的八識、顯教的八正道、淨土宗《阿彌陀經》的八功德水，都有關聯，要好好參究。

「何等為八？此室常以金色光照，晝夜無異，不以日月所照為明，是為一未曾有難得之法。」這個房間中常發金色的光。我們來用世間法研究，但是也沒有離開佛法。人腦中動什麼念頭，現代科學已經可以用光照得出來了。思想非常純淨的人，照出來是青藍色帶金色的光。《維摩詰經》尚未傳到中國之前，中國不說方丈而說「方寸之地」，指的是心，比較一下這兩個，就大概了解了。

維摩居士的丈室中，不分晝夜都放金色的光，不是靠日月去照的，這是什麼光？是自性的心光。在禪宗來講，得了初關開悟的人，就應該有自性心光。到了這個境界，有三種現象一定出來的：第一，身輕如葉，不用修白骨觀，一身的骨節都軟了，妄想雜念習氣也柔軟了。第二，晝夜常明，白天夜裡都沒有昏沉，都在光明中。第三，夜睡無夢，因為醒夢一如。你修行到達什麼程度，用這個測驗一下就知道了。

「此室入者，不為諸垢之所惱也，是為二未曾有難得之法。」第二個特點，到了這個房間能夠成為入室弟子，換言之，真正能證悟到（不是理解到）心地法門，就沒有一切世間的染污煩惱。人到了這種境界，古人有名言形容：「煩惱無由更上心」，想故意造一個煩惱都不可能的，即使他在喜怒哀樂中，也都沒有煩惱的。

「此室常有釋、梵、四天王、他方菩薩來會不絕，是為三未曾有難得之法。」第三個特點，到了這個房間，隨時與三界天人及其他國土菩薩息息相關，時通往來。

「此室常說六波羅蜜、不退轉法，是為四未曾有難得之法。」第四個特點，在這個房間裡，都是講大乘第八菩薩地的境界。到了八地以上，都到了離戲的境界，什麼是離開一切戲論？禪宗祖師們講「離四句絕百非」，四句是：空、有、非空非有、即空即有。《心經》上說：「色不異空，空不異色，色即是空，空即是色」也是四句。在禪宗，真到了離戲，才是破初關，也叫作破本參。當你還在用功、參話頭，是算專一瑜珈的境界。話頭破了，不用自用，功行自然現前，才到了離四句絕百非，離戲的境界。但是還沒有到家。

「此室常作天人第一之樂，絃出無量法化之聲，是為五未曾有難得之法。」第五個特點，我們只有在文字上跟諸位報告了，因為是很難理解的。這房中常常聽到非人世間的天人音樂，就是莊子所說的天籟之音，而這音聲自然會說佛說法說僧，「絃出」是彈奏出的意思。你們打坐用工夫到某個程度，耳中會聽到音聲，或者是音樂聲，或者是在對你說話（甚至有時還很靈驗）。這時你可不要著相，一著相就成了神通的弟弟——神經了。這時極需要知道，「凡所有相，皆是虛妄」，要一概不理，這是用功的境界，不是天耳通，也不是天樂之音。真正天籟之音，要到了大般若智慧的境界才算，但到了初禪和二禪自然會露消息。諸位要好好修定，小乘的禪定是非常重要的，沒有這個基礎你不用去學禪宗。

「此室有四大藏，眾寶積滿，賙窮濟乏，求得無盡，是為六未曾有難得之法。」第六個特點，不是功德圓滿的人是做不到的，這個房間什麼都沒有，可是任何的金銀珠寶順手一抓就出來了，要多少有多少。所以維摩居士可以不斷地布施，比中國傳說中的聚寶盆還要厲害，都是我們大家最希望的。這是做得到的，但是要多生累世不斷地布施，才有可能有如此的果報。

「此室釋迦牟尼佛、阿彌陀佛、阿閦佛、寶德、寶炎、寶月、寶嚴、難勝、師子響、一切利成，如是等十方無量諸佛，是上人念時，即皆為來，廣說諸佛祕要法藏，說已還去，是為七未曾有難得之法。」第七個特點，在這房間中，維摩居士心中一念，要請哪一尊佛來說法，就請得到那一尊佛，來此說法完畢就送客。這太方便了。

「此室一切諸天嚴飾宮殿，諸佛淨土，皆於中現，是為八未曾有難得之法。」第八個特點，如要西方阿彌陀佛極樂世界淨土、東方藥師佛琉璃淨土、或者任何一個佛的淨土，只要一念，就都呈現在這房間中。

維摩居士的丈室，所有這八種未曾有難得之法，我們也都有，因為我們沒有證得，就翻不過來。翻得過來，這方寸之間就都具備。所以六祖告訴我們：「何期自性本自具足」，一切都具備。

「舍利弗，此室常現八未曾有難得之法，誰有見斯不思議事，而復樂於聲聞法乎？」所以天女對舍利弗說，這房間有這樣八種難得的功德，有誰在這裡見識過這樣的境界之後，還會願意去修小乘呢？

女轉男的問題

下面開始要講到女人相的問題。世界上一切的文化和宗教，從古至今都是重男輕女的。到了近世的西方文化演變，尤其是美國代表了西方文化一個很重要的環節，稍稍開始有點不同，男女好像變得比較平等了，其實也不見得。有趣的是，許多宗教雖然重男輕女，但是到最後還是歸到女性身上去了。像道教最後最大的是瑤池聖母，是玉皇大帝的媽媽。天主教最崇拜的是聖母。在佛教，最為大眾所依的觀世音菩薩，是以女身度眾生的。這都是代表了母愛。

佛法素來講平等，但是在戒律和規矩上，對女性還是有等差的，有平等中的差別。尤其是講到修行，女性就必須先修到能夠轉成男身，才能成佛。一般素來是這麼說，唯一不同的，有幾本經典，一是《維摩詰經》，還有一本是很少見的《佛說月上女經》，以女身而成佛，與釋迦牟尼佛問答，為佛所默然認可。第三本經是唯識法相宗最重視的《勝鬘夫人經》。這幾本經真正講到男女平等。

現在回到《維摩詰經》舍利弗和天女之間的問答，這些就不用一字一句的解釋了。

「舍利弗言：汝何以不轉女身？」舍利弗問天女，既然這麼高明為何不轉女身？

「天曰：我從十二年來，求女人相了不可得，當何所轉？」天女答，你問得好，我以十二年的時間，研究自己身體是不是女人，我找不出來自己是女身，要怎麼去轉？在座的女同學，可能連十二秒都不要，就知道自己是女身。這「了不可得」，也是首見於《維摩詰經》，其後被禪宗祖師所常用。

為什麼提十二年？這是一個祕密，普通講修行成佛要三大阿僧祇劫之久。肉身要成就，老老實實去修，一步都不走錯，一點都沒有障礙，要十二年才能轉變色身。不是一定女轉男身，那個是很難的，但是可以轉成童身，七八歲的小童之身。你中間有一步走錯了，就要重新來過。

道家修持講百日築基，一百天的基礎要打穩，但是多數人都辦不到。百日築基之後，第二步是十月懷胎，用溫養的工夫來長養聖胎。再其次要三年哺乳，九年面壁，差不多也要十二年。我算過這個帳，我們從六歲開始讀書，如果念了十二年書，還沒入大學，也就可能找不到什麼理想的工作。假如修道十二年可以成仙，還是這個比較划算。百日築基是很困難的，我們學佛的人不講這一套，但是我們講戒定慧，能入定一百分鐘都了不起了，不要說一百天，如果這個基礎都沒有的話，所有佛學理論都是空談。

再從現代新陳代謝的觀點來看，我們的身體大約每十二年，內外細胞就全部換過一次。中國傳統文化，每十二年稱一紀，一世是三十年，到了現代，把這兩個字合起來成為了世紀，根據西方觀念，一世紀就是一百年。十二年一紀是太陽系統一個轉變的周期，一年又有十二個月。十二這個數字的學問很多，需要專門作一個課題討論，我們就此打住。

「譬如幻師化作幻女，若有人問：何以不轉女身？是人為正問不？」天女回答，比如變魔術的人，變出一個女人，假使有人問這化出來的女人，為什麼不轉成男人，這問得對嗎？

「舍利弗言：不也，幻無定相，當何所轉？」舍利弗答，不可能，一個假的、幻化出來的女人是不能轉的。依佛法說，我們的肉體是幻化不實在的，是無常的，無常就是不會永恆存在的。無常是對現象會變去而言，而《易經》所說的變化，是指宇宙永遠不停地在變的原則，這兩者略有不同。

「天曰：一切諸法，亦復如是，無有定相，云何乃問不轉女身？」天女說，世間萬法也都是無常，沒有定相，為什麼你眼中的我一直是女身？我看你卻不是永遠是男的，為什麼你還問我怎麼不轉女身？

講到這裡，我要回答有位同學幾天前提出的一個問題，中國禪宗的叢林制度還是依佛的戒律，是重男輕女，因此禪宗同其他宗派大寺廟的規矩一樣，沒有比丘尼當方丈的。過去沒有比丘、比丘尼合住的廟子，叢林就更不可能了。比丘尼廟子的方丈，還是由比丘掛名出任，但他本人不來。比丘尼的叢林，極少有開堂說法的，所以比丘尼還是要去比丘的廟子聽法，聽完就走。比丘在天黑無法趕路的情況下，才准許到比丘尼的廟子掛單，但只准在大堂上打坐，不可入寮房。

禪宗有位比丘尼，法號叫末山，她認為自己大徹大悟了，可以當方丈，就開堂說法。這在當時是革命性的一件事，在《禪宗語錄》以外的記載上，很多人像趙州和尚這樣的大禪師，對此事都反對，其中有位灌溪和尚就去找末山尼，態度非常桀傲不馴。小尼姑通報了，末山尼就讓人去問灌溪，究竟是為遊山玩水而來，還是為法而來。灌溪答，當然為法而來！而且如果問法輸了的話，自願在你的廟上作園頭（就是管菜園的），種菜三年供所有人吃。於是末山即刻開堂，打鐘擊鼓，召集眾人上殿。末山尼陞座，就與灌溪展開對話。他們開始說的一些我們就略過不提，灌溪問：如何是末山（末山是地名）？答：「不露頂。」這句話很平凡，末山風景就如此，就是不露頂。但是他們問答之際可沒有字字推敲，很自然就出來了，開悟的人文字般若就是不同，可以出口成章。

有僧人曾問夾山禪師：「如何是夾山境？」夾山答：「猿抱子歸青嶂裏，鳥銜花落碧巖前。」看來是表面，講猿猴抱小猴子的景象，其實是說修道工夫，表示自己已證果，沒有男女相了。法眼有首偈子：

理極忘情謂　如何有喻齊
到頭霜夜月　任運落前谿
果熟兼猿重　山長似路迷
舉頭殘照在　元是住居西

中間一句「果熟兼猿重」，描寫果子熟了，猿猴爬上去摘果子，把樹枝壓彎了；「山長似路迷」說深山中愈走愈走不到底，山路崎曲，常常懷疑自己可能走錯了路。這是講修證的艱辛，所以真得了一分道果，自己的恭敬心就增加一分，作人做事行為舉止，就愈恭敬。

末山尼氣派大，她說自己已經成就，不露頂了。灌溪聽了就再問：如何是末山主？就是舍利弗問天女的問題。末山尼就答：非男女相。灌溪跟著問：何不變去？末山尼就大聲罵，不是神又不是鬼，變個什麼？灌溪就跪下來拜，等於承認末山尼是大徹大悟了，也規規矩矩地在廟外搭了個蓬子，作了三年園頭。

這一段是禪宗內講男女差別比較有名的故事。第二段就比較不那麼精彩。馬祖的弟子鄧隱峰禪師，俗姓鄧，他是大徹大悟了的，解脫逍遙非常自在，常常玩些神通。你們同學供舍利子，有時長了一顆出來就大驚小怪，如果碰到隱峰禪師，非被他刮耳光不可。他聽見有人求舍利子，就拿把梳子在頭上刮兩下，就有舍利子掉下來。他臨死時還表演了一招，倒立起來涅槃了，而衣袍竟然還貼著身上不會垂下來。他有個妹妹，成就比他還要高，聽到哥哥涅槃的怪相，就跑來罵他，生前已經不正經了，走了還要玩把戲，給我站起來！鄧隱峰禪師居然就倒轉回來，站起來再死。（按：另有其他說法）

中國歷史上有兩位還俗的和尚，都影響了一個時代。一個叫劉秉忠，是元朝忽必烈的國師，和耶律楚材一樣。忽必烈統一中國時，少殺了很多人，就是這一位還俗的和尚從旁運籌，保住了很多生命。還有一位還俗的和尚叫姚廣孝，是明朝永樂皇帝的軍師。永樂帝以叔叔的身分，打倒南京的侄子，也是朱元璋朱和尚的後代。永樂統一了中國，姚廣孝也官封太師，他雖然還俗，可是始終並未成婚，也始終沒有作官的派頭，還是個和尚的樣子。姚廣孝回家看姊姊，姊姊閉門不見，說自己只有一個出家的弟弟，沒有一個還俗的國師，並且誓言永遠不相見。這也是一位了不起的女性，就看你們女同學哪天能發心，把這些女性的資料集中起來，編一本女性的《指月錄》，這些都是很好的資料。

禪宗記錄的女性被問到為什麼不轉女身時，是用智慧的語言來答覆，《維摩詰經》的天女卻玩起神通了。

「即時天女以神通力，變舍利弗令如天女，天自化身如舍利弗，而問言：何以不轉女身？」天女意念一動，用神通的力量，把自己變成舍利弗，而把舍利弗變成了天女，然後問舍利弗，現在你為什麼不轉女身呢？這裡，如果你不把它當神通，當作個寓言來看，其中就有兩重問題。天女的這種神通是屬於自在心通，還不是六通當中的第五通神足通。第六通漏盡通只有羅漢才有。心通是大小乘菩薩修到相當成就的都有，可以概括了六通（天眼通、天耳通、他心通、宿命通、神足通、漏盡通）。但是六通卻不能概括了心通。

「舍利弗以天女像而答言：我今不知何轉而變為女身。」舍利弗說，我不知道怎麼會轉變成女身了。這個話你要注意，同生死來去都有關係的。佛教的基礎建立在三世因果、六道輪迴上，這也是個生死的問題。人怎麼生、怎麼死，怎麼變成男人、女人，這個問題應該先了解。

「天曰：舍利弗，若能轉此女身，則一切女人亦當能轉。」天女說：舍利弗，如果你能轉得了這女身，則世界上一切女人也能轉。

「如舍利弗，非女而現女身，一切女人，亦復如是。」像你舍利弗，明明是男人，為什麼偏偏現出女身？一切女人之所以得女身，或男人得男身，自己是沒有辦法作主的。如果作得了主，就得道了。

「雖現女身，而非女也。」雖然現女身，這只是形相上的，在本性上是沒有男女差別的。當一念不生之時，是完全沒有男女相的。換言之，這個肉身，也就是報身，才有男女相的差別。生命自性的法身，是沒有男女相的。法身報身都成就了，就可以行千百萬億化身。真正悟道的成就是三身的成就，才是大徹大悟。法身是自性之體，報身是自性之相，化身是自性之用。諸位女同學要知道，真正悟了道，雖然是個女身，但是不是女人。

「是故佛說一切諸法，非男非女。」這是這一段話的結語。

「即時，天女還攝神力，舍利弗還復如故。」此時，天女（其實是位大菩薩化身）就再用神通力，還舍利弗他原來本相。

「天問舍利弗：女身色相，今何所在？」天女就問舍利弗，你現在又變回男身，那女身的相到哪裡去了？

「舍利弗言：女身色相，無在無不在。」這一下舍利弗因受天女接引，於大乘佛法開悟了。他說：所謂男相女相都一樣，無所在也無所不在。

「天曰：一切諸法，亦復如是，無在無不在。夫無在無不在者，佛所說也。」自性不在內、不在外、不在中間，無所在也無所不在。明心見性要找的，就是這個「無在無不在」。這一句話首見於《維摩詰經》，現在不只是佛教界，連天主教、基督教講上帝講神，也用無在無不在。這原因是過去幾十年中，他們花了很大力氣研究，把佛教和道家思想的要點，都翻譯過去了，所以就引用上了。因此，你們如果不去研究其他的宗教，一提就說人家是外道，那就是笑話，也不知人家外到哪裡。尤其年輕同學，有志去國外弘法的，你對人家新的神學用語和觀念，還不能不知。人家已經能把佛經上的「無在無不在」，用得很好了。

天女引佛所說的「無在無不在」，是佛法中最高的不二法門。前面這一路下來，我們討論的有幾個要點。第一個，是十二年做工夫的問題。第二個，講生死之間的問題。第三個，羅漢有隔陰之迷，這有三種情形：一是入胎就迷了，二是入胎不迷，但住胎迷了，三是入胎住胎不迷，但出胎迷了。

我現在再講一下人的生死的問題，但還只是講人道。天道和畜生道等是不同的。剛才休息時還有幾位道友在討論，是否能預知死期，要怎麼走。有一位說，他已經同意將遺體捐給醫院做解剖教學，器官還能再用的話，就移植給需要的病人，這樣最不給自己家人添麻煩。原來他還是做生意的辦法，當然這樣的發心布施是很難得的。

要講生死的問題會用掉太多時間，我們不能詳細講。人的入胎要有三緣和合，要有中陰身（普通講靈魂），還要有男性的精蟲和女性的卵子剛好結合。雖說四大本來空的，但人身難得，沒成道之前，還非要靠這個身體不可。入胎之際，精蟲要和數億個兄弟姊妹競爭，才能和卵子結合。佛比喻人身難得，如茫茫大海中一隻盲龜，從水下浮上來時，剛好鑽入了一個漂浮在海面上車輪中間的空洞。

人在入胎之際，是中陰身被非常強烈的欲念所吸引，這不是你左右得了的，這個欲念一起，再同這男女有因緣，就被吸引來了，沒有空間的阻礙，這就是業力。該成為女性的是受男性（也就是將來的父親）的吸引，這一剎那就成女胎，成為男胎則是受將來的母親所吸引。這該生男身或女身，不是你作得了主的。舍利弗在前面說，怎麼自己作不了主，忽然變成了女身，就是這個原因。所以我們修道做工夫要隨時注意，白天在起心動念處下手，練習作得了主，不要生貪心，瞋心，不要散亂昏沉，不要起慢心，才是修行的第一步。進一步要連在睡夢中也作得了主才算，否則真一點把握都沒有。但是你不要去試，你拚命想在睡夢中作主，那一定睡不著，因為你不作主才睡著了。

能在夢中醒中都作得了主，就是一念清明，靈明不昧，修行才能算有把握。這只是講修行，不是修定，還不算悟道。你們在修行的，不論是什麼法門，要知道自己有沒有進步，不要來問我。你只要問問你自己，在平常起心動念處，能作得了多少主。比如你忽然遇上很大的刺激，心中很煩很氣，你看看這個氣多少秒、多少分鐘可以過，還是幾天、幾月，甚至幾十年都忘不掉。假如你這些貪瞋癡能在幾秒鐘馬上平下去，那已經了不起了。平下去不算，還要作得了主。大乘小乘修行的路線都從這裡開始，然後達到般若智慧的成就，才能完全作得了主。這作得了主的境界，就是觀自在，真做到了自在。我們修行一定要注意三界天人表，尤其是色界天的有頂天，又名大自在天，那是絕對自在的，是十地以上的菩薩。

生死問題

「舍利弗問天：汝於此沒，當生何所？」舍利弗問天女，當你離開了這個世界，會去哪裡往生？

「天曰：佛化所生，吾如彼生。」天女答，一切佛的化身怎麼生，我就是那樣生。在華嚴境界來講，一切眾生皆是佛的化身，我們都是，沒有人是凡夫，也沒有人是佛。一切佛，十方三世諸佛，皆是毘盧遮那佛的化身，毘盧遮那佛代表的是法身。你們拿的《梵網經》，其中的主佛，盧舍那佛，就代表報身成就佛，他在《梵網經》中所說的戒，是為千佛而說，所以一切凡夫眾生就是千佛的化身。禪宗也提出：「心、佛、眾生，三無差別」。

所以我們往好的方面來說，一切眾生就是佛的化身。化身是怎麼來的？這境界就和中國固有文化相同，「生生不已」。以華嚴境界說，在世間說法的釋迦牟尼佛，是毘盧遮那佛的化身，說法的因緣滿了，所以化身就涅槃了，是有生滅的。但是他的法身是不生不滅的。《法華經》說佛在說法時，地下湧出多寶如來的無縫寶塔，寶塔開了，多寶如來在其中，請釋迦牟尼佛上來，分半座給他，代表肉身化身各佔一半。《法華經》所以是佛法中的大經，因為是修報身成就。我們此身雖然是幻化，但是這個身上也是多寶如來，還有很多用處，修持得好可以做到即身成就。當然這很難的，千古以來能修到報身成就的是少之又少。

禪宗祖師當中，有好幾位修到了報身成就，比如臨濟禪師，他三十多歲時就當大和尚，因為太年輕，怕聲望不夠，所以有兩位已經悟道的克符和普化禪師，還特意去皈依臨濟以孚眾望。後來等臨濟成了宗派，普化要走了，普化就告訴跟隨他的弟子，自己要在某日在某地入寂。後來一看去的人太多，就改了一天。結果還是很多跟的人，但是少了一些，他就再改一天。如此改了幾次，跟隨的人少了許多，他終於決定可以走了，就自己跳進棺材。大家抬起棺材時覺得很輕，一望沒有人影，只聽到空中傳來他平時搖的鈴聲。他這就是報身有成就的。

「天曰：佛化所生，吾如彼生。」天女說：化身是無往亦無來的，不進也不出。

「曰：佛化所生，非沒生也？」舍利弗再問，佛的化身不是此沒彼生的嗎？也就是說在這裡入寂了，再去別的世界投胎。

「天曰：眾生猶然，無沒生也。」天女教訓他，一切眾生根本沒有生的，沒有此生彼滅的。

我們這一段插了許多補充，講得比較零碎。現在總結一下，這一段一個是男女相的問題，一個是生死問題。我們學佛是要了生死，但是一般人有個錯誤觀念，認為了生死就不來了。你不來是要去哪裡呢？出了三界哪還有第四界？你問了了生死還來嗎？「無沒生」，無去也無來。諸佛菩薩因為了了生死，所以敢在三界六道中遊戲神通，在生死苦海中度人，沒有來與不來的問題。

我們錯誤地以為了了生死的人，他知道時間到了，走了就了了。這不是了生死，而是修持定力很夠。所謂了了生死，現生修持得定，曉得從這個肉身走了，要去三界的哪一界、哪一道，自己可以作主。像初果羅漢往生去了欲界天和色界天之間，還要七返人間，才能證得涅槃，還是有餘依涅槃。這是了了分段的生死，生死一段一段的，前生、這一世、後一世。本來生命是沒有段數，無去也無來，自性本體無所在也無所不在，但是我們沒有見到自性之前，要先了分段生死。分段生死了了，變易生死還未了，要到了大阿羅漢境界才了了變易生死。了了變易生死就不是出胎入胎，而是化身。

悟道問題

「舍利弗問天：汝久如當得阿耨多羅三藐三菩提？」舍利弗再問天女，你還要過多久才會真的大徹大悟成佛？

「天曰：如舍利弗還為凡夫，我乃當成阿耨多羅三藐三菩提。」天女說：譬如你舍利弗是已經證了阿羅漢果的，如果哪一天你退位成為凡夫，我就成佛了。因為得道的人不會再退為凡夫，換言之，天女本來已經開悟了，用不著再開悟。因為本來面目個個都是佛。

「舍利弗言：我作凡夫，無有是處。」舍利弗答：我不可能退為凡夫的。

「天曰：我得阿耨多羅三藐三菩提，亦無是處。所以者何？菩提無住處，是故無有得者。」天女說：我本來沒有迷過，何必再求悟？什麼理由？菩提無住處，你想要找個住處就錯了。所以要得道是得個了不可得。菩提者覺悟也，不是你去買的菩提子。

「舍利弗言：今諸佛得阿耨多羅三藐三菩提，已得當得，如恆河沙，皆謂何乎？」舍利弗再問：如果成佛是無所得，那麼過去、現在、未來無數成佛的，是得什麼？這該怎麼講？

「天曰：皆以世俗文字數故，說有三世，非謂菩提有去來今。」天女說：這是為了凡夫俗子而說的，是說法的方便。宇宙沒有所謂昨天、今天、明天的時間，沒有來去、三世、十方。得了道的沒有過去、現在、未來。

「天曰：舍利弗，汝得阿羅漢道耶？」天女再問舍利弗：你是得了阿羅漢道了嗎？

「曰：無所得故而得。」舍利弗答：因為我到了「什麼都沒有了」，無所得，所以佛印證我得道了。這是了不可得，若還有個工夫有個境界，就已經不是了。

「天曰：諸佛菩薩，亦復如是。無所得故而得。」天女說，所以一切諸佛菩薩的得道，同你所答的一樣，得個「了不可得」。可是我們打坐學佛的人，都是以有所得心來求個無所得果，因此背道而馳，白忙一場。

「爾時，維摩詰語舍利弗：是天女已曾供養九十二億諸佛，已能遊戲菩薩神通，所願具足，得無生忍，住不退轉，以本願故，隨意能現，教化眾生。」這時候，維摩居士這位主人出來講話了，他告訴舍利弗不要鬧了，天女是位大菩薩，過去生已供養過九十二億佛，資格比你老得多了，隨時可以變女相男相，神通境界來去自在。而且他所願具足，修持到了八地以上的菩薩境界，得無生法忍，不退轉了。因為他的願力同情女性，隨時可以現女身，教化眾生。

一切法皆是形相，形相不是體。自性的本體沒有男女相之別，只要一念放下，自己就忘掉此身是男是女，此中無男女身的。男女相都是人為的。

佛道品第八

爾時，文殊師利問維摩詰言：菩薩云何通達佛道？維摩詰言：若菩薩行於非道，是為通達佛道。又問：云何菩薩行於非道？答曰：若菩薩行五無間，而無惱恚，至於地獄，無諸罪垢，至於畜生，無有無明憍慢等過，至於餓鬼，而具足功德，行色無色界道，不以為勝。示行貪欲，離諸染著。示行瞋恚，於諸眾生無有恚礙。示行愚癡，而以智慧調伏其心。示行慳貪，而捨內外所有，不惜身命。示行毀禁，而安住淨戒，乃至小罪猶懷大懼。示行瞋恚，而常慈忍。示行懈怠，而勤修功德。示行亂意，而常念定。示行愚癡，而通達世間出世間慧。示行諂偽，而善方便隨諸經義。示行憍慢，而於眾生猶如橋梁。示行諸煩惱，而心常清淨。示入於魔，而順佛智慧，不隨他教。示入聲聞，而為眾生說未聞法。示入辟支佛，而成就大悲，教化眾生。示入貧窮，而有寶手功德無盡。示入形殘，而具諸相好以自莊嚴。示入下賤，而生佛種性中，具諸功德。示入羸劣醜陋，而得那羅延身，一切眾生之所樂見。示入老病，而永斷病根，超越死畏。示有資生，而恆觀無常，實無所貪。示有妻妾婇女，而常遠離五欲淤泥，現於訥鈍，而成就辯才，總持無失。示入邪濟，而以正濟度諸眾生，現徧入諸道，而斷其因緣，現於涅槃，而不斷生死。文殊師利，菩薩能如是行於非道，是為通達佛道。

於是維摩詰問文殊師利：何等為如來種？

文殊師利言：有身為種，無明有愛為種，貪恚癡為種，四顛倒為種，五蓋為種，六入為種，七識處為種，八邪法為種，九惱處為種，十不善道為種。以要言之，六十二見及一切煩惱，皆是佛種。曰：何謂也？答曰：若見無為入正位者，不能復發阿耨多羅三藐三菩提心。譬如高原陸地，不生蓮華，卑濕淤泥，乃生此華。如是見無為法入正位者，終不復能生於佛法，煩惱泥中，乃有眾生起佛法耳。又如植種於空，終不得生，糞壤之地，乃能滋茂。如是入無為正位者，不生佛法。起於我見如須彌山，猶能發於阿耨多羅三藐三菩提心，生佛法矣。是故當知，一切煩惱為如來種。譬如不下巨海，不能得無價寶珠。如是不入煩惱大海，則不能得一切智寶。

爾時，大迦葉歎言：善哉！善哉！文殊師利，快說此語，誠如所言，塵勞之儔，為如來種。我等今者，不復堪任發阿耨多羅三藐三菩提心，乃至五無間罪，猶能發意生於佛法。而今我等永不能發。譬如根敗之士，其於五欲不能復利。如是聲聞諸結斷者，於佛法中無所復益，永不志願。是故，文殊師利，凡夫於佛法有反復，而聲聞無也。所以者何？凡夫聞佛法，能起無上道心，不斷三寶。正使聲聞終身聞佛法，力無畏等，永不能發無上道意。

爾時，會中有菩薩，名普現色身，問維摩詰言：居士，父母、妻子、親戚、眷屬、吏民、知識，悉為是誰？奴婢、僮僕、象馬、車乘，皆何所在？於是維摩詰以偈答曰：

智度菩薩母　方便以為父
一切眾導師　無不由是生
法喜以為妻　慈悲心為女
善心誠實男　畢竟空寂舍
弟子眾塵勞　隨意之所轉
道品善知識　由是成正覺
諸度法等侶　四攝為伎女
歌詠誦法言　以此為音樂
總持之園苑　無漏法林樹
覺意淨妙華　解脫智慧果
八解之浴池　定水湛然滿

布以七淨華　浴此無垢人
象馬五通馳　大乘以為車
調御以一心　遊於八正路
相具以嚴容　眾好飾其姿
慚愧之上服　深心為華鬘
富有七財寶　教授以滋息
如所說修行　迴向為大利
四禪為牀座　從於淨命生
多聞增智慧　以為自覺音
甘露法之食　解脫味為漿
淨心以澡浴　戒品為塗香
摧滅煩惱賊　勇健無能踰
降伏四種魔　勝旛建道場
雖知無起滅　示彼故有生

悉現諸國土　如日無不見
供養於十方　無量億如來
諸佛及己身　無有分別想
雖知諸佛國　及與眾生空
而常修淨土　教化於群生
諸有眾生類　形聲及威儀
無畏力菩薩　一時能盡現
覺知眾魔事　而示隨其行
以善方便智　隨意皆能現
或示老病死　成就諸群生
了知如幻化　通達無有礙
或現劫盡燒　天地皆洞然
眾人有常想　照令知無常
無數億眾生　俱來請菩薩

一時到其舍　化令向佛道
經書禁咒術　工巧諸技藝
盡現行此事　饒益諸群生
世間眾道法　悉於中出家
因以解人惑　而不墮邪見
或作日月天　梵王世界主
或時作地水　或復作風火
劫中有疾疫　現作諸藥草
若有服之者　除病消眾毒
劫中有饑饉　現身作飲食
先救彼飢渴　卻以法語人
劫中有刀兵　為之起慈悲
化彼諸眾生　令住無諍地
若有大戰陣　立之以等力

菩薩現威勢　降伏使和安
一切國土中　諸有地獄處
輒往到於彼　勉濟其苦惱
一切國土中　畜生相食噉
皆現生於彼　為之作利益
示受於五欲　亦復現行禪
令魔心憒亂　不能得其便
火中生蓮華　是可謂希有
在欲而行禪　希有亦如是
或現作婬女　引諸好色者
先以欲鉤牽　後令入佛智
或為邑中主　或作商人導
國師及大臣　以祐利眾生
諸有貧窮者　現作無盡藏

因以勸導之　令發菩提心
我心憍慢者　為現大力士
消伏諸貢高　令住無上道
其有恐懼眾　居前而慰安
先施以無畏　後令發道心
或現離婬欲　為五通仙人
開導諸群生　令住戒忍慈
見須供事者　現為作僮僕
既悅可其意　乃發以道心
隨彼之所須　得入於佛道
以善方便力　皆能給足之
如是道無量　所行無有涯
智慧無邊際　度脫無數眾
假令一切佛　於無量億劫

讚歎其功德　　猶尚不能盡
誰聞如是法　　不發菩提心
除彼不肖人　　癡冥無智者

現在開始講第八品〈佛道品〉，這一品是講什麼是大乘佛法的正道。中國文化中，一切的最高境界，習慣上用「道」這個字來代表，佛道乃佛之道。

行非道　通佛道

「爾時，文殊師利問維摩詰言：菩薩云何通達佛道？」文殊師利菩薩問維摩居士，大乘菩薩修道，怎麼樣才是真正通了佛道？我們常用「通」這個字，古人問讀書不問懂了沒有，而是問通了沒有。有人讀書學位很高、學問很好，但是不見得通了，而成了個書呆子，只有知識，而不能實用到作人做事上去。古人罵這種人是迂腐子，學問好文章也寫得好，但作人做事就一無是處。現代這種人更多，電視的知識、學校的知識、世界的知識都蠻好，就是不會作人做事。換句話說，就是不通。由通而到達，更難。達是到達，通達佛道是證得了。

「維摩詰言：若菩薩行於非道，是為通達佛道。」這問題很嚴重了！維摩居士說大乘菩薩證道了，他的行為是不合道的。菩薩行於逆道，不是順道的作好人做好事，菩薩的行為表面看來一無善處，乃至是大惡，其實是走逆道的教化。這個逆道的道，與佛道的道，觀點是不同的。

禪宗祖師說過，有人的修行見解可以成佛，但不可以成魔。這麼說好像魔的成就要比佛高，因為佛行順道，而魔是行逆道。所以大乘說，要十地以上的菩薩，才有資格作魔王，倒轉乾坤，把天地都翻過來，這種境界不是普通人所能行的。十地以上的菩薩，才可以作治世的帝王，所以有時他們的行為看起來像個魔王。這個道理是佛法的密行，例如密宗有一種修法是金剛密跡，不是一般人所能做到或所能了解的，因為外形都同一般的想法相反。

「又問：云何菩薩行於非道？」文殊師利菩薩問，所謂大乘菩薩道的非道修行是怎麼樣的？維摩居士就回答了一長篇。

「答曰：若菩薩行五無間，而無惱恚，至於地獄，無諸罪垢」，像這樣的行於非道不是簡單的。大家聽了可不要亂作人做事，說自己是菩薩道行於非道，那就真是非道了。

造五無間之業是重罪，犯了這樣重罪的人要下無間地獄，永不得超生。五種無間地獄的罪是弒父、弒母、弒阿羅漢、出佛身血、破和合僧。入了無間地獄一定有極大的煩惱痛苦，也就是惱恚。維摩居士說修菩薩道的人，即使進了無間地獄，也不覺得煩惱痛苦。他即使入了地獄，並沒有罪過，也沒有髒的東西污染他的心。佛法裡有兩位菩薩給我們做榜樣，一個是地藏王菩薩，他永遠在地獄中度眾生。另一個是佛的堂兄弟提婆達多，他一向與佛作對，生生世世處處想要害佛。有一次從山上推石頭下來，壓到佛的足趾出血，他雖入了地獄，卻覺得那裡的快樂勝過三禪天之樂。佛說提婆達多雖然與他作對，其實是佛的老師，是逆行佛道來磨練佛的，促使佛快快成道。所以佛在《法華經》中為提婆達多授記，當於來生成佛。

行逆道比順道還難，你要想行逆道，但是有沒有提婆達多的本事？他在地獄覺得勝過三禪天，無惱恚，無罪垢。有這個本事，才敢說我不入地獄誰入地獄，這就是菩薩道。我們普通修道只看正面，牆壁正面的白是很容易看到的，整個牆壁的黑，黑裡有亮有光明你看不出來，那正是菩薩道的逆道。有行菩薩道的卻殺人如麻，其實是在度眾生。要懂這個境界就要讀《華嚴經》，經中講到善財童子去參訪一位菩薩化身的皇帝，他殘暴不堪，殺人如麻。善財童子看了嚇死了，皇帝卻說自己在清涼度人，叫善財童子不信的話跳入火坑試試。空中的菩薩也叫善財童子跳，他一跳入火坑，結果真是清涼之地。善財童子五十三參中，正面的菩薩沒有幾位，外道、魔王、妓女都有，都是行於非道而通達佛道的。

所以，佛法不一定在高山、在清淨的地方、或在廟子，真正大菩薩可能嘴裡一句佛也沒有，不要用宗教的外形去看世界看人。社會上到處有菩薩，即使狗牛馬這些畜生當中都有，像有位出家同學去了南部的廟子專修，她寫信告訴我那裡有隻白公雞，趕都趕不走，整日嘴中發出「陀佛、陀佛」的唸佛聲，眾人稱奇。

佛法還是在世間的，六祖說：「佛法在世間，不離世間覺。離世覓菩提，恰如求兔角。」社會上無處沒有佛法。雖然佛教說，末法時代佛法要沒落了，可是佛在大乘經典上，根本沒有講末法、像法、正法。佛法在世間是不生不滅的，真理在世間是不會變的，不過在不同的地方和不同的時間，表達有所不同而已。它不一定是這個形象，也不一定是這個宗教，但所行的都是佛道。

「至於畜生，無有無明憍慢等過」，人為什麼造業會變成畜生？因為無明、愚癡、昏沉、沒有般若智慧。我常告誡大家，打坐不要把昏沉當成了入定，果報是變畜生道的豬。你以為證果了，結果證到屠宰場去了。不要以為昏昏沉沉無所知是空，是無所住，這樣下去頭腦愈來愈差，記憶力也沒有，愈來愈成白癡，果報也是變畜生。驕傲我慢、瞋恨心重，心中有毒的話，果報是變成毒蛇猛獸。

大菩薩也會投生入畜生道，這是為了方便去教化畜生，不是無明憍慢的果報，而是慈悲心，這叫作行於非道。所以有人問我信什麼教，我說是信睡覺。我沒資格作佛教徒，因為我這個人樣樣都不對，雖然不是太壞，但絕對談不上是好人。真正夠標準的好人，行正道順道很難，由順道而行逆道更難，只有菩薩才有資格行逆道。他雖然在畜生道中度眾生，可是無無明，也無無明盡，已經沒有無明不無明了，當然也就沒有憍慢，而是絕對的慈悲。因為有大慈悲心，所以才敢入畜生道度眾生。

「至於餓鬼，而具足功德」，唯有菩薩道敢在餓鬼道中度化眾生。餓鬼是下三道（地獄、畜生、餓鬼）中的眾生。這鬼可不是中陰身，在佛法中，人剛死亡尚未再投生之前，這中間的存在叫中陰身。鬼是已經到了鬼道了，不是普通講的靈魂，其中的種類很多。據我的了解，有些細菌類的生物，可以讓人生病痛苦，是屬於鬼道的。有形但不是肉眼能見，還有些是無形的。鬼道比我們靈光，這牆壁、門都擋不住，是濾過性的。

餓鬼道是很可憐的，那個子比我們大多了，世界上很多東西是餓鬼道的。大海中的鯨魚，它的全身對人類都有利用價值。從它的觀點來看，是很可悲的，那麼大的身軀，喉嚨卻很細，永遠吃不飽，而一輩子處於饑餓狀態。佛經形容餓鬼的身體大，喉嚨細得像針。我們常常去醫院也看到些病人無法吞食，只有用根管子插入食道餵食，當然我可不敢說這些病人是餓鬼道的，但是看了真是無比難過。按照佛經所說，就是過去生的業報所致。

我們人世間的飲用水，看起來很清純，可是看在天人眼中卻是無比的濁穢。所以中國的道書說在地底有種石漿，像是石頭流出來的牛奶，是天人喝的，我們如果能喝上一口，身體會變得像玉石，永遠不吃飯也會長生不死。此外在仙山中也還有石水，據說在廣西境內就有。

餓鬼永遠口渴，看到了水想喝，但是無法喝，因為燙嘴。你聽著像神話，其實不然。普通的水加熱到了沸騰，手一碰就燙壞了，如果將水冷凍，手碰了也會凍到，這是物理作用。為什麼餓鬼喝水會燙，這就是業報的物理作用。餓鬼是因為平時不做一點功德的業報，功德不只是用錢布施，是「諸惡莫作，眾善奉行」。童子軍的口號：「日行一善」就很好，我們每天一定要做點善事，不論大小。大家每天能做到童子軍都能做到的事嗎？還說在修道，多慚愧啊！菩薩因為積聚了無量功德，因此敢在餓鬼道中度化眾生，這就是菩薩道。

「行色、無色界道，不以為勝。」這也是逆行菩薩道。正修佛法的人講的是戒、定、慧的工夫，要斷欲，要上昇，要超脫欲界。修行不論大小乘，要是沒有到禪定的境界，都是白修持一場。禪定的定境是什麼呢？就是斷一切妄想煩惱，斷貪瞋癡慢，修到初禪天的境界才昇到色界。這個在學唯識的課程中已經講了很多，希望大家特別注意。超過了色界就到了無色界。到了色界已不是肉體的身，而是以光色為身，一片光明。到了無色界，生命仍有，但不是我們欲界、色界所看的光色。等於儒家的《中庸》所說的：「上天之載，無聲無臭」，那就是無色界。

成了佛雖然是「跳出三界外，不在五行中」，但是並沒有個第四界，是去了哪兒？是三界六道任意自在，是大自在。他的行為雖然是在修色界、無色界的清淨道，但不以為勝，不自以為了不起。假如自以為得道了，那就入魔了。真得道的人此心是很平凡的。

菩薩行的反面示現

「示行貪欲，離諸染著。」行菩薩道的人，有時表現得比一般人的貪心欲念還要重，這欲是廣義的，不只是男女之欲。等於善財童子的五十三參中，有位大菩薩叫作無厭足王，他對一切都貪求，沒有滿足的時候。其實我們學佛就是學無厭足路線，比如大家早晚念誦的四弘誓，就拿其中一句：「法門無量誓願學」，請問你學了幾種法門？要你學這樣不幹，學那樣太難了沒有時間。真要學佛法的就要學「無厭足」，世間、出世間學問無所不知，沒有自滿的時候。

你們同學自以為什麼課都來聽聽，但是不染著。那可是學到畜生道去了，無記就是愚癡，是很嚴重的。不染著是得慧了，然後丟開了。你不得慧就談不上不染著，是無明。所以菩薩道表現的是貪欲，但不染著，你在歌舞聲色場合，都有可能會碰上這些人的，你不要輕視任何一個眾生啊！《華嚴經》五十三參圖的讚辭有云：「三德已明貪欲際，酒樓花洞醉神仙」，法身、解脫、般若是三德，有了這三德，明白了貪欲的邊際，才有資格去酒樓這些地方。菩薩已經證得菩提，即使在貪欲仍然沒有染污心。

「示行瞋恚，於諸眾生，無有恚礙。」行菩薩道的人，天天發脾氣罵人，但是內心是慈悲的，對一切眾生是沒有怨恨的。等於是父母老師，為了孩子好而打罵，但內心可是在流淚的。

「示行愚癡，而以智慧調伏其心。」行菩薩道的人，比眾生還要愚癡多情，其實表現出來的愚癡只是方便。他的作為只是「欲令入佛道，先以欲鉤牽」，眾生都為欲所困，他不能不用欲來化欲。

「示行慳貪，而捨內外所有，不惜身命。」行菩薩道的人，以布施利人為第一，但是在行逆行的時候，比鐵公雞還要小兒科，慳吝得不得了。當年虛雲老和尚嚴格執行過午不食，吃過中飯會親自巡視廚房上鎖，看見一塊鍋粑都會收起來。跟他修行很苦，沒有本事是吃不消的。你能入定的話，胃的消化遲緩，身體熱量消耗很小。不然啊，那個胃空空地吊著，變得面有菜色，臉上是發青的。難怪在禪堂中，聽到要打七不知有多少和尚來掛褡，因為每天可以有七頓吃，禪堂都變成饞堂了。

講個禪堂的故事，一天晚上禪堂中僧人在打坐，其中有個是肉身羅漢，他的鄰褡（坐在身旁的僧人）肚子餓得咕咕叫，羅漢就碰碰這位鄰褡說：喂！要不要吃？廚房有鍋粑。僧人答要。羅漢手一抓，就空手變了塊鍋粑出來給了鄰褡。第二天大和尚上堂，說：昨天晚上犯戒的比丘出來！偷鍋粑的比丘認了，大和尚就說，下去客堂。比丘去了客堂，跪著挨了香板，然後趕出山門。大和尚並不是為了少一塊鍋粑，而是這比丘顯神通犯戒。你說大和尚有沒有神通？他坐在方丈室中，怎麼曉得禪堂上幾百人之中有人偷了個鍋粑？現在很多人還沒真神通就玩起來了，手有點燙就說可以幫人治病，這不是真神通，不要亂玩。

學佛法是學作很平凡的人，規規矩矩、老老實實地做事，在那做事的環境中如何利益人家、幫助人家，就是修行。不要古里古怪地，整天閉目盤足，好像很神的樣子，幹什麼呢？真正行菩薩道，雖然示行慳貪，而捨內外所有，犧牲自我不惜身命，才是真行菩薩道。

「示行毀禁，而安住淨戒，乃至小罪猶懷大懼。」行菩薩道的人，有時外表行為看起來處處犯戒，毀壞了戒律，而實實在在內心比守戒的人還守戒，甚至於連一點小的疏忽都不敢。

「示行瞋恚，而常慈忍。」雖然在憤怒中，而內心大慈大悲，忍辱一切，這都是菩薩密行。

「示行懈怠，而勤修功德。」外表看起來懶散，其實隨時在定中，歷代禪宗祖師中，就有很多這樣的例子。他在定中修功德，怎麼修？這是菩薩的密行，不是我們能了解的。他可能化身出去，成為各種各類眾生，去做功德。

「示行亂意，而常念定。」外表看起來很忙亂，不似修行人，但是真正佛法就在你一天忙亂處得定。成天吃飽了沒事，在這裡盤腿，其實是在散亂中，非但沒有功德，反而是罪行。

「示行愚癡，而通達世間出世間慧。」外表看起來很愚癡，可是世間出世間一切學問都有，智慧成就第一。你們在社會上走動多了，會碰到有的人看起來是笨人，默默不言，但一講起話來極高明，就是孔子說的：「夫人不言，言必有中」，這夫人不是講人家的太太，夫是個虛字。所以說，你怎麼知道他是不是菩薩？

「示行諂偽，而善方便隨諸經義。」外表看起來是在拍馬屁、奉承人或作假，可是都是方便。有的人說話中不提一佛字，但是講的都是佛法。我常希望你們同學能走這種菩薩道，尤其是今天這個時代，一講宗教人家就頭大。你可以不用說教的方式嘛，宣揚佛法不一定要講佛經。可以把佛經變成電視劇、電影、笑話，只要把真理放進去了就是弘揚佛法。說不好聽的，這就是「曲學阿世」，把真正的佛法做了改變，來拍世上群眾的馬屁。但是行菩薩道的人不怕這些罪名，他寧可諂媚眾生，用善巧方便的手法，去表達佛法的精義。但自己要有修持，有善巧方便，才可以不照老路子走，否則你不要輕言佛教革命。

「示行憍慢，而於眾生猶如橋梁。」外表看起來憍慢。有些老輩人走的就是這個路線，譬如歐陽竟無居士，那他之憍慢，脾氣之大，額頭的血管都是藍色的，這種相的人脾氣一定大，連太虛法師來看他，都不肯接見，憍慢到了這個程度。可是他真慈悲，有人不向他跪拜，一定會被痛罵，但是你還沒跪到地，他已經跪下來拜你了。你說他還要人拜他嗎？他是拜人的。雖然憍慢，看不起任何人，可是你真的至誠向他求問，你跪下來了，他那麼大年紀跪得比你還快，膝蓋頭著地還有聲的。若是出家人拜他，他一定會提醒人家比丘戒律：出家人不可拜白衣居士。他雖然這麼講，你可要知道，大乘菩薩戒卻要禮拜善知識的，善知識是不分在家、出家、男女、老幼。雖然菩薩示行憍慢，那是度眾生的橋樑，以憍慢為教化。

你們學禪宗的有沒有把禪宗語錄都看完了？不要說把幾千種語錄看完，能把《指月錄》《五燈會元》《傳燈錄》好好研究完的都沒有一個。這些大禪師們的手法個個不同，有用罵的、用打的、用寬大的、用打坐的、乃至用睡覺的、用慳吝的，太多了。他們是用種種的善巧方便「於眾生猶如橋梁」。學佛要度人，什麼是度人？你做人家的橋樑是度人。度人的方法太多了，不只是勸人出家才是度人，那是做理髮匠度人。度人是做眾生橋樑，助他渡過苦海，解除他的煩惱痛苦，甚至進而使他證得菩提。

「示行諸煩惱，而心常清淨。」外表看起來比一般人還煩惱痛苦，而內心常清淨。我想起當年陪同我的老師去四川遂寧，當地有所好大的寺廟名叫東山寺。那香火之盛，每年香會時，四川一省有一百多個縣，恐怕有一半的縣都有人來朝聖。那裡有位得道的和尚叫瘋師爺，名氣很大，很不容易見到。他一年到頭住在廁所裡，那可不是現代的廁所，過去山間的廁所就兩條板，穢臭得不得了，蒼蠅一大堆。他就在那裡打坐，我們要爬到廁所給他磕頭。我跟著我的老師去見瘋師爺，想看看他是怎麼有道法的。

那個廟子在山上，坐轎子也要一個鐘頭才上得去，路兩邊都跪滿叫花子要錢。我老師先告訴我要多帶些錢，上山時就一路分。老師告訴我，你看這一路上有多少大菩薩在裡面。我問他，是哪一個啊？他就罵我，「蠢東西，這還要問我？統統都是！」我還以為菩薩大概是會放光的，身上掛有寶飾的，這下挨罵了。照我老師講，這些菩薩都在煩惱痛苦中，他就是給你做警惕的榜樣，把不好的下場給你看。我老師還叫我錢不可以丟給人家，要一個個好好地放。我只好要轎夫放低一些，好夠得到放錢。老師要我乾脆不坐轎子了，可是我裝迷糊，懶得下轎，這就是憍慢。我心裡可是怕走不上去，看不到瘋師爺了！可是，就這麼一個動作，自己都要反省，才是修行。

大菩薩的心地法門清淨，本是沒有煩惱的，可是為了表示與世間眾生一樣，故意做出來的，這就是「示法」，表示佛的法相法行。這個與眾生一樣的做法，也就是菩薩道「四攝法」（布施、愛語、利行、同事）中的同事。可是大菩薩雖然外示一切煩惱相，而內心深處是沒有煩惱的，永遠是清淨的。

「示入於魔，而順佛智慧，不隨他教。」外表看起來像是走魔道，可是真正是行佛之道，不會入魔的教化。近幾年來，我常收到許多國內外的來信，詢問我對某某人有神通或某某人所提見解的看法，這使人為難。我的規矩是，如果有人問我某一件事，或者我會答。但是如果問我，某某人是這麼說的，問我認為對不對，那我是不答的。一牽涉到人我，決不答覆，否則就是犯了菩薩戒的「自讚毀他」。中國老話說文人千古相輕，我改了幾個字來形容宗教界，就是宗教界千古相仇，彼此攻訐不休。跑江湖獻藝賣膏藥的，就是千古相恨，等於做生意說同行是冤家。學佛第一個要學謙虛，例如濟顛和尚，已經成就了，仍然裝瘋賣傻，讓人家看不起。

我講這一段，是因為有很多朋友要我出來公開密法，我都推說沒有時間。不過我一向的願力是將所知的密法公諸於世，佛無密法，可是公開了更祕密，你也看不懂。六祖說得好，「密在汝邊」，祕密在你那裡，不在我這裡。佛說一切眾生自性就是佛，大家都是佛，可是你怎麼成不了佛呢？這就是大祕密，不是老師能傳給你的，要你自己找出來。

世界上各種祕密法門，原來都是魔道外道，這是真話。經過龍樹菩薩的整理，把佛法的中觀正知正見，裝進了世間流行的祕密法門，因此形成了各種密宗法門。如果修習祕密法門，而沒有佛法的正知正見，那是很危險的，一定走上魔道，絕無例外。密宗的宗喀巴大師，就標榜中觀的正知正見，所以你們學密宗的要注意了，不是學個咒子、學觀想就是密法，那只是見、定、行三法印當中行的一種。真學密法，要先通顯教的教理，得了中觀正見才可以修持這些法門。你學密宗而不清楚中觀正見，那已經走入了魔道，你不必來問我了。

大乘菩薩縱然走入魔王的國度，他還是佛，不是魔，永遠不會跟著魔走錯了路。

現在再提醒大家，《維摩詰經》講的是解脫法門，重點在見地。見地在經教是見道，能見道以後才能修道，但也可以說見修要同時。拿大乘的真正修法，也就是所謂無上乘的密道，有三個大法印，在密宗叫大手印：見（見地）、定（修持）、行（行願）。要想學佛成就，這是必然的道理。見道之後的修道法門有百千三昧，都是在定。小乘的四禪八定是佛法與外道的共法，大乘的定是不共法，因為要慧入，要有智慧進來後修道。百千法門的定是無往不定、無時不定、無處不定，也無定相可得。要得如來正定，就還要起行。沒有久住而不行者，佛也不住涅槃，無時無地不為利世利他起大菩提心、大悲心。

要成佛，這三個大法印的重點還是在行。如何做到？例如六波羅蜜，這要起而行之，不是光談理論，或只是觀想了事。但是只有行而沒有見地，就是只有功德沒有般若，那還只是凡夫法。有般若而沒有功德，也永遠不圓滿。所以見、定、行，都不可缺。

《維摩詰經》的〈佛道品〉，講的是見地的大手印，不要輕易地把它當作佛學理論，那樣自己的心地修持就用不上，修定時就不能得力，佛學只成了凡夫知見。最低限度，就抵不住生死、抵不住病痛。沒有真見地、真修持、真行願，是拿生老病死沒奈何的。我們讀這一篇會覺得文字很容易懂，但是行起來就很難。愈容易看得懂的，我們內心反而愈戰戰兢兢，因為難以做到。

大乘菩薩道是要在入世中出世，用現在時髦的話來說就是：以大宗教家的精神，做社會福利的事業。如果你到西方社會弘法，你的表達方法就要借用他們的習慣用語，才容易讓人明白。

「示入聲聞，而為眾生說未聞法。」大乘菩薩絕不走小乘的路子。大家都知道的永嘉禪師，是通兩個宗派的傑出人物，他修天台宗的止觀而悟道，又得到六祖親自印證，也能算是禪宗。他在《證道歌》中講到：「大象不遊於兔徑，大悟不拘於小節」，有人看了就認為可以馬馬虎虎，不用守戒律了。

這是大錯，這裡的「小節」是指小乘道。聲聞道、緣覺道都是小乘。為什麼叫小乘？以剛才提出的三法印來看，第一是見小，所見有限。禪宗大師形容小乘是擔板漢，形容擔著條板走，只看得到前方而已。第二是行小，行願小，只想逃避現實、成就自己、了生脫死，不敢入世。見小、行小，因此定也小，所以只成就了出離三界的小乘無漏果而已。

聲聞和緣覺之間也有程度上、層次上的差別。聲聞乘比緣覺乘還要小。坦白講，佛的弟子中，聲聞乘和緣覺乘的人，大部分（並非全部）是出家眾。當然也有大乘菩薩示現為出家眾的，例如地藏王菩薩。

那麼，究竟什麼是聲聞？就是依賴性，都靠世界有善知識、有佛出世，追隨他們的教化，而不能自悟自了。因為是由聽聞教化，熏習自己的菩提種性而悟道的。他們是小乘基本的群眾，例如本經中的舍利弗、大迦葉就是。佛在世時，對聲聞眾講四聖諦，他們由此證入菩提的不計其數，因為他們親聞佛的音聲，容易入道。四聖諦的苦、集、滅、道是大家耳熟能詳的，但是只當理論，結果四聖諦成了四剩諦，一點用處也沒有。

真正四聖諦是不容易講的，各位出家眾要想發心了解什麼是真正的四聖諦，就要好好研究舍利弗、目連尊者的經教，譬如論部的《毘婆沙論》，他們都有論述如何由四聖諦很快證果位的方法。我常感嘆，佛法仍在世間，並沒有到末法時代，經教還在，只是我們不肯努力。如果肯努力，等於親見了舍利弗和目連尊者。我也知道有人修行之外，還努力研究舍利弗和目連尊者的著作，因而經常有感應的。

但是，以大乘菩薩道來看，聲聞眾的法是不圓滿的，所以他們甚至連佛說的大法都聽不進去。例如《法華經》開頭，佛正在說法時，小乘聲聞的比丘就退席而去，聽不進大法。

大乘菩薩為了教化根基小的聲聞眾生，就方便示現聲聞身，但是畢竟是走大乘的大路。這就好像是一位了不起的大學教授，願意降低職位，去做幼稚園教師，可以教孩童他們未曾聽過的大道理。

「示入辟支佛，而成就大悲，教化眾生。」這和上一句是同樣的道理。辟支佛是梵文的譯音，意思是緣覺，有時也被翻成獨覺。在無佛出世的時候，甚至佛經也不存在了，他由於多生累劫的修持，能夠由因緣而成就，例如看到落葉，聽到水聲等，因而悟道，無師自通，獨覺於世間。他的層次比聲聞乘高，證得性空的面比聲聞乘大。詳細的道理各位去上《法華經》的課，其中都有的。所以嚴格說起來，辟支佛才能算是自了漢，一般的羅漢只能算高級的凡夫。

講到這兒，想起多年前在基隆，有位已過世的道友，一定要拉我去看扶鸞，據說濟公和尚顯靈。我去到那裡，他們正在開沙盤，結果就真寫出了我的名字，還寫了一首詩。基隆以多雨出名，那詩寫道：

细雨濛濛天晚晴　海山一角覓知音
時人不識余心樂　踏破芒鞋訪到今

寫罷，這乩盤就停筆不寫了，他們就說濟公走了。這首詩好像是讚我，在場的人就有些驚奇，我就說瞎扯瞎扯。今天那位道友的夫人來看我，所以想起這一段。其實小說中寫的濟公和尚的故事，只有小部分是真的，大部分不是他的，而是梁武帝時誌公和尚的故事。可是到今日濟公和尚可是名聞中外，在歐美都有濟公壇，有些地方扶鸞的一上來，就馬上要酒，有時酒杯一端上鸞壇就乾了。你說真有這事嗎？要是我在場，一定會罵一聲魔道，他一定不敢喝。

在西湖靈隱寺有尊濟公和尚的像，手中還拿只酒杯。過去每天廟上要給他供一杯酒，第二天就乾了。後來寺中來了位高僧，他要嚴格執行戒律，就去像前罵：活著時不守規矩，走了還要供酒，取消！濟公和尚夜裡居然托夢給廟中全體和尚，說老和尚罵得對，以後不要供酒了！這是在靈隱寺流傳的故事。濟公和尚其實是大菩薩，但是故意示現辟支佛身，正如〈觀世音菩薩普門品〉所說，應以何身得度者，即現何身而為說法，是同一道理。

「示入貧窮，而有寶手功德無盡。」許多青年同學常問，出家人或在家人如何學佛？現在這句經文的話，就是告訴我們學佛的形象和辦法。他說大乘菩薩平常示現自己非常窮，雖然身上沒有錢，但是隨時可以撒手千金布施他人，這就是有寶手。密宗有個法門叫作寶手金剛，修好之後，把手伸進去一個盒子，要拿多少金銀就有多少。這句經文真正的意義是，行菩薩道的人雖然自己很窮，然而為了他人，什麼都可以布施出去。菩薩要能隨時有錢用，而不用擔心怎麼來的，非多生累劫無量布施功德不可。

過去有位朋友，他身上從不帶錢，因為他名氣很大，去什麼地方只要簽個帳就可以了。這境界現在大家都有，有了信用卡也不用帶錢，都成了寶手菩薩。

「示入形殘，而具諸相好以自莊嚴。」大菩薩有時示現殘疾的形象，但是他的內在具足一切相好莊嚴功德。《莊子》中提到好多人，例如支離疏，他們外形不成人樣，可是男女老幼沒有人不喜愛他、不尊重他的，這就是個例子。

「示入下賤，而生佛種性中，具諸功德。」這一條在當時的印度尤其重要，因為社會的階級分明，甚至到今日仍然有階級之分。所以佛在當時能提出眾生平等的口號，還不只是人類彼此之間的平等，實在是革命性的主張。

佛當時所帶領的僧團，主管紀律的弟子就是賤民出身，而受管理的眾人如迦葉尊者、舍利弗等，都是家世顯赫，可見佛確實做到了平等。

這裡說，大菩薩的行徑雖然示現出生於下賤階級，但是一切眾生平等，皆有佛性，不受社會的階級劃分所限，具有與佛同樣的莊嚴功德。所以六祖悟道後所講的五句偈中，有一句是：「何期自性本自具足」，自性中具備了一切功德、智慧、神通、三昧。

「示入羸劣醜陋，而得那羅延身，一切眾生之所樂見。」人生本來是「百年三萬六千日，不在愁中即病中」。即使小小的不舒服，頭痛、腰痠、疲勞、想睡，都是病。羸是有病瘦弱，劣是天生不健全。醜不用解釋，不過醜和美沒有標準的，看慣了的話，醜也不醜了，何況每個人的審美標準又不同。陋是不具全，像是特別的高或矮，特別的胖或瘦。

那羅延身，就是天人中金剛力士不壞之身。中國道家把適合修道的地點，分為三十六洞天、七十二福地。佛家也有類似的說法。山東的嶗山據說就是這樣的道場，經常有神仙在此聚會，那羅延窟據說就在那裡。身體不好的同學要注意，就怕你不修持，如果見道了，得了正定，行願成就，去修那羅延法還是可以修得金剛不壞之身。每個人要自己發心立志。菩薩入世修持，示現多病醜陋，但是修行成就了，得那羅延身，就會是「一切眾生之所樂見。」

當年我有位皈依的師父，他是真羅漢來的，可是面孔長得非常怪。他眼睛奇大，大到要戴平光眼鏡遮一下。鼻子像頭大蒜，嘴也奇大，上彎到臉頰上，耳朵小得像顆棋子，眉毛只有短短的兩點黑。他的相貌如此，可是我們成天喜歡親近他，覺得他很莊嚴。他每天不洗澡，一年到頭只穿同一件衲襖，照講是很髒的，可是他決不讓你覺得不乾淨，甚至他住的地方還有一股清香味。他身上還有虱子，有時他坐著會動一下，就是虱子咬了，但他決不會伸手去抓。有個同學看到他衣領上有隻虱子，就一把抓住。他忙叫這同學不要殺生，還把這虱子放進他褲腰中。這都是我親自經歷到的。

我這位師父妙不可言的事太多了，他說他曾花了兩年多，從四川三步一拜，去山西五臺山朝山。可是到了五臺山，他拜的路線走錯了，應該從前山上的，他居然繞到後山攀頂，那個坡陡得不得了，他也這麼一路拜上去了。

前一天晚上，山頂廟中的方丈夢到文殊菩薩對他說，明天早上後山有個活羅漢來了，要全寺鄭重歡迎。第二天一早，方丈率全寺僧人披袈裟夾道等候，結果迎到了他。他還莫名其妙，死也不肯承認自己是活羅漢，但是眾人仍然簇擁著他上大堂用齋。他的活羅漢稱呼，原來是這麼得來的。

更早的時候，他在成都的寶光寺，管了三年的茅房。過去的廁所不是現代這個樣子，管茅房真的是整天與大糞為伍。過去在叢林下，上大解不是用草紙揩，而是用竹片刮。用過的竹片不丟掉，幾百僧人每天要用，怎麼來得及削，所以用過就投入水桶中。管茅房的每天就要把用過的竹片洗乾淨，晾乾再放回茅房。他每洗過竹片，就拿在自己臉上刮一下，看看竹片是否光滑，怕把僧人的屁股刮破了。他這種修行，是真修行，我們哪裡能比？

像這樣的師父我有好幾位，另一位用舌頭刺血寫了一部《華嚴經》，還把兩根指頭用布纏起來沾油燒了供佛，成了八指頭陀。看了這樣的出家人，我兩個膝蓋再傲慢也非跪不可，管他收不收，我就自己跪下皈依他了。所以你們連皈依也不會，還要先問肯不肯，這又不是談戀愛，有什麼肯不肯的。

你恭敬他就皈依他嘛！這是你的事，他不收是他的事，學佛連一點氣派也沒有！

我介紹的這些師父，他們一年到頭都不生病，樣子雖醜可是莊嚴無比。硬是不洗臉，臉也不髒。雖然身上長了虱子，可是我們卻不會嫌他們，可愛到了這個程度。我親自體驗到，修行的功德莊嚴，會影響到眾生對他的觀感到如此的程度。

「示入老病，而永斷病根，超越死畏。」人老真可憐，不是你們年輕人想像得到的；病得可憐也不是你們能想像的。有的大乘菩薩以老病示現，作為教化。年輕人有智慧的，看到了，能生起警覺之心，同時對老病者生起大慈悲心，能付出無比的愛心去照應他。

實際上，修行菩薩道是可以永斷病根的，維摩居士在本經上表示有病，實際上他沒有病，是在藉病說法。菩薩斷了病根，度了生老病死的苦海，了了生死，示現老病只是為了教化。所以我常提醒同學，依佛所教，查遍三藏十二部，真要了生死，唯一的修持法門就是白骨觀與不淨觀。

「示有資生，而恆觀無常，實無所貪。」什麼是資生？就是為生活做各種不同的生意、不同的職業，也就是謀生。要謀生就必須要入世，因為入世了，才有可能供養出世修行的人。行菩薩道的人，雖然在社會上做一切的事業，拚命的賺錢，他心裡知道，一切都靠不住。錢財資產只是暫時屬於我而已，畢竟不是我之所有，老病來的時候，什麼辦法都沒有，所以「恆觀無常」。懂了這個道理，雖然在謀生，一點也無所貪，沒有據為己有之願望。

「示有妻妾婇女，而常遠離五欲淤泥，現於訥鈍，而成就辯才，總持無失。」古人是多妻制的，中外皆如此。菩薩現居士身，有家庭生活，但是他內心的境界沒有五欲的染污。換言之，他不會陷下去，淤泥是陷下去的。他永遠是出離的，是跳出去的。他作人做事老老實實，不會太過精明鋒利，反而顯得木訥。但是真牽涉到佛法時，卻又辯才無礙。怎麼樣才能做到辯才無礙呢？要你的修持成就陀羅尼，就是總持法門。古人有一目十行，博聞強記，悟性特別好，學過世間出世間一切法，學過不會失憶，更不會無記，這樣就是總持無失。不是像我們，讀了經就忘了，聽了過後也忘了。你可不要馬虎，要好好懺悔，這就是無記業果，多生累劫失念，所以這一生記憶力差。要懺悔，求多聞，不然來生更笨。

不要用陶淵明形容五柳先生的句子「好讀書不求甚解」來自解，故作瀟灑。學佛可不能這樣，一定要多聞強記。有了定力以後，記憶力更強。你如果自以為打坐入定，什麼事不知不記，你那個定境就要多研究，可能是到了無明定境。這個千萬不可有的，這時就趕快要修觀了，不要只修止。也有的連觀行也不應修，而是要修休息了，休息不是無明，不是昏沉，要搞清楚。各種法門要曉得對治。

「示入邪濟，而以正濟度諸眾生，現徧入諸道，而斷其因緣，現於涅槃，而不斷生死。」大乘菩薩示現邪門的行徑，而真正是為了使眾生改邪歸正，只是表達的方法不同。他旁門左道都來、都會，為的是度一切眾生，就是前面講過的：「應以何身得度者，即現何身而為說法。」也就是「現徧入諸道，而斷其因緣」的道理，佛的成就不是入於涅槃就不來了。

「文殊師利，菩薩能如是行於非道，是為通達佛道。」大乘菩薩能做到這樣子，表面上看起來不是走修行之路，才是真正的修行佛法。

什麼是如來種

「於是維摩詰問文殊師利：何等為如來種？」維摩居士講完了，現在他反過來向文殊師利菩薩提問題了。以世間法來講，任何東西都有個種子，下了種子才能開花結果。我們為什麼學佛？在什麼地方學最好？根據佛經，佛說在這個世界學最好，十方三世一切諸佛，都要到這個世界來留學，因為這裡有煩惱、有痛苦、有善、有惡、有磨練的機會。極樂世界好是好，但沒有磨練的機會。天人在天界中也太享受，也用不著解脫痛苦煩惱，因此在他方世界學佛，成就得很慢，成就也不大。我們這個世界叫作娑婆世界，意思是堪忍，這個世界的煩惱痛苦很多，眾生在這裡能夠忍受生老病死，因此容易成就。

「文殊師利言：有身為種，無明有愛為種，貪恚癡為種，四顛倒為種，五蓋為種，六入為種，七識處為種，八邪法為種，九惱處為種，十不善道為種。以要言之，六十二見及一切煩惱，皆是佛種。」文殊師利的回答是顛倒話，成佛曉得這個身體是四大假合的，但是沒有這個身體不行，要借它修行，所以有身為種。無明和有愛是不好的，是煩惱的根本，我們不能悟道，因為念念皆在無明中。這個世界的生命是由愛來的，有貪愛則有欲。學佛本應該破無明得正覺，轉愛為慈悲，可是沒有它們作種子還不能成佛呢。

接下來的「貪恚癡、四顛倒、五蓋、六入、七識處、八邪法、九惱處、十不善道」等等，都是學佛的種子，眾生為了要跳出這些煩惱痛苦，受了不好的刺激，所以要學佛。文殊師利的結論是：「六十二見及一切煩惱，皆是佛種」，六十二見是以色、受、想、行、識等五蘊法為對象，起空、有、亦空亦有、非空非有等見，五四共成二十見；以色、受、想、行、識等五蘊為對象，起有邊際、無邊際、亦有邊際亦無邊際、非有邊際非無邊際等見，如是二十見，連上面共成四十見；以色、受、想、行、識等五蘊為對象，起有去來、無去來、亦有去來亦無去來、非有去來非無去來等見，如是二十見，連上面共成六十見；此六十見又加上根本的色心二見，共成六十二見，就是六十二種見解，是世法上一切不同的見解。佛法要解脫了這些見解，才得大般若智慧成就，所以文殊師利說，它們是成佛的種子。

「曰：何謂也？答曰：若見無為入正位者，不能復發阿耨多羅三藐三菩提心。」維摩居士問：你這麼講，要怎麼解釋呢？無為就得了道入了正位，成佛了。涅槃就是無為之道。文殊師利回答，假使是已經得了道的人，就沒有什麼好談了，談不上要發心，要大徹大悟了。像我們大家在這裡是來學佛，如果我們都悟道了，那還講什麼《維摩詰經》？用不著來討論了嘛！

「譬如高原陸地，不生蓮華，卑濕淤泥，乃生此華。」佛教的標記是蓮花和卍字，蓮花生在乾淨的土裡是不會開花的，一定要在又濕又髒的泥中成長才會開花。它生長在最髒的地方，可是生出來的花果卻絕對的聖潔，不帶一點髒。學佛的精神是要學蓮花，不是學它花的乾淨漂亮，是學它的根栽在最苦最髒的地方。你們不要以為跑到我們這樓上的佛堂中，弄個棉墊子打坐就是學佛，你應該要去泥巴中打滾，要入世才能開花結果。文殊師利在這裡，就用了這個比方。

「如是見無為法入正位者，終不復能生於佛法，煩惱泥中，乃有眾生起佛法耳。」同樣道理，已見了道的人，已經是佛了，還成個什麼佛？眾生要在煩惱中自利利他，功德圓滿，智慧圓滿，才能成佛。

「又如植種於空，終不得生，糞壤之地，乃能滋茂。」上面一個比方用的是蓮花，要種在污泥中，才會開花結果。蓮花的另一個特徵是花果同時，開花的時候蓮子就在裡面。別的花大半都是先開花才結果，只有蓮花是花果同時，代表大乘菩薩一旦悟道了，就證果位。

現在文殊師利比喻小乘羅漢，他以為證到空就好了。把一顆種子丟在虛空中，永遠不會發芽。要把種子丟到最髒的土中，才會成長。這也就是說，得羅漢果位的人證到了空，是不會再進步的。

「如是入無為正位者，不生佛法。起於我見如須彌山，猶能發於阿耨多羅三藐三菩提心，生佛法矣。」所以說，得了道的人，不用再談成什麼佛了。一般說成佛之路都是被我見擋住了，要先空我見，再空法見，才能成佛。這裡文殊師利卻說，寧可有我，即使這個我見大如須彌山，我慢貢高到了：格老子，我非要成佛不可！文殊師利說你寧可保留這個我見，這樣還能夠大徹大悟成佛。像小乘羅漢，雖然沒有我見，只得了半邊空，認為這就是佛法，反而不能成佛。

所以禪宗有句話：「寧可執有如須彌山，不可落空如芥子許。」例如這裡有位同學，自以為已經空了，不需要再修了。當然他還沒有到家，可是這樣就會有嚴重的偏差，連諸佛菩薩都拿他沒辦法。其實你認為空，那個正是我見，是見地的偏差。所以勸人學佛常以念佛為穩當，規規矩矩走「有」的法門。要走般若空的路子，非真有大福德大智慧是做不到的，只會走入狂了，連個定都做不到。《維摩詰經》上講的這個道理，對大家修行會有很大的幫助。你落入了偏空，那就要轉個三大阿僧祇劫再來，白走冤枉路。

「是故當知，一切煩惱為如來種。」所以如果沒有了煩惱，還修個什麼？修行正是因為自己有妄念煩惱，沒有妄念煩惱拿什麼修行？故說一切煩惱是修行的種子。

「譬如不下巨海，不能得無價寶珠。如是不入煩惱大海，則不能得一切智寶。」如果眾生不入煩惱大海，則不能得一切至寶。眾生學大乘佛法，就要不怕入世，能入世才能證入正道，才是大修行人。不是躲入山林茅蓬，一個人清清靜靜閉關修行，充其量，到頂了，你證個羅漢已經了不起了。縱然能一定就八萬四千劫，很舒服了，可是八萬四千劫之後，你非出這個空定不可。出定之後還要迴心向大乘，圓滿一切功德，才能真證得阿耨多羅三藐三菩提。所以大乘佛法要眾生修行，這行就是行為，什麼行為？是入世的行為，要在煩惱中行。譬如布施，鈔票給人家，把自己的肉割給人家，是會痛的，但是這是犧牲自己成就別人。自己雖在病痛中，看見別人有病，就忘了自己的病，先為別人解決問題，這才是菩薩道。要在煩惱中起行，才能成就一切功德。功德賺到了，自己不要，還迴向給眾生，才能得大般若智慧成就，得一切至寶。

所以大乘佛法是入世的，但是入世仍為了出世。入世愈深，成道也愈快。你拍球時，愈用力拍下去，球反彈愈高。有人問佛，不到八地（不動地）的菩薩還會不會墮落？佛說，當然會。再問，菩薩墮落了怎麼辦？答，菩薩不怕墮落。譬如拍球，墮得愈深，彈出得也愈快。

維摩居士與文殊師利對話到此處，引起了另外一位小乘弟子大迦葉大阿羅漢的感言。

大羅漢的感歎

「爾時，大迦葉歎言：善哉！善哉！文殊師利，快說此語，誠如所言，塵勞之儔，為如來種。」他讚歎文殊師利菩薩，說得痛快，說得對極了，真正的佛法就在世間的塵勞中。「塵勞之儔，為如來種」，這名句是出自《維摩詰經》，為後世文學所常引用。儔是同伴、同類，就是白話「這一些」的意思。塵是代表世間，這個世界上都是塵，你爬上高山看下來，都市都是籠罩在一片塵霧中，物質愈文明，空氣愈染污。勞是形容眾生在塵世中的勞苦奔波，所謂「車如流水馬如龍，花月正春風」。所以也有把我們這生命說成

「勞生」，為什麼我們勞勞碌碌一生，自己也找不出答案。可是雖然是塵勞，你可不要想脫離，就在其中才能修習一切的功德智慧。

「我等今者，不復堪任發阿耨多羅三藐三菩提心，乃至五無間罪，猶能發意，生於佛法。而今我等永不能發。」大迦葉說，我們這些小乘的人很可憐，住在定中都不肯入世，就永遠不能證得大乘的佛果，還不如下無間地獄永不超生的眾生，他們如果一念懺悔了，重新發心修道，還能夠成佛。可是我們以為空是究竟，永遠發不起大心來。

「譬如根敗之士，其於五欲不能復利。如是聲聞諸結斷者，於佛法中無所復益，永不志願。」譬如五根（眼耳鼻舌身）壞了的人，就什麼聲光色都不能見不能聞了。我們修小乘證空的人，把無明煩惱這些結使都切斷了，就再也得不到佛法的利益，所以會沉迷在空境中，不肯動，也不肯入世了。

民俗相傳，說宋仁宗是金身羅漢下凡的（他事實上也真是一位好皇帝）。當年玉皇大帝看到這趙家的王朝開始出問題，一查原來趙家和佛祖的因緣很深，就報給佛去辦。佛就去問大迦葉所帶領的五百羅漢，看有哪一個肯發心下娑婆世界去當皇帝。但是這些羅漢證得了空，全部在打坐，誰也不肯動。只有一位金身赤足尊者忽然一笑，佛就派他去。所以宋仁宗從來不喜歡穿襪子、穿鞋子，常赤腳跑來跑去。他出生時，哭得特別兇，皇后從宮外請來了一位高僧，高僧就對他說：哭什麼？你當初不要笑，現在也不用哭了！結果他就不哭了。故事說他下凡之前，特別要求文武兩個大臣輔佐，結果玉皇大帝就派了文曲星包公、武曲星狄青給他。因此仁宗在位時，宋朝天下就非常太平。他去世時，全國百姓，連遠在山區的，都為他帶孝，是歷史上少見的。因此諡號仁宗。蘇東坡弔念他的詩說：「先皇何止活千人」，他的功德太大了。

回過來講，我有時也勸現代年輕人不要學佛，學了佛嘴上能說，菩薩道就做不到了，學了個懶，什麼都不肯幹。膽子也學小了，什麼都不敢幹。藉打坐念佛為名，什麼都不做。還有，也學小器了，看別人都不對，都不是佛法，只有自己對。所以希望年輕人先從作人學起，學佛是要濟世救人的，濟世救人時，有時不免必須殺人，你敢挑得起這個擔子嗎？佛法還有句話說「放下屠刀，立地成佛」，你連把刀都不敢拿，還放下個什麼！你沒有這個種嘛！

當然，年輕人還是應該學佛的，但是要先學修行，日行一善是起碼的。做好事有時會被人家罵，等於蓮花種在淤泥中，你要不怕被罵，只問此心。做好事也要有智慧。

「是故，文殊師利，凡夫於佛法有反復，而聲聞無也。」大迦葉繼續說，所以我們得道的羅漢還不及凡夫。凡夫對於佛法，有時糊塗有時清醒還好些，我們永遠清醒，反而不想動了。

「所以者何？凡夫聞佛法，能起無上道心，不斷三寶。正使聲聞終身聞佛法，力無畏等，永不能發無上道意。」他說，為什麼？可惜我們落在小乘果位的人，以空為究竟，一輩子對於佛法如何證得菩提，如何證得佛十力、十無畏等，永遠不行。

小乘羅漢要幾時才行呢？先住定八萬四千劫再迴心發心，從大乘道一步步再修，才能成佛。但是如果他能在空定之中，一旦明了這非究竟，從橫的過來，他立刻就達到八地菩薩以上的修持。這是小乘可以走的捷徑，這道理就要研究唯識，研究《俱舍論》了。

《維摩詰經》講到這裡差不多過了一半了，在這前一半有幾個重要的問題要注意。第一，維摩詰雖是個在家居士，但他說的佛法是為在家人和出家人而說的，佛法本來就是不分在家和出家。第二，大乘佛法在世間，這並不是說非在家不可，不是這個意思。在這個塵勞世間就可以出離，證得菩提，不受任何形相的拘束。在這重點之下，有幾個故事式的情節要留心，大家須要去研究，用禪宗的術語說，是要去參究的。不是經文聽過了，文字了解了就算數的，光是文字了解是不算數的！

起初，本經是維摩居士由生病開頭的。任何生命的存在，就有生老病死必然的過程，為什麼會生病？我們坐在這裡覺得自己沒什麼病，其實都是在病中。這是一個根本的問題，病同生死是連在一起的，答案在經文中，但是你要自己去好好體會。

其次，三萬二千人，怎麼能全部擠進了維摩居士方丈大小的房間？這是個什麼境界？當然，理論上可以講，方丈代表了這個心。管你是代表心也好、性也好，我們要如何證到這個境界？這不是空洞的理論。除此之外，還有個座位的問題，這方丈的房間，容納了東方須彌燈王佛的師子座，高八萬四千由旬，共三萬二千張師子座，這又是個什麼境界？

再來就是天女散花，為什麼花灑下來不著在菩薩們身上，而黏在阿羅漢身上？這個問題在理論上都懂了，當然我們連小乘羅漢的境界也夠不上，連小定小慧都談不上，小乘的止觀也沒有，因此作人做事、起心動念處，樣樣皆著，沒有做到無著無依的境界。如何能做到天花不著於身呢？

跟著是男人女人的問題，為什麼有男女相？這色身的相，關係有多大？究竟男身真是男人，女身真是女人嗎？你深思下去會發瘋了，覺得都不是，那究竟是什麼？我常說，為什麼這女性留了長髮，在嘴唇上塗一下，眼睛上畫一下，就好像兩樣？為什麼把頭髮剃了就不同了？這男女身相，同我們欲界眾生的關係有如此之大。

《維摩詰經》講了一半就有四五個話頭，大家不要聽熱鬧，聽過算了，那這《維摩詰經》是白研究了。這《維摩詰經》的文字好懂，不過我現在正在發心，也有道友發心出錢，後世的注解不用，只把鳩摩羅什法師和當時參與翻譯工作的大法師們對於《維摩詰經》的見解，集中起來成為《維摩詰經集注》。另外也有道友們發心，在整理《維摩詰經》唸誦的節本。這工作看起來不困難，但是做起來很麻煩。在校對各種本子時，有時為了一個字要查很多的版本。連我們現在手中的這本《維摩詰經》就有許多錯字。第一個封面字就錯了！維摩詰被印成了維摩結，豈不是笑話。各位青年同學將來發心印經時，這些地方是不能馬虎的。（編按：懷師當時講經不是用佛教出版社版本）

上面講了《維摩詰經》好幾個要點，現在下一個要點來了。

普現色身菩薩發問

「爾時，會中有菩薩，名普現色身，問維摩詰言：居士，父母、妻子、親戚、眷屬、吏民、知識，悉為是誰？奴婢、僮僕、象馬、車乘，皆何所在？」當時在維摩居士的道場中，有一位叫作普現色身的菩薩在場。顯教四大菩薩是普賢菩薩、觀世音菩薩、文殊菩薩、地藏王菩薩，一樣都是古佛。成佛的資歷比釋迦牟尼佛早，因為釋迦牟尼佛到這個世界成佛，他們古佛就化身為菩薩來到這世界，輔佐釋迦牟尼佛教化眾生，所以普賢菩薩也叫普賢如來。密宗的金剛薩埵，就是普賢如來的化身，他的像有單身的也有雙身的。

有時候佛經中出現的普現色身，與普賢是同一種像，但是不同意義的化身。普賢是無所不在，以行願為標榜，沒有在家出家之分，是不垢不淨、不增不減，乃至你睡覺也可以悟道，打坐也可以，走路也可以，在廁所中也有他，上自淨土下自穢土，天堂地獄，無所不在。所以說：「虛空有盡，我願無窮」。那麼，普現色身菩薩呢？我們曉得法身就如同虛空是無所不在的，這個牆壁裡也有虛空。凡夫的色身是受業果報應之身，佛菩薩的色身是虹霓之身。普現色身菩薩是講他的色身，是入世的，不是法身，是大家都看得見的。

普現色身菩薩問維摩居士兩個問題：第一，你的親人、眷屬（眷屬範圍廣泛，凡是同你有關係的都是，所以每個人在世都有眷屬，連出家人也有眷屬，他的師父、徒兒等等都是）、吏民（維摩居士居住的毗耶離城的官吏和居民）、知識（包括善惡知識），這些人都是誰？第二，你所擁有的奴婢、佣人、各種交通工具，擺到哪裡去了？

第一個問題是，每一個人在世上都有那麼多的關係，沒有辦法脫離，即使你是單身一人仍然如此，沒有其他的人你自己也沒法活，人就離不開人的環境。第二個問題牽涉到各種生活必須使用的財產物資。

維摩居士就用了很長的偈子回答他。

「於是維摩詰以偈答曰：智度菩薩母，方便以為父，一切眾導師，無不由是生。」你問我父母是誰，般若智慧的成就，就是真正學佛人的母親。我們有的人修七俱胝準提佛母法門，準提佛母是無男女相的，準提法的成就是證得菩提大智慧的成就。般若智慧的成就，是一切佛菩薩的生身之母，生這個法身、報身、化身。你們有學密宗的，對修氣脈有興趣，氣脈不成就而能明心見性是無有是處，你明心見性開悟的那一剎那，氣脈一定也成就了。你那麼著相地修氣脈，教理不通，智慧不夠，是沒希望成就的。你以為通了，只是受陰境界的感覺，是假的。成佛不是迷信，不是盲修，而是大智慧的成就。因此龍樹菩薩著了一部《大智度論》。有了智慧，還要有善巧方便，包括了一切的修法，樣樣都可以成佛，所以說以方便為父。

一切眾導師就是一切佛，是天上天下一切眾生的導師。一切佛無不是由智慧和方便所生。這裡一開頭就把大乘佛法的重點告訴我們，光是盲目的崇拜和迷信不是究竟的佛法，那只是凡夫初步走向正道的加行法，是經由慢慢薰習，走向智慧功德和善巧方便之路。等於我們等電梯上樓，按下了鈕而已，電梯還沒有來。

「法喜以為妻，慈悲心為女，善心誠實男，畢竟空寂舍。」學佛的人以何為家庭？這不一定是世俗的家庭。法喜充滿就是夫妻，你有配偶的卻不一定快樂。什麼是法喜？菩薩內觸妙樂，得到大定，不是小定，身心內外充滿喜樂的境界。慈悲心是自己真正的女兒。善心誠實是自己真正的兒子。

有善心一定對人對事處處誠實，修行就是修這個。不只是會打坐，會氣脈動了，會放光了，會燒香禮佛，這些只是善巧方便的初步加行法門。

經典這些文字很容易懂，但是懂了文字不是我們研究《維摩詰經》的目的，是要用經典來比對自己日常的思想行為。我們把對自己世俗家庭的夫妻、兒女自私的愛轉過來，就法喜充滿，慈悲心發起，善心充滿，這樣才是真正的家庭眷屬。但是這個家在哪裡呢？這個家是「畢竟空寂舍」。自己常在本性空的境界中，這才是真正的家。禪宗祖師說，這樣才叫作「歸家穩坐」。昨天有位同學來找我，說自己對空性之理了解了。我說，你不要胡扯，了解理論有什麼用？真正理到了事一定到，要住在性空境界裡，就是無往不定、無時不定、無處不定。那才是法喜充滿，慈悲心圓滿，畢竟空寂。這個才是我們的家，才是我們的妻子兒女。

「弟子眾塵勞，隨意之所轉，道品善知識，由是成正覺。」普現色身菩薩剛才問維摩居士的第二個問題，你的佣人財產到哪裡去了？這是他的回答，塵勞是他的佣人。塵勞是塵勞煩惱，中國文學形容這個世界是紅塵，這是中原文化，因為中原地帶是紅土高原，風沙一起，空中都帶有紅顏色的塵埃。現代的都市，像臺北雖沒有風沙，但是空氣污染，就不是紅塵，而成了烏塵。塵是指這個世界，勞是指這個世界中的眾生勞苦。在塵勞中的眾生，每天都有無數煩惱。佛說眾生在一念之間有八萬四千煩惱。何謂一念？一呼一吸叫作一念。你說自己沒有這麼多煩惱，對不起，那是你檢查不出來而已，那還不夠資格談學佛。儘管你在研究佛學，也到處去聽經，什麼活動都有份，只不過是個佛油子，佛教中的老油條，一點用處沒有，對自己都認識不清楚。要是自己起心動念可以檢查出來，你學佛可以算入門了。

維摩居士說塵勞就是我的弟子，我利用塵勞煩惱促成我道業成長，怎麼說我沒有佣人？我到處有佣人！

回教的教長叫作阿訇，是回文的稱呼。這研究起來也很有意思，在咒語中一切大的東西都是阿字音，是開口音，像基督教禱告結束說阿門，嗡阿吽，阿彌陀佛，阿訇。有個回教的故事說，有位國王打獵射中一隻鹿，鹿帶著箭逃走，逃至一個山洞，有位老阿訇在其中修道，阿訇就用自己的衣服蓋住鹿。

國王的隨從有位將軍追至，就問阿訇有無見到受傷的鹿。問了多次，阿訇都不理他。將軍就說，再不開口我殺了你。阿訇就張開眼問，你是不是某人（他直呼國王的名字）的部下？將軍大怒，說阿訇對國王不敬。阿訇說，國王也不過是我奴隸的奴隸，為何不能叫他的名字？將軍正想殺了阿訇時，國王駕到了，將軍把經過稟報，說阿訇欺君。國王就問阿訇為什麼這麼講。阿訇說，所有的人都做了欲望的奴隸，當國王的欲望是要統治天下，國家強盛，你難道不這麼想嗎？而我這修道的已經不用聽欲望的了，它現在要聽我的。你這國王要聽欲望的，所以你是我奴隸的奴隸，並沒有錯。國王聽了表示同意。阿訇就說，那隻鹿跑了，不要再追殺它了，不要再做欲望的奴隸了。國王至此大為折服，就拜阿訇為師。這個回教的故事就可以用來說明「弟子眾塵勞」。

學佛用工夫就在下一句「隨意之所轉」，自己不要為情緒煩惱所困住，要把煩惱思想轉過來，轉煩惱成菩提。維摩居士說可以隨意轉煩惱，指揮它像指揮佣人一樣。

他接著說「道品善知識」，三十七菩提道品、四念處、四正勤等等，都是他的善知識。「由是成正覺」，學佛的人必須走這條路才能得道，才能大徹大悟。你去搞氣脈，畫符唸咒……這些都不相干。而是要能在塵勞煩惱之中，隨意之所轉，轉煩惱成菩提，修習三十七菩提道品，如果不走這條路，不管你修什麼法門，永遠不會有真正的成就。

「諸度法等侶，四攝為伎女，歌詠誦法言，以此為音樂。」這裡維摩居士講什麼才是生活的享受。諸度法門（六度，亦可以擴充至十度）就是最好的道伴，是同參的道友，隨時要參究的。我們做什麼事都要在六度上打個轉身，看它是否相合。四攝法（攝是包含，四攝是布施、愛語、利行、同事）是學佛的人用來娛樂自己的。古代文化，大富人家、王侯府邸養有自己的歌舞班，其中的歌舞女郎叫伎女，不是現代在大眾場合作秀的歌舞明星。講起來古代當大官的，可比今天的政府官員威風多了，出巡時要人清道，閒雜人等趕開。不像今天還要走入群眾，到處和人握手，還拜託投我一票。時代太不同了。

像清朝乾隆時期的才子袁枚，二十幾歲考取功名，作了幾任縣長就辭官了。相傳他把《紅樓夢》有關的房子買下來，叫小倉山房，是非常享受的。有人問，只作了幾任縣長，不貪污哪有錢住這麼好的房子？那當然有「貪污」了，不過是合法的、公開的。滿清時代像縣長這樣的地方官，有規定的，錢你可以拿，但是不能貪老百姓或朝廷一文錢。所以說，「一任清知府，十萬馬蹄銀」。那時即使是作個清官，退下來也有餘錢享受，買個一大片地，起個莊園也不稀奇。現在的地價這麼高，還要交土地稅，當個清官可買不起了，寧可出家算了。

講到這個伎女，並不是妓女，在古代沒有壞的涵義，「伎」同技術的「技」相同，是講藝術的技術。唐代的詩人杜牧，被皇帝派至洛陽，那是當時國家經濟商業最繁華的都市。他被派任分司御史，是個不大不小的官位，監督地方行政。當地有位退休在家的前任高官，生活奢靡，違反了政府限制官員舖張的禁令，還養了一批歌伎。一日高官在家大開筵席宴客，杜牧不告而至，酒過幾巡後，杜牧就向高官要了他家中最好的歌伎帶回去，還作了首即興詩：

華堂今日綺筵開　誰喚分司御史來
偶發狂言驚滿座　兩行紅粉一時回

你看他這紅包要得大不大？帝王時代的官，居然就是這麼作的，今日還當風流韻事流傳下來。

維摩居士以四攝為伎女，他唱歌聽歌嗎？有的，他詠誦法言，法言就是佛經，他唸誦經典作為音樂。所以我們早晚的唸誦有用唱的，是歌詠誦法言，以此為音樂。

「總持之園苑，無漏法林樹，覺意淨妙華，解脫智慧果。」維摩居士是當地的大領袖，應該有個很大的後花園。你們年輕人沒看過，大陸上很多舊日王府宅邸，都有很大的花園。像北京的雍和宮，是雍正皇帝還在當世子的時候所住的宅邸，規模就那麼大。這還不算大，我當年在四川，看過幾個部隊的軍長公館，那可有好幾條大街包圍起來的範圍。我和朋友說笑話，我最想做的事是，到這些大公館去作門房。這看門的大爺住的房子，起碼有我們這講堂四分之一大，他整天坐在裡面，蹺著腿抽煙喝茶，訪客到來，還要先遞名片給門房下面的小佣人，才轉到門房手中。然後他還要瞇著眼打量打量訪客，識相的馬上送上一個紅包，他這才進去通報。這份工作多好，有吃有住，沒事打打坐修道，還可以擺威風，又可以收紅包。

講回維摩居士，他說自己的花園，就是通達一切法門，總持法門。咒語也叫總持或陀羅尼，總持就是抓住了綱要，一通百通。花園中的樹木就是無漏法。證得無漏果的人，一切神通自在，要觀想任何境界，這境界立刻現前。要和佛菩薩講話就真能通話，不是你們做夢打坐所看見的幻相。

園林中的花是念念清淨，念念不迷，是八正道中的正覺成就。所以《法華經》的妙蓮花，是意的成就。學佛到了明心見性，悟道了，佛經上稱為「意解心開」，就是這個道理，沒有了煩惱習氣的結使。拿密宗著相的觀念，是「脈解心開」，因為心輪有八條大脈和許多小脈，比如八瓣蓮花。

學佛是求解脫，如果一有點事就想不開，有一點煩惱就去不掉，那學個什麼佛？自己要反省。維摩居士說自己得了智慧的果實，所以處處得解脫。

你們何以氣脈不通？因為色身不得解脫，總有身體的感覺存在。何以不能得解脫？因為智慧沒有成就，智慧成就了，氣脈自然也通了。你智慧還沒成就，不要吹噓說自己已通任督二脈，小心出問題。就算你通了，道家稱為轉河車，你要轉到什麼時候為止？要通到哪裡去？你答得出來嗎？不要亂搞了，你因此反而更不能得解脫，與學佛的目的相違。說學道嘛，你也沒得個逍遙，整日哭喪著臉，為何學佛學道呢？不學還好，一學就得了狹心症，心量愈來愈小。

我們現在繼續講維摩居士為普現色身菩薩所說的偈頌。偈頌是一種佛教特殊的文學體裁，偈頌的用處，是把經文的意思作個歸納和濃縮，以便於記憶。《維摩詰經》這一段偈頌，包括了全部大乘佛法的內義。

「八解之浴池，定水湛然滿，布以七淨華，浴此無垢人。」這裡的重點在最後一句。我們學佛修行就是要學到無垢，一切善法惡法都不受染污，而真正得解脫了，這是佛境界。所謂無垢就是自淨，是真正的淨土，絕對的清淨圓滿。維摩居士說，用八解脫法門，洗練自己身心。八解脫不只是理論，是要用身心實證來的。解脫與道家的逍遙是一個意思，不為煩惱所困，但也同樣不為佛法的觀念名稱所困，所束縛，才是真正得解脫。然後才能得如來大定，無往不定，無處不定。有解脫而無定，那解脫是狂禪、狂慧；有定而無智慧的解脫，那定也是外道定，都是不對的。

這裡說，「八解之浴池，定水湛然滿」，重點在湛然。凡夫何以不能得定？這有兩種情況，一是生理心理的散亂，二是生理心理昏沉。能既不散亂又不昏沉就是定，是清楚的，是湛然的。不是那種什麼都不知道的愚癡定，那成了畜生禪了，是很危險的。天台宗永嘉大師告訴我們，真得定了才可以入世，才可以作人做事，像止水澄波，萬象斯鑑。在止水澄波的境界中，外界一切現象仍然物來相應，沒有不知不明的，這才是定。也就是大家早晚課誦所念一句出自《楞嚴經》的「妙湛總持不動尊」。

參禪的人開口唱唸這一句時就會想，唱時是否算動念？話頭就來了。等於有個故事說一個小孩去拜佛，在大殿上對著佛像屙尿，他當然被僧人所罵。小孩就說，十方三世都有佛，我要向哪裡屙呢？所以在唱這一句時，動念了是凡夫，不動是木頭。動與不動之間就是佛法的真諦，也就是要參之處。動與不動都是寂然而定，永遠清明，沒有染污。

縱然到了這個境界，也才是佛法入門，還沒有圓滿。在禪宗算是第一關而已。因為只能空，不能有。所以「定水湛然滿」了之後，還要進一步「布以七淨華」，七淨華就是七覺支。「浴此無垢人」這樣去修持，去洗練自己，最後才修證到清淨無垢。

「象馬五通馳，大乘以為車，調御以一心，遊於八正路。」普通人有了財產地位，當然會有交通工具，過去人類是降伏動物做交通工具，動物很可憐，這是人類可惡之處。古印度是用象和馬作交通工具。中國從上古到近代都用馬，古書也有用車馬數量表示財富地位的，所謂百乘之家，千乘之家。乘是車子，古時以四匹馬拉一車叫一乘。千乘之家就養有四千匹馬，還有駕車的、乘車的戰鬥人員、照料馬匹的人，聲勢之大，可想而知。

修行的人以五神通為交通工具，為什麼只說五神通？因為第六通是漏盡通，就不動了。修行的人以大乘之道為車，大乘在梵文作「摩訶衍」，就是大車之義，是形容用語。駕車的車伕在古代稱調御士，是調伏駕御車馬，現在叫駕駛員。修行人能一心不亂，隨時在定中，就是最好的調御。不能得定就是因為不善於調御。

我不止一次提醒大家，要切實注意三十七菩提道品，由四念處一直到八正道，有三十七個條例的程序，是大小乘道、顯教密教共通的修行之途。例如四念處是念身不淨、念受是苦、念心無常、念法無我，我們普通只把它當作佛學名辭記住算了，沒有用到工夫上，這就不是學佛。佛在世時，何以有那麼多的弟子，立刻證入大阿羅漢？因為他們基本是修四念處的。四念處怎麼修呢？念身不淨，所以要修白骨觀或不淨觀，真正觀成了，一切生理上的感覺，不論是痛苦還是快樂，全消了，因此很快成就。佛雖然已不在世間，他的修持法門全都留下來了，不需要另外去找。要好好地去研究經典，怎麼樣才算「好好地研究」，就看你的智慧了。

法門都在經典中，你讀了而用不上，其奈經典何！佛也拿你沒辦法。《維摩詰經》這裡所說的，依然離不開大小乘所共通的三十七菩提道品，隨便哪一點抓到了，都可以到家的。

「相具以嚴容，眾好飾其姿，慚愧之上服，深心為華鬘。」這完全是在講學佛人內心的修養。佛講一切法無相，尤其在《金剛經》中，明確講「無我相，無人相，無眾生相，無壽者相」。《心經》也講「諸法空相」。既然強調無相，為什麼又說成佛的人有三十二相八十種好呢？淨土經典也講佛菩薩「相好光明無等倫」，為什麼？在解脫道上，一切無相才能空，才能證到形而上本體。相好莊嚴還是由功德來的，所以要修一切功德，學會看相就知道，世上很多人都是討債的面孔。討夫妻債、討兒女債……滿街都是這種不友善的面孔，很多機關單位中服務的人也是，一個歡喜的相都沒有。有人的相貌是「對面不見耳」，從正面看不到雙耳，相學上說是富貴之相。但這還要其他條件配合。

「相具」是外表相貌具足圓滿，真得定、得道的人，即使最醜的相也轉莊嚴了。我在前面提過，自己在參學經驗中，遇到過許多這樣的例子。有些小說也寫得對，說入定的人寶相莊嚴，臉相變了。如果打起坐來，滿臉苦相，背還窩著，說入定了，那是絕無此事的。真得定了，色身氣脈必然通的，所有神經細胞自然會鬆開（不是散掉），臉色自然是端正柔和的。所以相好莊嚴是從功德來的，什麼功德呢？戒定慧的功德。修心能改相，這是必然的。

維摩居士說，「相具以嚴容，眾好飾其姿」，得了定的人，身心都起變化，儒家說變化氣質，自然與一般人不同了，並不用什麼其他特別的打扮。你我提醒過大家，不要認為學佛了，外形就可以邋遢，你儀容還是要端正。你看，沒有一個佛菩薩像是不裝扮的，身上掛的戴的滿滿的。只除了一位，地藏王菩薩，他是出家相，可是他的頭髮刮得比鴨蛋還光，也是裝飾。但是過分重視外形也是不對。所以真修行，不裝飾或過分裝飾都不對，因為不合中道。

身心能轉變，一切功德莊嚴就具備了。這要隨時修慚愧心，就是謙虛，就是隨時反省自己的過錯，這就是慚愧心。真正知道慚愧的人，是正修行人。慚愧是我們修行最重要的一件衣服，隨時懺悔反省，改進自己，修到功德圓滿時，身心自然會轉變。雖然沒有修到三十二相八十種好，但是一定與眾不同。所以說「慚愧之上服」。

「深心為華鬘」，用深心作所戴的花飾。深心是般若，深心是佛境界，佛能窮一切智，通萬法之源，所謂天上天下無所不知。等於是中國文化的儒者，「一事不知，儒者之恥」。真儒者一定學問淵博，無所不知，這就是深心，是最好的裝飾。

「富有七財寶，教授以滋息，如所說修行，迴向為大利。」對一個修行的人而言，不論在家出家，什麼是財富呢？七覺知（信、戒、慚、愧、聞、捨、慧）的正道修行即是財富。但是如果自以為悟了道，有了大財富，不肯與別人分享，你的道也完了。為什麼世人崇拜成道的人？因為成道的人可以成為我們的老師，指導我們修行。如果他只想成就自己，那我們就用不著供養他了，這只是一個沒有道的自私的人，連基本羅漢成就都談不上。

所以，得了道的人，要「教授以滋息」，好像是存錢生利息，教授他人，看到別人能夠有所成就，心中有無比的欣喜。孔子說「好學不厭，誨人不倦」，就是如此，但是太難做到了。我們教書久了的人，想想實在很慚愧。

「得天下英才而教育之」是人生三大樂之一，如果碰上了天下之笨才，就成了人生之一大苦也。可是你能放棄愚癡的人嗎？那就不是教育者的心情，不是菩薩道。雖然罵，雖然生氣，還是要教，這叫作我的媽呀，有時覺得這麼叫還不夠深度，應該叫我的外婆呀。即使教出來的學生跟自己一樣的程度，老實講，並不快活。禪宗說，「見與師齊，減師半德。見過於師，方堪傳授。」可是雖然找不到這樣的人才，還是要教下去，這才是誨人不倦的精神。

「如所說修行」，這是維摩居士謙虛的話，也是告誡我們學佛的人，要如佛所教導的去修行，不是光搞佛經的思想。修行是修正自己的行為，但修行不是為了自己的成就，是要迴向，也就是要布施出去。譬如我們現在講佛經和在聽佛經，假定有什麼功德，都要迴向給一切的眾生。有什麼利益自己不佔有，就是迴向的精神。只要有布施，一定有迴向，你拋出去的力量多大，迴轉來的力量就多大，利人就是利己，也就是標語說的「我為人人，人人為我」。迴向就是大利，你能把一切布施出去了，你還怕會餓死嗎？就算餓死也好，你的屍體還可以布施給螞蟻、細菌，又再迴向下去，那可真成就了。

「四禪為牀座，從於淨命生，多聞增智慧，以為自覺音。」大小乘佛法都是以戒定慧為基礎，以四禪八定為根本。我們看到近百年來，佛法愈來愈衰落，原因在於修行人證果的太少，空口說理論的愈來愈多。真修四禪八定的人沒有，連初禪定都得不到。維摩居士在此提出來，我們修行人要以四禪定為基本的床座。

為什麼修禪定而不能得定？因為沒有得淨命。你要非常注意這個淨命。我們是怎麼活著的？有兩個部分，一是身體，一是心念。任誰都想活長久一些，可是我們現在這世界上的命是濁命，這個世界是五濁惡世（劫濁、見濁、煩惱濁、眾生濁、命濁）。我們的命生來就是濁的，身心內外沒有一樣乾淨。能修成白骨觀不淨觀的人，基本上是修得淨命，氣質都變化了，身上的細胞、骨節都變白淨。其實我們死了，骨頭是沒法變得純白的，都會帶黃褐色，就是業重，除非是真修到白淨。密宗講氣脈修成就了，這個色身轉了，才能夠得淨命。

為什麼打坐連初禪都到不了？就是因為肉體氣質沒有轉化。維摩居士這一句偈子，就把祕密告訴你了：淨命而生禪定。由禪定而得智慧，但是要得到智慧必須要多聞、多看、多記，所以說「多聞增智慧，以為自覺音」。自覺就是明心見性，證道了。要先自覺才能覺他。真講修行，就不要輕視世間、出世間一切的學問知識，這都屬於多聞增智慧，正是培養你悟道的法音。

「甘露法之食，解脫味為漿，淨心以澡浴，戒品為塗香。」由定而生慧，自然可以得到有如甘露的無根水，甘是形容微帶甜味，但又不是太甜的味道。得禪定的人說，是得到諸佛菩薩的甘露灌頂，也可以說自己為自己灌頂，自己的口水都是帶甘味的。到了這地步，就不太在乎一般的飲食，因為自己在甘露法食之中，也自然得到解脫，煩惱少了。即使心中故意想著最痛苦的事，也不起煩惱。但是雖然解脫了煩惱，可是離解脫生死還早。即使有人可以做到告訴大家自己要走了，也真的就走了，他還不算是解脫，了生死。這只是定力工夫夠了，能解脫分段生死，還沒能解脫變易生死。

學佛有三樣缺一不可的：解脫、般若、法身。要有般若成就才得真解脫，解脫圓滿了才得法身清淨。換言之，不得解脫，般若不會圓滿，法身不會清淨。而法身空性的影子都沒看到的話，也不會得般若，也不會得解脫。

這裡說，有禪定的定慧等持的甘露，以解脫的漿液滋潤自己生命。這個時候自然沒有煩惱，自然念念在淨土，淨心洗練自己，用持戒作為抹在身上的薰香。我常說笑，作菩薩要先會抽煙，否則被人家供奉起來，燒香薰得臉都黑了，不抽煙哪裡受得了。尤其中國特別喜歡燒香供佛，有句鄉下話說，「燒香不敲磬，菩薩不相信；燒香不放炮，菩薩不知道。」把菩薩講得很勢利，這都是民間迷信。

佛經上所說的香有多種，有燒香、塗香、末香、薰香等等。我們這個禪堂，平常很少燒香，用一種噴的檀香代替。燒香會染污空氣，燒得太多鄰居還會出面去告你，其實真正供養佛菩薩，用心香最好。得定的人，戒律自然清淨，這就已經供了香了，這就是心香。所謂心香一瓣，你在佛前一站，兩手合掌禮拜，心中一念清淨，就是禮拜，是真正的香供養。若你禮拜下去，心中還有一點煩惱，就是不乾淨的禮拜。真正禮拜，心中無所求，無所念，無我相，也無禮拜之相，就是心香供養。所以為什麼上香供佛要上三枝呢？

三枝就代表了戒香、定香、慧香。

「摧滅煩惱賊，勇健無能踰，降伏四種魔，勝旛建道場。」剛才講到了心香一瓣，要怎麼成就呢？非修定不可。所以戒定慧，定在中間。真得定了，不要講戒了。得定了，既不散亂又不昏沉，就無戒可犯，那是真守戒了，是性戒，自性清淨為戒。起心動念如還會有煩惱妄想，縱然守戒，守的也是不乾淨的戒。雖然不乾淨的戒也是有功德的，但是守得痛苦，因為是用壓制的。這功德不是道念的功德，有道念的人，對於聲色犬馬、錢財富貴是不動心的，看見了等於沒看見，用不著壓制心念，看黃金與狗屎一樣。

唐代的詩人杜荀鶴，相傳是杜牧的後代，他寫過一首詩：

利門名路兩無憑　百歲風前短焰燈
只恐為僧心不了　為僧得了盡輸僧

名與利都是沒有憑據的，一般人都在追求。生命短暫，就算活了百歲，也只像是風中的燭火。只怕出家也不能了此心，若能了心，天下人都輸給出家人了。

經中這一句偈子是說，能夠摧滅了煩惱之賊，可以得羅漢果位，是大勇士，超越一切，可以降伏四魔（煩惱魔、五陰魔、死魔、天魔），建立弘揚佛法的道場。

「雖知無起滅，示彼故有生，悉現諸國土，如日無不見。」上面講到羅漢證空，定在空性。何以羅漢還是算小乘呢？因為只見到性空，而不能起有，雖然勇健無比，放得下，但提不起；可以出世，但是不敢入世。到了大乘境界，見地不同了。雖然知道諸法不生不滅，為了示法（就是為尚未開悟的眾生證明佛法），而由真空生妙有，展現十方諸佛一切國土，如同日出，沒有看不見的。現代天文知識告訴我們，宇宙之中不知有多少太陽系統。同樣的，諸佛菩薩的國土，也不知有多少。在唸這一句經文的時候，不要忘了是十方三世一切諸佛，多得很，無不現前。乃至在這桌上的洞眼中，都可能有一佛國土，這是沒有智慧功德成就的人所不能了解的。所謂大而無外，小而無內，華嚴境界是重重無盡的。這本《維摩詰經》所表現的，都是真空起妙有，像一丈見方的房間，能容納三萬二千張天一樣高的座位，以及天華著身等等。

「供養於十方，無量億如來，諸佛及己身，無有分別想。」這是真講工夫了。我講一下自己的經驗給你們年輕同學參考。我在杭州的中學讀書時，交了一位和尚朋友，他拿本《金剛經》給我，一定要我唸。我這個人在這方面可能與你們不同，既然朋友一定要我唸，我就唸吧，而且是用最笨的方法，老老實實去唸。我那時住學校宿舍，早上一定四點起床去操場練工夫，練完了有時再鑽回床上，和大家一起睡到吹起床號再起床，就是有這麼一股傻勁。現在早上又要多個活動唸《金剛經》，我就一人躲到會客室去唸，當然也不希望別人撞見，認為我老土落伍，居然讀起佛經來了。

老實說，剛拿到《金剛經》時，我根本不明白內容，不過心裡就生歡喜，管他是般若還是菠蘿，也不去找佛學字典，就這麼規規矩矩，恭恭敬敬唸了下去。這樣唸到第四天，唸到「無我相、無人相、無眾生相、無壽者相」，我就沒有了，經典也沒有了，都空了。我覺得奇怪，就不唸了，跑去找那位和尚，告訴他我把《金剛經》唸跑了。他是學禪的，見了我就向我道恭喜。我說我不再唸了，他也說不必唸了。

後來我又找到一位師父，問他要怎樣去學佛？他說學佛一定要發願，然後早晚作功課。我表示敲木魚誦經我做不到，他給我一本〈普賢行願品〉，要我早晚唸，培養心願。你們學密學顯的，有沒有磕滿十萬個大頭，拜十萬次佛？每天香花水果佛前供養個三五年不斷？沒有的話，不要求通什麼氣脈。還有沒有起碼讀一萬遍〈普賢行願品〉？我相信你們在家出家的都沒有做到！我當年學佛可是十多年如一日，再忙也要做。即使我到現在，還是有個自己的佛堂，雖然有同學偶爾會幫我供佛，但是每次清理佛堂，我一定自己動手。

你們拜佛時還做不到無念的拜，所以一拜下去，心中要觀想到十方三世億萬不計其數一切佛前，都有個我在禮拜供養，這都要能觀想得出來。所以說「供養於十方，無量億如來」。尤其是學密宗的，如果觀不成功，也就不要吹牛學密了，不如買瓶蜂蜜喝喝多好！

如此拜佛，拜到後來，心佛眾生三無差別，我拜十方三世一切如來，一切如來也在合掌拜我這因地上的佛。我們現在雖然還不是佛，可是都有成佛的因，誰說我們不能成佛？如果連這樣的氣魄都沒有，那也不用學佛了。因此說「諸佛及己身，無有分別想」。

根據〈普賢行願品〉，我們供養十方諸佛，也就是供養我們自己。道理就是心佛眾生三無差別之故。

「雖知諸佛國，及與眾生空，而常修淨土，教化於群生。」大乘佛法主張心佛眾生三無差別，自體本空。雖然本來是空，可是起行時是修有，即空即有，即有即空，明白有是幻化的，不真實的。如果修淨土而著淨土之相，則非究竟，因為佛土也空。因為眾生沒有證入自性空相，所以用「有」法來教育眾生。這就是《維摩詰經》所說的大乘佛法的最高境界，不分出世與入世。

「諸有眾生類，形聲及威儀，無畏力菩薩，一時能盡現。」這句偈子對我們的見地很重要。修行的成就是證到即空即有，妙有真空的境界。用唯識的道理來講，是證到緣起性空，性空緣起。一切眾生的形體、聲音、姿態（行、住、坐、臥是四大威儀）各個不同，現象差別很大。但是一切眾生自性的本體卻是一體的，沒有兩樣。這個「一切」的也是假名，因為在言語上不能不這麼說，可不要真當成有具象的東西。譬如同樣是電流，通過了電燈、電視、擴音器，所表現出來的相不同。這也只是比方，我們的自性畢竟不是電。

儘管眾生各類千奇百怪不同，無畏力菩薩可以在一時之間，使他們完全呈現出來。這位菩薩的神力如此之大，但是我們都沒看過他的塑像，對不對？這要了解，佛經上菩薩的名號，代表的是他的功能，學大乘佛法的人，不應在佛菩薩名稱上著相。例如過去有些人的名字中有土、水、火等字，就很可能是因為要彌補五行欠缺的緣故。現在比較少人這麼做了，但是又流行什麼姓名學。也有人非常信風水的，像我就不來這一套，專找所謂不好的地方去住。道理是，在德不在命，在心不在行。所以這些術數之類，你說看起來好像有關係，真有關係嗎？也不一定。懂了道理就能安之若素。

說到菩薩的名號，無畏力菩薩是哪一位？我看就是諸位，大家犯戒時好像什麼都不忌畏。有人找你幫忙出點錢，就要好好算算，怕自己不夠用，這時就成了有畏力了。有畏就有所顧慮，有所計較，有所打算，這就是凡夫。真修到無畏，就是大解脫。所以無畏力菩薩是等同虛空，在空的自性中，才可以億萬類眾生同時呈現。了解這個道理，你們年輕同學學禪定，想神通，不用來問我，我不會告訴你，我也沒神通。你本來很通嘛，會自己搭車子到這裡來聽課，吃東西下去也沒有大便祕結，為什麼還要去學鬼道？要學，可以啊！通從定發，先求定。哪一種定才發得了大通呢？見了自性真空，明心見性了，自然就是通。

我們雖然還沒有到達這境界，但是依佛所教，信受奉行，依此發願，久而久之，功德成就，自然可以到達。

「覺知眾魔事，而示隨其行，以善方便智，隨意皆能現。」修大乘佛道的菩薩不怕魔，也不怕邪，因為自己精通邪魔外道。如果僅通佛事，而不通魔事，就不叫作佛。僅知有善念，不知有惡念也不叫作佛。就像有人只有在白天看得見東西，到了晚上就看不見東西，那不是健康的人。有成就的人常在一片光明中，不論什麼邪魔外道，光明一照，全都變成了佛道。所以說：「正人用邪法，邪法亦是正。邪人用正法，正法亦是邪。」又譬如一把刀，醫生用來動手術救人，也可以被用來傷人。刀的本身沒有善惡之別，差別在用的動機。

諸佛菩薩要度一切眾生，善人惡人都要度。因為要度惡人，甚至會示現魔行，這就是四攝法，用現代話來說，是教育的方法手段。攝是攝受，就是包容。再重覆提一次，四攝是布施、愛語、利行、同事。講到愛語，我小時候讀的課外讀物《增廣昔時賢文》，你們應該去讀，其中有一句：「逢人且說三分話，未可全拋一片心。」這句話可以作兩種解釋，一種是：碰到人總要打個招呼嘛，不要理都不理，這是愛語的表現。另外一種解釋，是自己人生經驗豐富了以後才知道的，也要謝謝當時的先生們不願意講穿。說句笑話，這兩句話給情報工作的人來用卻很好。講到利行，就是凡有利於他人的事就去做。同事就是別人喜歡做的事，就一同去做，用這個方式引領別人，走上正途。

常見有人一定要勉強他人做事，例如找人一起去廟子燒香拜佛，別人不去就說人家業障重。換了我在年輕的時候，恐怕會揍你，怎麼可以這樣說人？傷自己口德，況且是不是業障還難講。行菩薩道不應這麼做，比方你找人去聽《維摩詰經》，人家想打麻將三缺一。好！我就犧牲，陪你打牌，但是你要下個禮拜陪我去聽經。這四攝法要做到真難，我就做不到，所以我沒資格作佛教徒。有時真是累極了要休息，偏有人要來談話，如果說對不起沒時間，那犯了戒了。能忍著疲乏，陪他坐下來談，即使他不是真有需要，滿口空話，也耐心聽了，這才是菩薩行。這真難了，雖然做不到，然而心嚮往之。

這四攝法是一種誘導教育，像是在哄眾生。所以說「覺知眾魔事，而示隨其行」，了解這道理就會明白，真正修行不在山林中廟堂上，要在魔境中修。明代人瞿式耜詩中有句名言，我在自己詩中也借用過，注明是借句的：「欲堅道力憑魔力」，經過一次魔障，道力更堅強。我寫的下一句是「始信逃名是重名」，後來才相信原來不想名，反而變得更出名，逃名反成了求名，結果更糟，天下事有時真是逃避不了的。名和利本是魔境界，什麼是魔？沒有那種什麼三頭六臂的魔，如果真有的話，我還會覺得挺稀奇，一點不可怕。任何一點事使你沉醉，使你著迷的，都是魔。譬如我愛讀書，即使坐在書城中，也會發愁沒有新書可讀，以修道境界來講，這不也是魔嗎？

大菩薩魔佛不分，不怕魔，因為得了智慧的解脫，「以善方便智，隨意皆能現」，他可以隨意成佛或成魔。其實我們也做得到，例如我們都做過人家兒女，這裡也有很多人是為人父母的。當父母的有哪一個不愛兒女？愛的時候就是佛。有時嚴厲督促兒女向上，就成了兒女之魔。同樣地，菩薩有時會成為眾生之魔。魔道是逆的教法，教育不一定要用善教的。等於有人講蘇東坡「嬉笑怒罵皆成文章」。因為諸佛菩薩得了方便波羅蜜成就，所以能成佛，也能成魔。

「或示老病死，成就諸群生，了知如幻化，通達無有礙。」講到魔，眾生有四個大魔：生魔、老魔、病魔、死魔，尤其是老病死。很多老朋友吹牛，說自己看得開，什麼也不信，什麼也不怕，但是一講起他們的身體，血壓高了，老花眼了，還是會難過的，這就是魔。學佛修道是為了生老病死之苦，古今以來有誰了了？假如可以了老病死的話，人類早把地球佔滿了。只有成道的大阿羅漢，才可以了生死之魔，只有了了生死，什麼老病就都談不上了。

平常人一切生活上的努力，都是為了怕這魔境界，想逃避它、防止它而努力，可是誰也沒做到。我常跟醫生朋友們說，你們不論是中醫還是西醫，反正沒有一樣醫藥可以把人醫好的。《增廣昔時賢文》說：「藥能醫假病，酒不解真愁。」其實只有一種病是真的，就是死病。要死的時候，不管什麼藥都醫不好。

了了老病死的大阿羅漢住在哪裡呢？住在常寂光土，不一定住在西方極樂世界。

菩薩在哪裡呢？不一定在大殿上廟子裡，但你不要聽成廟子裡沒有菩薩，你們諸位都是菩薩，而且現在菩薩最多的在殯儀館，為什麼？他們親身示範，凡是人都有老死。有的菩薩故意顯示老的可怕，我們有些老朋友九十多歲了，過去地位高，鈔票多，現在老病無依，送進養老院還要嫌環境不好，真是痛苦。

最近有位老前輩道友過世了，給其他道友很大的刺激，心想，唉呀，某人都走了，我們趕快用功吧！這就是示老病死，成就眾生。

但是，菩薩雖然示老病死，仍然「了知如幻化，通達無有礙」，他非常清楚生老病死都是如夢如幻，不真實的。所謂生滅世間，一切皆如夢幻空花，他早已了生死，一切通達，沒有障礙，只不過在現象上表現生死，是一種教化的方法。

「或現劫盡燒，天地皆洞然，眾人有常想，照令知無常。」上面講的菩薩道境界，還是以人乘為本的。現在開始說明心物一元，精神世界與物理世界是一體的。學佛明心見性，悟到自己的本來，是法身的成就。我們現在的肉體，有形象的是報身。山河大地物質世界，也不是與我們相對而立的，是報身的依報，所依附的。研究哲學的人講心物一元，大體是講報身與依報之間的事，再進一步才談到法身本體。至於萬有一切，包括所有眾生，都是同一法身的化身。成佛的人，法報化三身一定都成就的。這就是法、報、化三身的大道理，是佛學的基本觀念。同時告訴你們，有同學發心要建叢林大廟，叢林大廟大殿之上所供的，同樣的佛像有三尊，為什麼？那是代表法報化三身。又例如廟子的大門稱山門，也有寫為三門的，意義不同，代表的是戒定慧。要成就三身，得先從戒定慧修起。想起過去見過的大叢林，有的真大，整個山頭都是，每天負責關門的，要騎馬一路關各殿山門，下午五點就騎馬出去關山門，回來時天都黑了。大叢林殿上供什麼佛像，供什麼位置，都是有道理的。像杭州靈隱寺，大殿上有三尊佛，轉到三尊佛的後面，就是觀音菩薩，唯有成佛了，才能真起大慈大悲，於苦海中救度眾生。用建築和佛像的布置，把佛法的道理都說明完了，不止只是建築的藝術而已。

現在我們再回頭看這句偈子。「或現劫盡燒，天地皆洞然」，物理世界是靠不住的，我們現在知道，這個地球也是會毀滅的，如同我們的肉體經歷生老病死，物理世界要經歷成、住、壞、空。世界性小災難是小劫，大災難是大劫，那時地球就毀滅了。劫又分水、火、風，這同我們的修持也有關係。例如有同學覺得身上發熱，這不一定是病，有可能是本身火的功能發動，但你要有智慧，能分得清，不要生病發燒時，卻自以為是工夫境界，那樣工夫就倒了。

菩薩境界有時示現大劫來臨，地球都燒盡了，天地都在大火中。這個時候眾生痛苦悲嚎，有如落下了無數個原子彈。「眾人有常想」，眾生都希望這肉身長存，天地常在，要依報莊嚴，億萬年不變。實際上不可能的，一切是無常。此時菩薩用智慧光明照向眾生，幫助他們知道無常，「照令知無常」。水火這些都是生滅法，是現象，水火從哪裡來？知道了就找到了本體。

「無數億眾生，俱來請菩薩，一時到其舍，化令向佛道。」假定這世界乃至他方世界所有的眾生，都來請這位菩薩，這位菩薩就同一時間在每一個人的面前出現，教化他，使他心向佛道。這本事之大，能同時化身做不同的事情，多好！這不是不可能，縱然有人可能做到，還不能算是智慧成就的神通，不是真佛法境界，只是幻化。真神通是本性功能自然如此，我們每個人的前面都有一位菩薩，隨時在那裡，沒有離開過。在哪裡？在自己心中，心即是佛。了解心佛一體，就知道這經文並沒有扯謊。我們用空氣作例子，把經文改成：「無數億眾生，俱來請空氣，一時到其內，化令向佛道」，那你就懂了。大家鼻子一吸，空氣就來了，全體同時呼吸，各不妨礙。用光明做比方也可以，都是自性本體功能之所生。所以「無數億眾生，俱來請菩薩，一時到其舍，化令向佛道」，佛菩薩豈止來到眾生面前，更進入所有眾生心中，我們一念之間，自己都念念見到佛。佛在哪裡見？不用跑到山上去，就在自心之內。

大乘菩薩如何饒益眾生

「經書禁咒術，工巧諸技藝，盡現行此事，饒益諸群生。」本院同學可能常埋怨，我安排那麼多功課，什麼都要大家學，要學醫，乃至命相，當然還要打坐……怎麼有時間修行呢？我說這就是修行啊，是大乘菩薩道，樣樣都要學。「經書」不止是佛經，包括世間一切學問。「禁咒術」，包括內外道一切咒語。像道家的畫符，要用枝新的毛筆，要有朱砂，早上起來向著東方，吸幾口大氣，一口噴在筆上，沾上朱砂，然後屏著氣一筆把符畫完。道家說，不會畫符，為鬼所笑。有時候同學非要我幫著畫個符不可，但又不好意思要我那麼慎重其事，我為了省事就用鋼筆，甚至用原子筆畫了。我畫什麼？就寫個「南」字，請大家不要鬧下去了。

禁咒、禁術在密宗、道家叫作禁制，有工夫道力的人，把不好的事封鎖住，制伏它。在大陸上有人要傳我一個法，有人身上生瘡，他一口氣唸一串咒子，用手隔空在病人瘡上一抓，再往門上或樹上一抹，那裡就流出血來，生瘡的地方就好了。你說他是魔術也好，幻術也好，那個病人真好了。他還能治骨折，不過要斬一隻雞，用雞的骨頭，在骨折地方敷些泥巴上去，兩邊用竹子一夾，唸個咒，不出半日，病人就可以走路了。這一套就是禁制。這人一定要我跟他學，叫我撥一百天出來練，我哪有時間花一百天學這個？他還把一本祕笈硬塞在我口袋裡，叫我讀，可惜這本祕笈也不知道塞到哪個角落去了。

我看你們有人動念了，想到我那兒去找出來學。不用了，你們學不會的，因為你們同我一樣，都太聰明了。那種咒是什麼「東方來個紅孩兒，頭戴紅纓帽，身穿大紅袍……」之類的，我們不會信的。但是以一個沒讀過書的愚夫愚婦，用起來就是靈。這其中就有個道理了，究竟是符靈還是咒子靈？都不是，是心靈！是精神的力量，信了就生力量。我們這個頭腦不信，讀起來總有一絲懷疑，就沒有用了。所以文明愈進步，這套東西愈沒落。其實你們要學佛成道簡單之至，我傳你個祕訣，保證有用，要學嗎？傳給你們真可惜了，就是學「笨」！最老實的，說信就信了，大丈夫嘛！這就成功了。所以《華嚴經》告訴我們「信為道元功德母」，諸佛菩薩一切法門只有一個字，唯「信」能入，你一信就進去了。所以一切宗教都強調這一點，信就得救，錯不了。有的同學一邊學著修，還跑來問我這法門對他靈不靈？一開口問這句話，就該打三百板，他已經沒信心了，何必問呢？何必修呢？都是妄作聰明。

其實不只是學佛，世界上一切事情也是如此，你看成功的企業家，他就是信，一頭栽下去就做下去了。可是我們這些聰明人做不到，所以不會成功。

「工巧諸技藝」，這包括的就多了，化學、物理、電腦、水電、木工……你什麼都要學，一切學問都要會。「盡現行此事」，每一樣東西學到了家都可以入道。學菩薩道的人，為什麼要學那麼多學問技藝？為了要「饒益諸群生」，不是為自己，是為了幫助別人，解決人家的困難。這也是大乘與小乘的分別所在。在座受過比丘、比丘尼戒的就知道，什麼看相算命、術數等，在小乘戒律都禁止的。到了大乘戒律，這些不但不犯戒，還是功德。有衝突嗎？沒有的，大乘道是大人之用心也。真是大人，就是前面講過的：「正人用邪法，邪法亦是正。邪人用正法，正法亦是邪。」小乘的戒律是防止性的、消極性的，要避免為惡。大乘菩薩道則不然，縱然是魔事都敢做，這要多大的氣魄、多大的願力、多大的能力！因此，大人者能成其大事，若是小人，做些小事就好了，不要好高鶩遠。

所以我要你們同學去學醫，救人最方便，能為人解除痛苦，起碼總該會針灸，萬一將來到了貧苦地區，既沒有好的醫療設施，病人也沒錢買藥，你隨身帶著一包針，能幫人減輕些痛苦，不是功德無量嗎？但有的同學今天發心學醫，明天學相術，後天又學個什麼，最後只學會了睡覺，做的都是空事。以大乘來講，就是犯戒了，發心不真實，是兒戲，自欺欺人，小心得不好的果報。

「世間眾道法，悉於中出家，因以解人惑，而不墮邪見。」這更難了，要到各宗教團體去出家，現在世界五大宗教起碼都要入門。真正佛教從來不排斥其他宗教，還包容所有宗教。目前世界上有上百種宗教，有的很邪的。但是就算是邪，也是道，也是路，雖然一時走歪，還可以走回正路。旁門也是門，左道也是道，不過是可憐走迂迴了。主要的五大教都是使人為善，教人做好事的，至於最高的道理對不對，那個我們不談。《維摩詰經》這裡講大乘菩薩就有這個氣魄，即使是邪教也加入他們，為什麼？就在他們當中教化，引導他們走上正途。但是你自己要能夠不被外道迷住而墮落，才做得到。

「或作日月天，梵王世界主，或時作地水，或復作風火。劫中有疾疫，現作諸藥草，若有服之者，除病消眾毒。」上面講過心物一元，菩薩在哪裡？你們吃素的小心，那青菜就是菩薩的肉，是真的，心物一元，你不要以為自己沒有殺生。你吃的魚、肉，盡是菩薩的肉，不過你不知者無過，他正是要你吃，吃了他幫你入正道。所以大乘菩薩道的人，有時候現身作太陽、作月亮、作天人。有時候成為色界天大自在天主，一身白衣，也就是基督教所講的天主。有時候轉生作世間的帝王，所以《華嚴經》說大魔王與治世帝王、太平盛世的帝王，都是十地以上的菩薩投胎轉生的。善王好做，魔王難當，沒有那個功德和氣魄，談何容易！

或者有時候化成大地，化成水、風、火，變成了物質。我們人活在世上，這四樣一個不能少的。甚至於到劫數來了，各種怪病就多。這話我說過無數次，十九世紀威脅人類的是肺病，二十世紀是癌症，二十一世紀是精神病，現在已經開始見到很多精神病人。等科學更發達了，又會有什麼怪病，還不知道。佛說等到這個世界快要毀滅的末劫時代，連草木都可以殺人。現在農作物的農藥灑多了，我們吃的果菜都可能會慢慢殺人的。這個時候菩薩化身來了，就現身化作草藥，你服下去，病就好了。看了這經典，真令人感嘆，菩薩這樣的行為，我們怎麼做得到，他心願多大啊！

「劫中有饑饉，現身作飲食，先救彼飢渴，卻以法語人。」到了有饑荒之劫的時候，菩薩化身變成飲食，供養一切眾生，先解決飢渴的問題，再以佛法教化眾生。

「劫中有刀兵，為之起慈悲，化彼諸眾生，令住無諍地。」到了有戰爭的劫難，菩薩就起慈悲，化身來消弭戰爭。常有人問我，現在世間這麼亂，諸佛菩薩和上帝怎麼不來？我就說，諸佛菩薩和上帝被關起來了，被誰關起來了？大勢至菩薩。這是定業的問題，明代的蒼雪大師說過，「佛也此時難救世」，佛到了某個時候，也無力救這個世界，因為世界的眾生一定要受劫難果報。諸佛菩薩和上帝也束手無策，要這個劫難轉過來就好。但是，不要說世界歷史，中國歷史中好幾次在劫難中，有好幾位高僧像鄧隱峰和尚，在兵馬交鋒的時候，他在雙方頭上飛錫而過，下面的人看了都跪下來，受感化而自動退兵。

「若有大戰陣，立之以等力，菩薩現威勢，降伏使和安。」碰上有大的戰爭，菩薩就現出無比巨大的金剛之身，站在敵對兩邊的中間，可以降伏雙方，帶來和平。你說真有這境界嗎？很難說的。

「一切國土中，諸有地獄處，輒往到於彼，勉濟其苦惱。」文字很容易懂，就不用翻譯了。這等於是〈普賢行願品〉的願力，是學大乘菩薩道都應該有的願力，不只限於地藏王菩薩。一切學大乘的人，都要發願到最苦難的地方去度眾生。我認為這已經變成學佛的人的口頭禪了，實際行為卻是逃避苦難，專挑清靜的地方去，只住沒人打擾的地方。完全違反了大乘的原則。另外，我覺得學佛的入，也把發願兩個字變成了口頭禪，好像嘴中講過要發什麼願，就有交代了。這種願都是空發的。讀了《維摩詰經》這一句偈，要起慚愧的心了。

再說，經典中所描述的地獄，還不算太可怕，其實人世間到處有地獄，比經典中的地獄還要可怕！你看人間一切的苦難，都是果報。例如，你去到醫院，不用去手術室，即使在頭等病房中，就算地位再高、財產再多的人，還是要受果報的。再看自己本身生老病死的遭遇，都是像地獄般的痛苦。學大乘菩薩道的人，對苦難中的眾生，能夠有一分力量幫助別人，就應該去做。我們看學道的朋友們，遇到有人需要幫忙時就逃避，甚至會非常狠心地說，那是假的，不要理。這種心理和行為，可能比不學道的人還要糟，真應該深深反省。

「一切國土中，畜生相食噉，皆現生於彼，為之作利益。」釋迦牟尼佛講過他以身飼虎的本事（也有經典翻成本生），他在多劫以前修行時，看見老虎餓了，就捨身餵虎。在經典之外，真有人做這種事的。我在峨嵋山認識一個人，他原來是位郵政局長，忽然出家了，出家後沒有受戒，也不去山上的大廟，他找了個非常小的廟中的出家人當師父，每日打坐念佛。那個廟子環境很差，到了晚上蚊子多得不得了，他卻只穿條短褲打坐，對蚊子布施。我起初覺得反感，他當年還是交通大學畢業，地位也不錯，怎麼思想還是這樣落伍？養蚊子幹什麼？不是在培養害蟲嗎？去見他時真快認不出人了，一臉的紅點。我就消遣他說，老兄餵蚊子之樂，樂乎？他笑笑，唸句阿彌陀佛，不回答。我們好多人在場都問他、勸他，他始終一句阿彌陀佛。最後我說，算了，人各有志，只是不曉得蚊子覺得我們這位朋友的肉是酸是甜。他仍然是阿彌陀佛。我們從小廟辭出時，內心非常感嘆，他畢竟不是個普通的迷信的人，當年大學畢業生的文化程度很高的，與你們現在的大學生不一樣。他地位也可以，又不是盲目出家。過了三個月傳來消息，他進了醫院了。原來他被蚊子咬得發病了，情況很嚴重，卻不肯走，被幾個朋友硬是架到醫院去的。在醫院中他還說很懷念蚊子，他不在廟子中，不知道蚊子會不會餓死。這不是笑話，是我親自看到的真人真事，講到這個偈子想到他。至於他的行為對不對，我不願意批評，但是他的願力是真的，值得向他頂禮膜拜。而且據我所知，他被蚊子咬時會對蚊子說，阿彌陀佛，你們吃了我的血，快快超生吧，將來不要再變蚊子了。這結的善因緣和造的功德，真不知有多大。假如今天不是因為講到《維摩詰經》這一句偈子，這件幾十年前的事情我早忘了。我講出來可不是鼓勵你們去餵蚊子，這要特別交代清楚。

唸到這一句偈子，講到畜生為了維持自己的生存而去吃別的生命，我們要自己反省，人類也是一樣的，我們統統吃，尤其吃畜生。人的行為不見得比畜生可愛，這又想到這裡山中十八羅漢洞的那位法師，他洞外的懸崖下有一條大蟒蛇，常與法師為伍。法師說起第一次遇到這蛇之時，心中初時很怕，本想逃跑，後來一想，如果蛇要傷他要吃他，就布施蛇吧，這麼一念就不怕了，就坐著不動。大蛇在他身上遊動卻沒傷害他。以後法師打坐時，也會在法師身上爬過，相安無事。我聽了就對法師說，還好你當時沒動，否則搞不好蛇反而會咬你。再者，你當時的心念平和，如果動了殺機的話，動物本能就會感應到，對方的殺念就會起來的。

所以人類是有獸性，畜生道就在人身上，不要把自己看得太高，有時起心動念連畜生都不如。吃葷的朋友要注意，你的所為不就是畜生相食嗎？算不定吃到菩薩肉了，你覺得好吃，這些帳都會記下來的。所以菩薩道之難行，有時候真是不敢看經典，我們哪裡能算學佛？就算剛才講的那位法師，如果蟒蛇來舔你，你定得了嗎？

「示受於五欲，亦復現行禪，令魔心憒亂，不能得其便。」在家人學佛是在五欲境界中修行，維摩居士比喻是在火中生蓮。火裡不會長蓮花，蓮花是生在水中的，這是代表修持工夫，密宗就有火中生蓮的特殊修法。世上五欲都是火，尤其是人欲的笑視交抱觸（小五欲），代表男女之欲，更是火。宋代的名儒朱熹，他對後代的文化影響非常大，宋元明的讀書人，一定要根據他的注釋作文章，否則考不上功名。但是我對朱熹的評價是正反面各一半，在我的《論語別裁》中，好多地方反對他的注解，雖然不好意思痛罵。他對中國文化究竟是功還是過，是個問題，他個人的品德當然很好，這我是佩服的。他當年有個年長的朋友下放到嶺南，多年之後得到平反回來，卻娶了個年輕女子，朱熹很不以為然，寫了首詩送給朋友：

十年浮海一身輕　乍睹梨渦倍有情
世上無如人欲險　幾人到此誤平生

這首詩我們在前面也引用過，要注意的是後面兩句，「欲」這一關難過啊！

欲不單是男女之欲而已，譬如色欲和情欲就不同，色欲是看到異性受吸引，但是這個色，什麼才是漂亮是沒有標準的。情欲比色欲嚴重，情欲不是被色引起，是由感情引起的。色欲難了，但相對還比較容易了，修持工夫夠了，就可以了色欲，可是情欲是更難了。

我們生命在欲界中，在欲界中修行，就是在五欲中修。五欲就是火坑，在火坑中修行談何容易！「幾人到此誤平生」，不止男女之欲，各種引誘你起煩惱、起貪瞋癡的，沒有哪一樣不是欲。即使修道人貪圖山林清靜環境修道，也是欲，因為離開清靜就不行了。欲讓你貪著清靜，到了執迷，非這個不可，已經是癡了，到了鬧市就起了厭惡之心，又犯了瞋了。

但是如果五欲當中都不敢去，五欲的關都過不去，你修什麼大乘佛法？維摩居士講，大乘菩薩要「示受於五欲」，他自己是現居士身，與五欲接觸，「亦復現行禪」，可是在五欲中也示現給世人看，他還能在其中修行得定。五欲中到處是魔境界，大乘菩薩在五欲中修行，不但沒有被魔住，反而磨到了魔，「令魔心憒亂」。魔的心都亂了，「不能得其便」，起不了魔障。

這裡問題來了，魔還會心亂嗎？魔的心理本來是亂的，所以擾亂別人也擾亂自己。給人家煩惱痛苦，也給自己煩惱痛苦的就是魔。但是行菩薩道的人卻可以成為魔之魔，能作魔之魔的，就是佛。所以這裡沒有明確的講，就是魔佛一體。禪宗祖師常批評弟子只能成佛，不能成魔。所以只能作二乘道的善知識，不足以做大乘道的善知識。大乘菩薩是既能成佛又能成魔，魔佛道中都是他的蓮花世界，這才是菩提道的正果。

了解這個道理，就曉得真正大乘道是要在五濁世界、五欲中去修，面對現實地去修。而且面對現實連跳出來都不用，如果還要跳，就已經不是大乘菩薩了，大乘菩薩就坐在五欲當中，把它變成淨土。

「火中生蓮華，是可謂希有，在欲而行禪，希有亦如是。」這是跟著上面的一句，讚歎大乘菩薩在五欲中修行成就。我們可以肯定地說，真正大乘菩薩，如不在五欲中修，絕對不會成就的。這其中的道理，須要專題研究，我們在此就不再發揮了。你們有些人，或者馬上會想到密宗的雙身修法，那還不是這個，雙身修法只是低層欲界中的修法。還有高層欲界的修法，修到欲念能夠化，化不是離，化出來了才是火中生蓮華，這是《維摩詰經》的比方。

這幾年受西藏密教流行的影響，有些同學修習密宗，就跑來問我關於拙火的事。拙火是由瑜珈翻譯來的，拙就是笨，拙火就是笨火。那是不是還有個靈火？不是的，我們生命本身有一股力量，拙火是在我們這個肉身報體上的力量，它一輩子沒有發動，人死了就沒有了，所以說它笨拙。瑜珈有時畫一條靈蛇，潛伏盤據在我們身體的海底輪，沒有經過修持，這靈蛇永遠不發動。瑜珈術形容它是條蛇，不是真有條蛇在身上，所以也有翻譯成靈能，這比較進步。靈能一發動，非得定不可。你們學密宗的想打開身上三脈七輪，靈能不發動是打不開的。學禪的人開悟的話，心輪就開了。心輪有八條粗脈，細的不算，所以說心輪是八葉蓮花。悟道了就意解心開，或說是脈解心開。悟道了一定靈能發動，中脈通了。又一種翻譯叫靈力，那更好。一邊翻成拙，另一邊翻成靈，只是譯法不同，因為密宗流行，就把大家搞糊塗了。但是我講的這種密宗還不是黃教、紅教、花教，所謂噶舉派、甯瑪派這些。

那麼這拙火、靈力、靈能，在我們的修持上也有嗎？絕對有的。那麼密宗不同於顯教嗎？絕對相同，否則不叫佛法了。那拙火在顯教叫什麼？就是四加行的煖，得煖。修密宗的認為拙火發動了，丹田之下海底之上，就應該發燙了吧？很多人來到我這裡，態度傲慢，說自己拙火已發動了，我只笑笑說好。這個好不是讚許，是我不下論斷的回答方式。後來有位委員身分的多年老友，告訴我他修習密宗，拙火發了，下腹暖暖的，頗為自得。因為他是老友，我只好直說，這是病，不是真拙火，要他最好去醫院檢查一下。他一聽大為光火，但是最後果然病發，全身發熱，醫生均檢查不出病因，只好來問我究竟是什麼病，我說是骨蒸。他怕熱，到了最冷天的時候，連一條薄的被單也蓋不住，換了別人，那一定吹牛工夫有多好了。

真正的拙火發動得煖是什麼呢？就是三昧真火。什麼是真火？這就要教理通達才行。《楞嚴經》告訴過你：「性火真空，性空真火。清淨本然，周徧法界。隨眾生心，應所知量……起徧世間，寧有方所。」它沒有固定的位置，你一定說它在丹田之下就完了。等於常有人來問我氣脈的事，我不勝其煩，身體好像是個皮袋，裡面都通的，外表有九個孔。你吸口氣下去，能說這口氣停在皮袋的中間嗎？你給橡皮球打氣，能控制氣只停在皮球中心嗎？能做得到嗎？氣進去了是周徧的，如果你感到丹田那邊聚成一塊，對不起，很可能有腸癌，三昧真火也是如此，火也只是形容辭。你愈是念頭空了，三昧真火愈發得起來。發起來如何呢？寒暑不侵，冷了不怕，熱了也不怕。這是真的，是生命的本能，這是三昧火。

真火就不同了，真火發起來有沒有發熱的火光呢？有，你定力夠了，到四禪八定成就了，到了那一天，與世界的因緣盡了，像經典寫的一些大阿羅漢，要走時一定，自己發起三昧真火把身體燒化掉。後世人何以做不到呢？這就要說到了大乘佛法興起後，大家不在四禪八定切實下工夫，所以三昧真火發不起來。

在教理上說四加行的「煖」，是把煩惱習氣轉化了，也通。但是按實際修持工夫來講，煖是三昧真火發起了。怕熱，發燒都不是的。我這是很誠懇地告訴諸位，但我是一介凡夫，只是把所知有限的道理，知無不言，言無不盡地貢獻出來。你平時單獨找我談這些，我實在沒有時間一一答覆這些閒話，今天講到火中生蓮，順便一提。

定力夠了，四大就能轉了，到那時靈明之中因緣熟了，要走了，念頭一動，性火真空，性空真火，在空性中一念起，四大的火大一加強，就走了，哪裡還需要送去火葬。

所以火中生蓮的境界確實是有的，要真做到了空，真空生妙有，四禪八定工夫到了才有。我很注重四禪八定，不要儘是參話頭，玩弄機鋒轉語，不管你走佛法什麼宗派，沒有禪定基礎，什麼也不用談。你到了這境界，豈止生蓮而已，觀想虛空法界都是蓮花。而且不止是意識的觀想，而是阿賴耶識的動念，那就變成事實了，真可以讓一切眾生都看到蓮花充滿虛空，那是風大的功能。你去學密宗，就是學死了也得不到密訣，我把密訣告訴你，是心風得自在，心息得自在者，一念觀想就成真實。你再問，怎麼樣能心風得自在？我只好說，等哪一天我怎麼怎麼了再告訴你吧，不要著急。你們有幾位學密宗的小青年，要特別注意我這幾句話，不要去盲目亂練了！

維摩居士說，「火中生蓮華，是可謂希有」，他說火中生蓮華是希有，而不是沒有。所以語帶雙關的說「在欲而行禪，希有亦如是」，在欲的境界裡修禪定，也是同樣地希有難得。

「或現作婬女，引諸好色者，先以欲鉤牽，後令入佛智。」大乘菩薩化身示現為婬女，就是在聲色場所中的女性，以男女之欲引導好色之人，慢慢引導他入佛道。我們看《維摩詰經》很先進，這樣提出來。《華嚴經》中也有，善財童子五十三參，其中一位菩薩，大善知識，就是婬女。這個道理也是延續火中生蓮華而來的，也就是觀世音菩薩〈普門品〉的大願，應以何身得度者，即現何身而為說法。這段偈子也可以說成「應以婬女身得度者，即現婬女身而為說法」，也補充了〈普門品〉之不足，因為〈普門品〉只說了三十二應身，其實還有百千億的無量應化。

讀了這個偈子就明白，大乘菩薩道有一個非常重要的原則，年輕的同學特別要注意，就是千萬不要輕視任何一個人，任何一個眾生。即使這個人現在或過去是婬女，也不要看不起她。所以大乘菩薩戒的第一條是「自讚毀他」，輕視人就犯了這條戒。我對同學們說過，真正的菩薩戒絕對禁傲慢，要絕對謙虛，因為謙虛到了極點，反而是無上的崇高。不輕視任何眾生，這是何等的謙虛啊！這也就是菩薩道。不要因為學了佛法，就看這個行為不對，那個行為不合佛法，都看不慣，這就犯了根本戒，是沒有資格學佛的。

我們看到別人做了世俗中認為是低下的工作，你怎麼知道不是菩薩在火中生蓮華，在度人？你輕視他，你就造了惡業。如果他不是，那更值得我們同情他的墮落，就更不應該輕視他。

前面這三個偈子是相連貫的。接下來的又是一轉。

大乘菩薩的應化

「或為邑中主，或作商人導，國師及大臣，以祐利眾生。」這是講入世的，講大乘菩薩的各種應化身不同，隨處都是佛道。六祖說：「佛法在世間，不離世間覺。離世覓菩提，恰如求兔角。」在家世間法中，處處有菩薩境界的人，處處有菩薩修行的人，這同三十二應身是一樣道理。「邑中主」是都邑地區的領導人，「商人導」，拿現在話說是資本家、企業家、或者是經濟學者。「國師」是帝王之師，「大臣」是高級幹部。所以菩薩到處都有，各行各業中都有。

「諸有貧窮者，現作無盡藏，因以勸導之，令發菩提心。」前面四句偈子講權位，這四句講財勢。大菩薩是要發財的，你們同學最好多發財，最好是像明朝大財主沈萬三那麼有錢，連開國皇帝朱元璋都會妒忌，說他富可敵國，不過他終究被朱元璋沒收了財產，下放到雲南了。講到這裡，想起四十年前，我和我的袁老師意見不同就在這裡。我老師認為，弘揚佛法還是要走傳統的路子，要帝王、王者、大臣、居士發心，才可以振興。我說時代不同了，今後文化和佛法的弘揚，要建立在平民基礎上，推動的力量，不能也不是靠帝王或國家領導的權位，而是靠資本家的錢財。幾十年下來，看起來好像還是我的意見對了。

然後我還跟我老師提出另一個相反看法，在今後的社會，弘揚佛法不那麼簡單了，要真行菩薩道，就得一手拿佛經，另一手抓隻老鼠。為什麼抓老鼠？密宗的財神手中都抓著老鼠。要一手布施錢財，一手布施佛法，就是財、法二施，等無差別，才能弘揚得開。後世的年輕人學佛，是要有錢供給他才來，要不然他來學你這個幹什麼？

資本主義和社會主義的發展，是兩個相等的力量，代表著未來眾生的兩個心理，他眼睛看著佛像，也看著後面的鈔票。是啊！我看阿彌陀佛頂上有點紅紅的，好像就是這東西。所以要財法二施才能行，這也意味著未來濁世眾生的業力之重，之可怕。這意見對不對，由諸位評斷吧。

維摩居士在這裡講，真要弘法度眾生，大菩薩有時現身成大富人，財法都平等布施，使貧窮的人受到幫助，勸導他們發菩提心。

「我心憍慢者，為現大力士，消伏諸貢高，令住無上道。」貢高在佛經上、祖師的語錄中常用。什麼叫貢高？貢是形容辭，同拱。貢高是自以為了不起。《老子》說「虛其心，實其腹。」人要做到虛心實腹，這有好幾層意思。依禪定工夫來說，虛心是沒有雜念，頭腦和心臟部位沒有雜念。實腹是禪定四禪境界的氣住脈停，道家所謂的三丹田充滿（頭腦是上丹田，心口是中丹田，小腹是下丹田）。另一個道理，思想空靈，只要飯吃得飽，沒別的要求，這是凡夫的世間法。與虛心實腹相反的，是禪宗祖師罵人的話「空腹高心」，說人氣往上提，思想不定，多心懷疑，搬弄是非，心氣浮在上面，三丹田空空的，定不住。

我慢，憍和慢是佛學名辭，佛經的原文是「憍」，後世用的「驕」是將錯就錯，憍是心憍，同馬沒有關係。憍是人眼睛往上望，目中無人。慢不同，是內心的傲慢，外表看不出來，儘管嘴上說人家好，內心覺得還是自己好。憍和慢兩種不同，表現於外在的，外形的氣勢態度是憍，而內在的是慢。讀書要注意，為什麼這裡不說眾生心憍慢，而說我心憍慢？鳩摩羅什法師的翻譯是一字不苟的，凡是憍慢的人一定是我見重，所以是我心憍慢。

如果有貢高我慢的人，菩薩要教化他，就現金剛大士之身，威攝憍慢的人，使他迴心無上道，這是逆化而不是順化的手段。這就想到中國歷史中有許多俠義之人，孔子沒有說他們，但司馬遷寫《史記》，特別為他們列傳，非常之推崇。俠客不是太保流氓，用刀子捅人，這不是俠客行為。因為天下有許多事情，道德解決不了，法律解決不了，阿彌陀佛沒得辦法，觀世音菩薩來也只好掉眼淚。只有俠客來了，格老子，我拳頭大，你這種做法我就拿下你的腦袋。好了，問題解決了。

「其有恐懼眾，居前而慰安，先施以無畏，後令發道心。」這也是俠義道，同前面兩個偈子連成一氣。布施有三種，財施，是外布施；法施，是內布施；無畏布施，沒有幾人做得到，就是這裡所說的無畏。你要做無畏布施，自己先要有大乘菩薩的氣派，有些同學聽到個鬼字，就嚇得比老鼠還不如，你怎麼布施無畏啊？

我們講這個長偈已經很久了，現在再重提一下，《維摩詰經》的中心是講大乘佛法不離世間，不論出世、入世，在家、出家，只有一乘道，沒有三乘，也沒有五乘。《法華經》講的也是這個道理，所謂的三乘或五乘的分法，都是方便的法門。《華嚴經》把這些道理說得更完備。這個偈子所講的是全套的佛法，如何不離世間修行，直到出世間的成就。現在繼續下去。

「或現離婬欲，為五通仙人，開導諸群生，令住戒忍慈。」一般人學佛學道，最有興趣的就是神通，因此很多人得了神經。還有的人搞成一臉烏氣，說自己看到了什麼，耳朵聽到了什麼，以為這就是神通，都不是的。但這些事有沒有靈呢？有時有的。小事非常靈，大事保證不準，因為非正神通也。神通的生起有修通、報通、依通、鬼通、妖通五種。因為修行做工夫，走戒定慧的路子而得的神通是修通。因為過去多生累劫的修行，這一生生來就帶來的神通是報通。

你們年輕人接觸的人不多，我有三句口號，是把古人的兩句加上一句：「讀萬卷書，行萬里路，交一萬個朋友。」做到了或許對人生能有些了解。因此我各種朋友很多，我的一生像是接待員，專門陪人談話，那很痛苦的，躲人也躲不開。有時煩起來溜到一個地方關門不見客，不到三個月，又是賓客盈門。譬如我剛來臺灣時，住在基隆的一間旅館中，晝夜不出房門一步，三個月下來，我房間的房門晝夜都是開的，訪客不斷。

我因為交友多了，看的人多。有位前輩的畫家朋友，他天生是鬼眼通，他不用翻什麼眼珠、瞇眼睛的怪相，隨時可以看見鬼。他說鬼有什麼稀奇？走在街上到處都是，有時還從我們的肚子穿過去。愈鬧熱的地方鬼愈多，冷靜的地方反而少。我們跟他去別人家中做客時，就先警告他不要亂看，他如果老朝著那邊看，那邊一定有東西。有時他還會講，這個穿著清朝的衣服，那個大概是這家人的祖先，還坐在客廳中。你說聽了能不讓人毛骨悚然？不過他有一個好處，那時躲日本人空襲，我們就跟著他躲，他看到哪邊無頭鬼多了，那邊就可能會落炸彈。只要跟著他跑就沒事。他雖不研究佛學，講鬼的情形和佛經上說的一樣。這就是報通。

另外有一位過去的朋友，他曾經是個軍閥，後來當過省主席、總司令，地位很高。他有一次悄悄告訴我，眼通是真有其事的，他自小就可以看見空中有很多人在走路，而且空中的人很少穿現代的服裝，腳下也不是踩著雲。但是他到了結婚那一天就看不見了，這就是問題，所以修通要由修行戒定慧而來，婬是破戒的。

鬼通是有靈鬼附在有鬼通的人的意識上，而他自己不知道，還自以為是得了道。這一類的人很多，我有一位老朋友，他什麼都會，聽到哪裡有人看相有神通的，他就去看。如果說的都對，他就心中念「唵嘛呢叭咪吽」，那人就即時不靈了，只好對他說，老先生，我不看你了。這就是鬼通。

妖在佛經上稱非人之類，無色無相。他附在人身上就是妖通，妖通比鬼通的力量大，但都靠不住，你不要信。

真神通是諸佛菩薩、大阿羅漢明心見性之後，不思而得，不勉而中，是大智慧的成就。

神通的種類有五種，是佛法與外道都有的共法。五通是天眼通、天耳通、他心通、宿命通、神足通，不論練任何工夫，得定了，或者會得一通，最高的可以得五通。通從定發，你不要認為打坐就是定，打坐是準備修定的基礎。有了天眼通之後，天耳通就跟著來了。天眼通和天耳通是一種，他心通和宿命通又是一種。有他心通的人，你心裡在想什麼他都知道，而且不止你一個人，好幾個人的念頭他都知道。再高層次的神通，連佛在說法都聽到，但是這並不代表他已經悟道了，這和悟道是兩回事。宿命通是前生的事都了解，知道自己這一世是什麼因果而成為這樣子的。

我朋友當中有宿命通的也有好幾位，有一位老前輩朋友生於清朝末年，文章學問都好，也寫得一筆歐體字。我們都只知道他前生是宋朝歐陽修，但是他說自己這一生的前生最差，是一條狗。不過只做了兩個月的狗，他就自己生氣，氣死了。他還說，變狗的時候看到大便都覺得是香的，挺誘惑的。

神足通是最難的，你們看的《密勒日巴尊者傳》，過去翻成《木訥記》，因為密勒日巴祖師就是木訥祖師，既翻了音，又形容他老實誠懇的樣子。密勒日巴最後修成了不是在空中飛嗎？這就是神足通。

佛法除了這五通還有一個第六通：漏盡通，這是不共法，外道可以修成五通仙人，但無法修到漏盡通，如果修到了，他就證得大阿羅漢果了。漏盡通是六根不漏，不來也不去，見思惑煩惱頓斷，一念不生，念念無生，是智慧的成就，就是悟道。

修五通的第一要求是離欲，所以比丘、比丘尼戒第一條要戒婬。廣義的欲包括一切的貪瞋癡，狹義的欲只兩樣東西：飲食、男女。孔子也說：「飲食男女，人之大欲存焉」。欲界眾生的生命就這麼來的。告子也說：「食色性也」。要想得定，必須從生命起頭的飲食男女而來，如何能在欲中離欲？這就是前面所講的，如「火中生蓮」，是很難的。因此在家修行就特別難，要加好幾倍的功力才行。

真想修到五神通，除了要修到戒定現前，還要修到慈。守戒很嚴，如果沒有慈心配合，還不是戒。為什麼？戒律講求規規矩矩，持戒的人，看人家不嚴謹，往往就會動瞋念。講道德的人往往瞋心重，把善惡是非分得很清楚，其實是大瞋心。你說那不要分別善惡是非好了，那又成了大糊塗蛋、大癡人。所以得定必須持戒，而持戒必須配上慈忍，定力成就才能證得五通。這還沒有證得菩提，因為神通不是道。所以菩薩戒不准表現神通。除非他馬上要走了，那可以玩一下神通，給世界上的人見識一下，證明佛法是真的。為什麼不准現神通呢？因為會把眾生搞迷糊了，以為神通是道。神通最容易迷人，等於我們迷上了鈔票，以為鈔票就是財富。金錢只是財富的一種工具，真正的富有並不在錢多。

所以，有了五神通，是非善惡太清楚而沒有慈忍，不能容眾，就會成為阿修羅，天人都做不成。阿修羅就是瞋心重，就是魔。男的阿修羅瞋心重，女的阿修羅癡念重，情癡得要死。不過也不要看不起阿修羅，阿修羅還是很有福報的，他和天人一個是仁慈和藹，一個是瞋心癡念重。天、阿修羅、人還算是上三道，佛教有許多護法的大神，都是阿修羅，他也不是一天到晚發脾氣，有時是很有善心的。你得罪他，他就發脾氣了。可是菩薩不同，不論你對他如何，他始終都是好好對你。

所以維摩居士教化人，不是只用一種方式，是看人的根器而定。對於想成為五通仙人的，他就現離婬欲相，以此開導眾生，使他立於戒、忍、慈。忍辱不是說忍受侮辱，你不要曲解，我們在前面也說過了。你買了獎券不中獎，後悔白花了錢，就是不能忍辱。一切不如意就是辱。修定時起了妄念，能切斷它就是忍。中國老話說「慧劍斬情絲」、「提得起，放得下」都是忍辱。

這一句偈子透露了一個消息，你想修神通的話，就要修戒、忍、慈，能離婬欲得五神通正定，就成為仙道。仙道不容易的，修成了要去哪裡，心念一動就去了。

「見須供事者，現為作僮僕，既悅可其意，乃發以道心。」幫忙別人就是供養。只供養佛菩薩，而不供養眾生，也犯了戒，犯了拍馬屁戒。學佛有這種心理就不對了。所以，看到有人需要幫忙，就現身做僮僕去幫忙。別人自然高興，也可勸他學佛，是教育誘導的方法之一。我經常鼓勵青年朋友去教書，真教育家要犧牲自己，是很痛苦的，與職業教書匠不一樣。我難道不想在家睡覺，為什麼到這裡來和你們賣弄嘴皮子？就是因為這是個責任，不是針對任何一個人的責任，只要是應該做的，再累都要做。

「隨彼之所須，得入於佛道，以善方便力，皆能給足之。」行菩薩道的人，不論出家、在家，出世、入世都一樣，看他的需要，引導他進入佛道。做好事也需要智慧，布施、持戒、忍辱、精進、禪定都要靠般若，要有善巧方便。善巧方便很不容易，我們一般只講方便，方便就是方法。度人就是教化人，你度人要度他到哪裡去？是要影響他，要教化他人就要有善巧，要懂得方法，才使他能得到滿足。

「如是道無量，所行無有涯，智慧無邊際，度脫無數眾。」現在這長偈子快要到作結論的時候了。我們在上面講了好幾個禮拜，接下來的內容，是講學佛就要這個樣子，這個「道」不是菩提道，是講各種原則。各種的道、各種的法門無量無邊，大乘菩薩道所走的路，所應該做的事，是無邊無涯，沒有一定的範圍。你說非要怎麼樣才是佛道，就已經不是佛法了，佛法是圓融無礙的。所以說「如是道無量，所行無有涯」。

總而言之，學佛不是迷信，也不是修一切善法之功德。功德是修佛道必備的資糧，成就是由智慧而來。因此要具備無邊無際的智慧，要善巧應用各種的方法，才能度脫無數眾生。

「假令一切佛，於無量億劫，讚歎其功德，猶尚不能盡。」縱使讓一切佛（還不是菩薩），經過無量劫數，讚歎一個大乘道的菩薩如何度人的功德，都是說不盡的。前天有位朋友打電話問我，他要送一份禮給泰國國王，準備了一尊名貴的觀音菩薩像，但是又擔心泰國是小乘佛教的國家，可能不合適。我說送觀音菩薩在東南亞都是可以的，但是要他先數一下菩薩像有幾隻手，他先算十六隻，後來再數一次，是十八隻。我說，你搞錯了，這應該是準提菩薩像，不是觀音菩薩。我當時正在開會，沒法和他細說。到了晚上，他到我家裡，我正巧有一本剛買的《五百羅漢像》，就順手交給他，用這個送泰王好了。再一想，這樣的禮怕太薄了，就又找了一本中文的《仁王護國般若波羅蜜多經》，等於恭維一下泰王是仁王。這樣一配，剛好。

就是這麼樣的一樁小事，也要應用智慧。學佛不要學成漿糊，整天昏頭昏腦的誦經拜佛，那些只是佛法的加行而已。真正的佛法在世間，你講話、作人、處世，沒有哪一點不要用心，沒有哪一點不要盡心而為，都要用到善巧方便。《維摩詰經》說「如是道無量」，你們每天唸「法門無量誓願學」，外道魔道你都應該要學、要會，你才能教化外道、教化魔。大乘菩薩道是不要走上一條窄路。

「誰聞如是法，不發菩提心，除彼不肖人，癡冥無智者。」因此維摩居士講了那麼長的偈子，他下結論說，誰聽了這樣的道理，還不發菩提心的話，那真是不像人了。你寫信給父母要自稱「不肖」，千萬不要寫成「不孝」，那是父母親去世了的人的自稱。自稱不肖是形容自己沒有父母親那麼好，不配作他們子女之意。你寫信給老師也可以自稱「不肖生」。《維摩詰經》這裡寫不肖人，就是說不像人，那不像人像什麼？就不用答了。這種人也是冥頑無智慧的可憐人，對他要起慈悲，並不是放棄他。

這個長偈到此結束，這是《維摩詰經》的中心所在，要多注意。另外，我講這個《維摩詰經》拖得太長，亂七八糟的東西講得很多，把修行和各方面的知識介紹給大家。現在趁這個機會回顧一下。

講述《維摩詰經》回顧

《維摩詰經》是本很有意思的經典，很有意思這話不對，還不足以形容，應該說，這本經是真正的大乘佛法，是在世間法中成就的佛法。有兩部佛經對中國的佛法影響最大，一部是《維摩詰經》，一部是《法華經》。後來的禪宗、密宗，都離不開這二部經的觀點。

如果把《維摩詰經》當小說來看，它的編排次序也很有意思。開始是維摩居士生病了，佛很懷念他，要派人去探病。大弟子眾沒有一人敢去，這位居士很可怕，大弟子都挨過他的罵，每個人都被他刮過鬍子，算不定連頭都是他剃的。大菩薩們也怕兮兮不敢去，只有文殊菩薩勉強願意代表佛去，因為他是七佛之師，地位同佛一樣。這裡要注意，維摩居士是在生病，你說一位得了道，有成就的人會不會生病？這是很嚴重的事。學佛是想了生老病死，結果，出家的釋迦牟尼佛、在家的佛維摩居士，兩人都不能離開病。故事由問病開始，既然還有病，就還有生死，這個重點要把握。

到了維摩居士方丈大小的房中，文殊菩薩帶領的三萬二千人，居然都進去了，然後見了面就談生病。我們要研究，學佛有了成就的人，在這個物質世界會不會生病？一般學佛修道的人，第一個目的是祛病延年，口頭上可能不承認，你也不用謙虛了，哪裡不是這樣？再就是想得神通，最好出國也不用飛機票，多半都是有這些目的。

一個人在這個世界上有生命就有肉體，有肉體就有生老病死。學佛法就是學解脫，解脫生老病死的束縛。問病的這一段，就是在反覆討論這個嚴重的問題。

討論了半天，這三萬二千人站著，聽文殊菩薩同維摩居士討論，這位居士可是半躺在床上，可能說了五六個鐘頭都不止了。維摩居士就向另外一個世界借座位，那個世界的座位有八萬四千由旬那麼高。維摩居士一下子弄了三萬二千張這樣大的座位，到他的房間來，居然也都容納進來了。可是眾人之中的大阿羅漢們，包括神通廣大的目連尊者，卻因為座位太高了，跳都跳不上去。後來維摩居士教他們一個方法，就坐上去了，這是為什麼？又是一個話頭。

大家坐上去了，就講如何修行自心，對付自己的思想情感煩惱。這是修行第一步，大家打坐念佛最感煩惱的，就是此心不能安。維摩居士透過對答的方式，把這個問題交代了。這一段就是〈不思議品〉。

正講到不可思議精彩的地方，維摩居士家中有一位天女現身，散下天花供養大家。花落在這些羅漢們的身上就黏住了，可是花在菩薩身上就黏不住。

這花代表著什麼？雖然證到了阿羅漢，天花仍然黏身，因為結習未盡，習氣業力的根根沒有消滅（這也是現在有人爭論帶業往生，或是消業往生的問題），潛伏在那裡，所以還不是真正的解脫。這個地方非常重要，我們普通人儘管學佛修行，這結習一點都沒動，甚至更加重了，那個我見、見取見等等，更厲害，造業更重。這個道理沒有參透，是不可能成功的。

由於天女的散花，引起了佛的出家大弟子舍利弗（他就是《心經》中的主角）和天女的對話，他問天女來到維摩居士的家中有多久了。天女就告訴他無始無終的道理，不要問這個多久的問題。然後舍利弗問天女，既然有那麼大的神通，為什麼不變成男人？天女抓到機會了，舍利弗因為是小乘羅漢，還有分別心，還有男女相之別。因此，天女當場把舍利弗變成了女人，自己變成了舍利弗。這個又是佛法的大問題，自性到底有沒有男女老幼之相？解脫了生病問題、生死問題，現在還有個兩性男女老幼的身相，要如何解脫，才能說是得道。

這還沒有完，故事發展到此，大家還沒有吃飯，可能連茶都沒喝到一杯。

你們各位聽了肚子餓嗎？我們講《維摩詰經》都有半年多了，經中的各人還是餓著肚子在聽。這其中高潮迭起，維摩居士和天女先後現了神通，跟著維摩居士又說了個長偈，下面又是一個重點來了，但還不是高潮，高潮等到吃飯時再來。

接下來的重點是不二法門。不論是佛法還是世間法，道只有一個，沒有兩個。只有表達的方式不同，每個人的理解不同。對於外道或其他的宗教，不要輕視人家，排斥人家。只要是教人為善的，都有可取之處。只能說每人的機遇、理解、需求不同，說不定人家將來的成就，超越你這自稱學佛的呢。所以，不要輕視任何一個眾生，真理只有一個，現在就開始講〈入不二法門品〉。

入不二法門品第九

爾時，維摩詰謂眾菩薩言：諸仁者，云何菩薩入不二法門？各隨所樂說之。

會中有菩薩名法自在，說言：諸仁者，生滅為二，法本不生，今則無滅。得此無生法忍，是為入不二法門。

德守菩薩曰：我、我所為二。因有我故，便有我所。若無有我，則無我所，是為入不二法門。

不眴菩薩曰：受、不受為二。若法不受，則不可得。以不可得，故無取無捨，無作無行，是為入不二法門。

德頂菩薩曰：垢淨為二。見垢實性，則無淨相，順於滅相，是為入不二法門。

善宿菩薩曰：是動是念為二。不動則無念，無念即無分別。通達此者，是為入不二法門。

善眼菩薩曰：一相無相為二。若知一相即是無相，亦不取無相，入於平等，是為入不二法門。

妙臂菩薩曰：菩薩心、聲聞心為二。觀心相空如幻化者，無菩薩心，無聲聞心，是為入不二法門。

弗沙菩薩曰：善、不善為二。若不起善、不善，入無相際而通達者，是為入不二法門。

師子菩薩曰：罪福為二。若達罪性，則與福無異，以金剛慧，決了此相，無縛無解者，是為入不二法門。

師子意菩薩曰：有漏無漏為二。若得諸法等，則不起漏不漏想，不著於相，亦不住無相，是為入不二法門。

淨解菩薩曰：有為無為為二。若離一切數，則心如虛空，以清淨慧，無所礙者，是為入不二法門。

那羅延菩薩曰：世間出世間為二。世間性空，即是出世間，於其中不入不出，不溢不散，是為入不二法門。

善意菩薩曰：生死涅槃為二。若見生死性，則無生死，無縛無解，不然不滅。如是解者，是為入不二法門。

現見菩薩曰：盡不盡為二。法若究竟，盡若不盡，皆是無盡相。無盡相即是空，空則無有盡不盡相。如是入者，是為入不二法門。

普守菩薩曰：我、無我為二。我尚不可得，非我何可得？見我實性者，不復起二，是為入不二法門。

電天菩薩曰：明、無明為二。無明實性即是明，明亦不可取。離一切數，於其中平等無二者，是為入不二法門。

喜見菩薩曰：色、色空為二。色即是空，非色滅空，色性自空，如是受想行識。識空為二。識即是空，非識滅空，識性自空。於其中而通達者，是為入不二法門。

明相菩薩曰：四種異空種異為二。四種性，即是空種性，如前際後際空，故中際亦空。若能如是知諸種性者，是為入不二法門。

妙意菩薩曰：眼色為二。若知眼性，於色不貪不恚不癡，是名寂滅。如是耳聲、鼻香、舌味、身觸、意法為二。若知意性，於法不貪不恚不癡，是名寂滅。安住其中，是為入不二法門。

無盡意菩薩曰：布施迴向一切智為二。布施性即是迴向一切智性。如是持戒、忍辱、精進、禪定、智慧，迴向一切智為二。智慧性即是迴向一切智性，於其中入一相者，是為入不二法門。

深慧菩薩曰：是空，是無相，是無作為二。空即無相，無相即無作。若空無相無作，則無心意識。於一解脫門，即是三解脫門者，是為入不二法門。

寂根菩薩曰：佛法眾為二。佛即是法，法即是眾。是三寶皆無為相，與虛空等。一切法亦爾，能隨此行者，是為入不二法門。

心無礙菩薩曰：身、身滅為二。身即是身滅，所以者何？見身實相者，不起見身及見滅身。身與滅身，無二無分別，於其中不驚不懼者，是為入不二法門。

上善菩薩曰：身口意善為二。是三業皆無作相。身無作相，即口無作相。口無作相，即意無作相。是三業無作相，即一切法無作相。能如是隨無作慧者，是為入不二法門。

福田菩薩曰：福行、罪行、不動行為二。三行實性即是空。空則無福行、無罪行、無不動行。於此三行而不起者，是為入不二法門。

華嚴菩薩曰：從我起二為二。見我實相者，不起二法。若不住二法，則無有識。無所識者，是為入不二法門。

德藏菩薩曰：有所得相為二。若無所得，則無取捨。無取捨者，是為入不二法門。

月上菩薩曰：闇與明為二。無闇無明，則無有二，所以者何？如入滅受想定，無闇無明。一切法相，亦復如是。於其中平等入者，是為入不二法門。

寶印手菩薩曰：樂涅槃不樂世間為二。若不樂涅槃，不厭世間，則無有二。所以者何？若有縛，則有解，若本無縛，其誰求解？無縛無解，則無樂厭，是為入不二法門。

珠頂王菩薩曰：正道邪道為二。住正道者，則不分別是邪是正。離此二者，是為入不二法門。

樂實菩薩曰：實不實為二。實見者尚不見實，何況非實？所以者何？非肉眼所見，慧眼乃能見。而此慧眼，無見無不見，是為入不二法門。

如是諸菩薩各各說已，問文殊師利：何等是菩薩入不二法門？

文殊師利曰：如我意者，於一切法無言無說，無示無識，離諸問答，是為入不二法門。

於是文殊師利問維摩詰：我等各自說已，仁者當說，何等是菩薩入不二法門？

時，維摩詰默然無言。

文殊師利歎曰：善哉！善哉！乃至無有文字語言，是真入不二法門。

說是入不二法門品時，於此眾中五千菩薩，皆入不二法門，得無生法忍。

什麼是不二法門？中國的廟子中，到處看到門口寫著「不二法門」，就是出自《維摩詰經》。講到廟子，現在出家人不願意人家稱他和尚，喜歡人家稱他法師。過去稱出家人和尚是尊稱，一個叢林之下，只有方丈可以稱和尚，其他都稱某某師。現在都變了，和尚不願意當，要當法師。我常感到中國的佛教很滑稽，和尚與居士，常彼此互爭，都忘記了佛法是不二法門，只有一乘道。結果爭來爭去，你到廟子禮拜的菩薩都是在家人，菩薩中只有地藏王菩薩是出家的，這就是話頭了。雖然跪倒拜在家菩薩，但又拚命反對在家人。在家人反對和尚，可是我們釋迦牟尼本師是和尚啊！真是莫名其妙！廟子中常用的語言，都是在家人所講的，例如「不二法門」「方丈」都出自《維摩詰經》。我們要懂得「是法平等無有高下」的道理，不論身分，只論是否真正學佛。是，就要恭敬。就算不是，也要恭敬。你是真正學佛的，就要看一切眾生如父母、如佛，諸位千萬要注意！

不二就是一嘛，你說「一個法門」，好不好聽？講「不二法門」，文學味道就好多了，這就是文字般若，文字好，可以把境界提高。所以我們寫文章弘揚佛法時，有時在夜深燈下，為了要確定一個句子，乃至一個字，拿著筆半天想不出來用什麼字，就有這麼痛苦。所以杜甫講過：「文章千古事，得失寸心知。」例如，你寫一篇新聞報導，以為沒什麼大不了，但是一字一句之錯，對社會可能有很大的影響，是有因果的，文字般若就有如此重要。

「爾時，維摩詰謂眾菩薩言：諸仁者，云何菩薩入不二法門？各隨所樂說之。」我們前面好幾個禮拜所講的經文，都是維摩居士一個人說的，大概他說得口也乾了，就趕快轉話題，要在座的大菩薩們發表意見。

維摩居士看到在座的諸位大菩薩，稱呼他們為「諸仁者」，是很客氣的稱呼，等於現在演講時說「諸位」。然後他出題目考人了，請大家以自己的心得說說看，大乘菩薩要怎麼樣才可以證入不二法門？不二法門就是一個，真理只有一個，沒有分三乘幾乘的，那只是個方便說法。但是我們一說「一個」就已經不是一個了，因為一個是相對於二個來說的。所以到了中國禪宗，連「一個」都不講了，問什麼是道？道就是「這個」，是沒法開口說的，講了一就有二了。

這下子維摩居士可以休息了，聽聽人家怎麼說。

（一）法自在菩薩——生與滅

「會中有菩薩名法自在，說言：諸仁者，生滅為二，法本不生，今則無滅。得此無生法忍，是為入不二法門。」第一位領頭站出來的是法自在菩薩，他的名字表示，他一切佛法都通了，都成就了，於法自在。換句話說，他也可以變成外道身，或魔王身來說法。在佛經中還有文殊菩薩有這個資格，文殊菩薩代表了大智慧，他是七佛（包括釋迦牟尼佛在內）之師，早已成佛了，因為學生們要來當校長，他只好來教書，捧學生的場。有一次釋迦牟尼佛說法，木魚敲了一聲，佛還沒開口，文殊菩薩就說：「諦觀法王法，法王法如是」，隨即宣布下課，已經說法結束。佛是一切法王，也稱空王。空王等於中國人稱孔子為素王，素王也是空的，雖然沒有真正的子民、國土、錢財、權力，但是他的影響萬古長存，是帝王中的帝王。東方有聖人，西方有聖人，都是一樣。

這法自在菩薩就等於文殊菩薩一樣，於法自在，相似於佛。他講的這一段很嚴重，你們研究禪宗，這個地方要同《六祖壇經》等等配合起來參究。他說生與滅相對為二，能生滅的那個「能」是不生不滅的。以物理世界作比喻，我們看到這個電燈，接通了電源就覺得是一直在亮，其實這個放光是一個不斷、極迅速的生滅現象，你去看電錶在走，就是生出了又消耗了，它是生滅法。可是宇宙間的能源是不生不滅的，你找到了這個源就懂了佛法。你能達到這不生滅境，初步的禪就懂了。這可不是什麼看到桃花，青蛙跳井悟道了，都是些空話、口頭禪、野狐禪。可是世面上有些書寫的就是這種禪，如果論起因果，是很可怕的。

我們岔進來講什麼是野狐禪，唐代百丈禪師在江西說法，這說法可不是講經，是沒有經本的。說法等於是現在的演講，叢林中說法者，在大堂中要登上一個臺子坐下，大家站在下面聽。百丈說法時，下面有好幾百人聽法，以當時人口比例來講，等於現在幾萬人了。百丈注意到在聽眾中有一位老人，三年中每會必到，而且每次聽完法之後都最後離去。後來百丈就問起老人，老人自稱是後山來的狐仙化身，過去身曾經是個出家人，因為說法時說錯了一個字，就墮成野狐仙五百年的果報，並且請百丈禪師為他解脫。百丈就問他說錯了什麼？老人說當年有人問他，大修行人還落不落因果報應？（你看人家學禪的問話就是那麼簡單直接，你們學禪的同學問起問題來之囉嗦，真把我纏死了。）他回答說，不落因果。就是說，得了道的人不受因果報應了。他因此就受五百年野狐身報應，他尚不知道錯在何處。百丈就說，好！你問我！老人就問，大修行人還落因果否？百丈答：不昧因果！答案就差一個字，你們去參參看。老人聽了立即跪下，自稱已經得解脫，並請百丈禪師以出家人禮儀，為他火化遺體，就告辭了。

第二天，百丈上堂宣布，有位同參道友在後山遷化（死了，離開了這個身體叫遷化），召集全體僧人去做功德，為道友荼毗（火化之意）。僧人就都換上袈裟，同百丈上後山，果然在山洞中有一隻死狐，有小牛那麼大，就以比丘的禮節將它火化。這就是野狐禪的典故，警惕我們沒有悟道的人，不要隨便亂談禪，你談談看！變狐狸還算是好的，變成別的更慘，那不要說百丈了，就算再來個萬丈也沒辦法。

真證得初步禪，見到了不生不滅之地，一切法本來不生不滅的。看花開花落，你說落了嗎？沒有，年年春依舊，能開能落的那個不在花上。所以禪宗祖師說：「明年更有新條在，惱亂春風卒未休。」它生生不已，永遠無止盡，也可以說是滅滅不已，能生能滅。

就說我們這個念頭，你們參禪打坐，只想把自己念頭按下去，不起妄想，你在生滅法上磨什麼？你管它來也好去也好，你知道念頭能來去的那個，本沒有動過啊！一點不要用力的，念頭來了，你按個什麼呢？你像是在水中按葫蘆，按下去又浮起來，坐了半個鐘頭，唉，好累！你當然累嘛，你在用工夫按念頭嘛！在生滅法裡頭打滾，心在參加運動會，心累啊。你知道生滅來去本不相關，法本來不生不滅，你懂了就得無生法忍。無生法忍是生而不生，萬緣放下，一念不生，自然把生滅法切斷了。本來無一物，何處惹塵埃，就叫作進入不二法門，只有這一個，沒有第二個。

就算你打坐時有個清淨的境界，這個現象是生。把腿一放，下座後同以前一樣，那個清淨的境界沒有了，就是滅，這仍是在一生一滅中，說你在修行，那是自欺欺人的話。真修行人要得無生法忍，靜也清淨，動也清淨，醒著，睡眠，行住坐臥，都在清淨的境界中，那才可以說大乘佛法算是入門了。

生滅是一種現象，不生不滅就不是現象，是心性的自體，要見道才能了解。用唯識來說，生滅是相分；見到不二法門，見到不生不滅而能起生滅的本體，是見分。真見了道，見分到了，生滅心就不起分別了，如如不動入無生法忍，就是自證分。

我們的心理狀況，一切的思想感覺，譬如一池清水，或是平靜無波的大海，這是本性。大海起了波浪，每個波浪都是生滅，一個浪起了又消了，下一個浪又起了，就像思想，一個念頭接著一個念頭，這個是生滅。你覺得是動態，可是也不是動態，波浪是水，平靜無波能起波浪的也是水，水的自性沒有動過。所以說，「全波是水，全水是波」。

小乘怕生滅法，硬想把思想妄念滅了，什麼都沒有了，認為這是得定。其實錯了，你思想感覺沒有了，那還是個波浪，是什麼波浪？是平潮，不是高高低低的潮水，可是平潮也是潮水！如果認為這樣是道，是空，是屬於小乘的偏見。所以小乘的人不敢動念，如此空定，最多八萬四千劫。我們凡夫看好像是很長久了，覺得很羨慕，可是在定中的人感覺只像彈指一般，就像睡了一覺醒來而已。睡醒了還是心動了，還是生滅法，所以不是大乘的解脫。

大乘的解脫是要知道生滅就是不生滅。我們現在在說、在聽、在看，都是念頭在生滅。能起生滅的「這個」是沒有動的，也沒有生，也沒有滅。不起分別心，管你生也好滅也好，如如不動，就得無生法忍，入不二法門。這不只是在盤腿時如此，要在入世，尤其在不為自己，為別人忙亂之中，處處體會這點，才是真正修大乘。

禪宗用文學來表達就很有意思。大家都知道五代時有位李後主，他詩詞都很好，不過成本很大，造就一個大文學家而成為一個亡國皇帝。他是亡國之君，痛苦很深，所以詩詞就很好。還有一個亡國之君隋煬帝，他也是對文學有興趣，又嫉妒下面的人文學比他好。不止帝王，幾乎所有的領導人，乃至一間公司的主管，都怕下面的人本事比他高。如果不能幹的人，主管嫌你能力不夠，太能幹了又會嫉妒你，這就是人類的毛病。

五代南唐的馮延巳作了一闋詞，講「吹皺一池春水」，本來水面平靜無波，春風一吹，水面就皺起來了。後來他上朝，中主李璟就問他，「吹皺一池春水，干卿底事？」同你什麼相干？我們就借用這一句，改成「吹皺一池春水，生滅干卿底事？」如果用禪宗祖師的手法來說，若有人問：要如何修到無生法忍？他就可能會答：「吹皺一池春水，干卿底事？下去！」這就講完了，生滅就是不生滅。

剛好像我們現在講經，教室外面的聲音很大，都傳進來了（此時室外有人大聲說話），對你有沒有妨礙？沒有？好！你從這裡懂進去，修行就對了。此心不起分別，外頭的吵鬧同你一點關係都沒有，沒有什麼值得厭惡的。聽唸佛的聲音同吵鬧聲音一樣的，「吹皺一池春水，干卿底事？」如此一笑，佛法就在前面，你還去哪兒找？非燒香打坐不可嗎？學佛就是解脫自在。你看，外面現在又不說了，對你一點沒有妨礙。如果你起個念頭，我們在聽經，他在干擾我，那你的心裡就起煩惱痛苦，經也聽不進，什麼都亂了，最好就是「吹皺一池春水，干卿底事？」的不二法門。嘿！這在密宗來講，就是傳你大手印了！大手印不是武打工夫或氣功，大手印就是大心印。

(二)德守菩薩——我與我所

「德守菩薩曰：我、我所為二。因有我故，便有我所。若無有我，則無我所，是為入不二法門。」這是第二位起來報告的菩薩，他名字代表了道德成就。任何眾生一有了生命，就由根本業力帶來了我見，見是觀念。如果這個見能夠解脫，就差不多了。學佛的人講無我，都要別人無我，自己還是有我。無我還先別講，能忘身，忘掉自己身體，就很難了。我每天很忙，有時疲累到了覺得頭和腳位置都顛倒了，累到這樣程度，晚上還要來這裡上課。我是隨時準備下一秒鐘就倒下去的，充其量走了，根本把身子丟開了，死在醫院和死在路上差不多，也不是差不多，是完全一樣。該做什麼事就要做到死前最後一秒鐘，把身忘了，你就沒有事了。所以一切煩惱痛苦是由身而來，老子說：「吾所以有大患者，為吾有身。」身體這個障礙是非常大的。

能把身見丟開了還不是無我。真無我是身見、空見都沒有了才是。學佛的人要修到無我，談何容易！學道的人，像你們很多人學氣功的，常來問我，我都說很好，這不是敷衍你，是真話。練氣的工夫有二百多種，你學不完的，我也沒時間教你，都是用鼻子和嘴巴在玩。但是你說能玩到不死嗎？沒有的，呼吸還是生滅法！吸進來一定呼出去，是不能停留在身體哪一個部位的。想要氣住丹田是不可能的，女人尤其不能這麼練，會血崩，子宮會出毛病。男人去玩，會把肚子練得又厚又大，算不定跑個什麼東西進去，是什麼東西不講了，講了嚇死人。道家講煉精化氣，煉氣化神，煉神還虛，最後得道了就粉碎虛空，連空都不要了，這不是同佛一樣嗎？誰叫你去氣住那裡，還會怕漏氣嗎？氣越漏掉越進來。所以這些練功的人沒有智慧，都在自欺。不過我當年也是這麼玩過來的，懂了之後，去你的，我沒有時間搞這個了。

因為有我，就有我所。什麼是我所？太太是我的，兒子是我的，財產是我的，名譽是我的，全是我的。不信，你把旁邊同學的《維摩詰經》拿過來，他一定說這是我的，我所就來了，我之所有。中國人常說錢財是身外之物，譬如有人借錢給別人，不期望人還，說錢財是身外之物，你用我用都一樣。這個人就了不起了，好像得道了。但是牽涉到他的身子就不同了，這個身子還是我的。他只把第二層所有看空，基本所有仍然看不空。甚至有人能在生時慷慨捐出自己的器官給急需的人，這個人可以學佛了。大家能做到嗎？還不要講身子，要你犧牲一點點利益為別人，恐怕都做不到。很多學佛的人，故意逗他一下，要個他喜歡的東西，他馬上就沒有道了，變成了阿修羅。

「我所」是由有我而來的，那這個我在哪裡呢？我不是指這個肉體，如果醫生說你要挖掉眼睛才能保命，你一定同意犧牲眼睛。再告訴你連嘴巴也要拿掉，你也會同意。因為這器官只是我所，不是我。我究竟在哪裡呢？這就要找了。佛說了四十九年法，都告訴人無我，到了他要走之前，告訴大家有我。我們只好苦笑，他老人家怎麼這樣哄人！他一出世，就宣稱：「天上天下，唯我獨尊。」到了悟道之後，出來當了教主，就處處告訴人家無我、無常、苦啊、空啊。涅槃之前才說：「常、樂、我、淨」，完全相反了。這是什麼話啊！其實他沒有騙我們，他此時告訴我們，不生不滅所以是常的道理，得到了這個真我，永遠是淨土，淨土就在這裡，永遠是極樂的。你研究佛的一生，拿來作話頭，參究參究就明白了。

此地，德守菩薩為大家說，我與我所是對立的，凡夫放不掉這個我，所以有我所需要，我的存在……都來了。「若無有我，則無我所，是為入不二法門。」注意，他沒有說無我是不二法門，你說有我、無我都可以，這叫不二。禪宗就說是這個，這個就是那個，沒有名稱的，連不二法門都不說了，你懂了就是道。

（三）不眴菩薩——受與不受

「不眴菩薩曰：受、不受為二。若法不受，則不可得。以不可得，故無取無捨，無作無行，是為入不二法門。」不眴是眼睛瞪著，眨也不眨一下，也不左右看，這其中就是修持方法。這位菩薩的眼睛晝夜不閉，像魚一樣。所以敲木魚代表像魚一樣，晝夜精進。禪宗三祖的〈信心銘〉有幾句話：「眼若不寐，諸夢自除。心若不異，萬法一如。」你們學禪的，應該能夠隨口背來，不用腦子去想。他說，如果眼睛不昏沉，就不做夢了，不止是夜裡做夢，我們白天瞪著眼睛都在做夢。心中不起分別念，入不二法門起無生法忍，就不生不滅萬法一如了。

有的同學我教他修個法門，他們都在自欺，自以為懂了，自以為是對的，我就懶得管了。真學佛要有大丈夫氣概，真對了就一路深入進去，一修就到底，哪有這麼多的囉嗦。學佛是上上智人學的，一般的人，你不管怎麼修，這一生種一點善根，少犯一點毛病，來生好一點而已，真談佛道是談不上的。

你說那個人得定了，氣脈通了，不要瞎扯，在我面前走兩步路就看出來了。那個眼神定了嗎？氣脈通了嗎？一看就知道了。

受，是受陰，是身上的感覺和心理上的感覺，領納謂之受。現代人講的享受，就是受陰。氣脈通不通也是受陰作用，搞氣脈都是在玩弄感覺。什麼是不受？例如睡覺睡得很沉，凍了也不感覺，到真凍醒了感受才來。實際上你睡著時，感覺還是有的，不過意識進入昏迷狀態。溫度低了，你睡著了也自動會縮成一團，下意識還是在感受。覺得打坐坐得好，很舒服很清淨，在一片光明中，這已經很難得了，可還是在受陰境界，還在感覺。等感覺感受也空了，又高了一個層次，但還不算大乘佛法的究竟。不眴菩薩說，感受和不感受是相對的。完全沒感覺不是佛法，吃麻醉藥不是更快嗎？修持到了仍然知道感覺，但能空得掉，不受一切，清淨不受，連空也不受，那才是不可得的境界；也就是六祖說的「本來無一物，何處惹塵埃」。

達到了不可得的境界，就無取也無捨。用不著把空、清淨抓得牢牢的，這個是取。大家學佛都在取捨之間，這是做生意的心態，看能賺錢就做，不能賺錢的不做。今天拜佛了，好清淨，就認為自己只能這麼做，要你換個方式，就不行了，這就是有取捨了。取一法而捨一法，抓住一面也拋棄另一面，那不是大乘佛法，還是在感覺境界中玩而已。有什麼清淨與不清淨？我們坐在這裡，一點也不清淨，有個老頭子坐在那兒吹牛，還有外面車子往來的聲音，哪裡清淨得了？可是你們覺得坐在這裡很舒服，這受與不受是唯心作用，都是自己玩出來的。若你不取不捨，就可以達到無作無行。

無作是大乘的三法印之一，你做工夫就是在造作，你天天向某一方面作，當然這一種感覺就來了。能到了無作無行境界，自然非常自在解脫，這樣叫作入不二法門。

注意，這是第三位作報告的菩薩。《楞嚴經》上有二十五位菩薩，向佛報告自己的修行經驗，所以《楞嚴經》是非常可貴的。《圓覺經》上有十二位菩薩，報告自己的修行經驗，都是在向後人傳法。現在《維摩詰經》有這麼多菩薩出來作報告，不過都只講原則性的東西，也是很好的。

（四）德頂菩薩——垢與淨

「德頂菩薩曰：垢淨為二。見垢實性，則無淨相，順於滅相，是為入不二法門。」這位菩薩的道德修養到了頂了，這是抽象的觀念。講實際的工夫，大小乘有個共通的工夫法門，叫作四加行：煖、頂、忍、世第一法。其中的頂，是在生命身體有實際的工夫。所以德頂不止是抽象的，還說明他實際工夫到了頂的境界。

髒和淨是相對的，學佛的人想往生淨土，認為我們這個世界是穢土。佛也說這世界是五濁惡世，一點沒有好留戀的。但你不要被釋迦牟尼佛瞞過去了，他因為在教幼稚園，只好那麼講，叫小學生要注意衛生，小心細菌。但是什麼是真的乾淨，什麼是真的髒，那是很難講的。你去餐廳吃飯，端上來的很香，你去廚房看看；你愛吃蜜餞的，去做蜜餞的地方看看，蒼蠅都在上面屙屎呢。

所以垢淨都是唯心的。佛說我們這個世界是污濁的，但是他在別的經典上，又說這個世界乾淨到極點了，在本經上就曾這麼講。尤其要想快快成佛，就要到這個世界來，比去西方極樂世界成佛快。因為這個世界有壞，就有刺激，容易回頭。你們常抱怨環境不好，同學不對，這個那個的，這都是菩薩跟你在一起的啊！就是因為有好的壞的才能刺激你，不要只要求人家都是好的，人家都是好的話，你就沒法成佛了。

了解了垢的實性，就無淨相。你覺得香水好聞，直接去聞香精，一定受不了那個味道，香精要摻薄了才變成香的。乾隆時有個回族的妃子叫香妃，其實是身上的體味重。所謂淨土也是髒的東西變出來的。我們身上的衣服有化學料子的，那化學提煉出來的東西本身是很髒的。見了垢的實性，就無所謂乾淨不乾淨，沒有了淨垢分別的觀念，就是順於滅相，就是入不二法門。沒有真垢的，也沒有真淨的，垢淨都是唯心作用。

（五）善宿菩薩——動與念

「善宿菩薩曰：是動是念為二。不動則無念，無念則無分別。通達此者，是為入不二法門。」夜裡叫作宿，過去中國的天文有分二十八宿，就是星座到晚上投宿在某一個方位，這叫作星宿，是某星座到晚上出現的方位。但是這個方位不是固定的，從初夜到天明，它的位置一直在變，每月的每一天也不同，所以也可以由觀星宿在天體上的位置，知道日子和時間。當年在四川的鄉下，旅館都有副對聯：「未晚先投二十八」（是二十八宿，不過故意不寫宿字，這個地方晚上可以早點睡覺投宿），「雞鳴早看三十三」（是三十三天，早上天明可以早點動身），這是內行人寫的。

善宿的意思是這位菩薩真得到好的休息，得定了。你們想得大休息，得大乘定的，要注意他的報告了。大乘的定不是念佛、念數息、念止觀的小乘修法，而是以無門為法門。你能夠腿一盤，以無門為法門，好了，那已經得定了。再者，有本事的，打坐時睡覺，若真睡著了不會點頭的。圖畫中的老僧入定背是彎的，這哪有入定？我叫這作彎弓定，月如彎弓，少雨多風。你真能睡個七天七夜不動，也差不多了。一般人稱這是睡著，如果是睡著了，能七天七夜不動嗎？

動和念是兩回事，妄想謂之動。你們搞數息的，我告訴你不用數了，一天二十四小時呼吸多少次，醫學上已有統計了。念佛也算是唸了幾萬遍了，那麼多萬遍，你存在哪家銀行了？這都是動相。

念不動了，身就不動了，就得定了。定了的身子一定會端正的，不如此就不對了。所以講氣脈也還是有道理的，氣脈通了使你強身，身若不強，你坐著彎腰駝背的，坐個一萬年也枉然，這都是祕訣。真的不動了，妄念不起，就無念了。我問你們，打坐坐得很好為什麼要下座呢？你說時間到了，這是身體覺得時間到了，還是心裡覺得時間到了？你以為是腿不舒服了該下來了，其實是心的問題。以前說過，假使有人用槍指著你，敢動一下就殺了你，你兩條腿再麻也不動了，所以是心動。

所以「不動則無念，無念則無分別」，到了不起分別境界，就是得定。

這不光是打坐如此，日常做事時也要能如此，不起分別，做了就把它放掉了。所以有時同學問我剛才講些什麼，我還要他講給我聽，因為我講了就丟了，好像上臺賣唱一樣，唱完了就算了。要無往而不定，無時而不定，才真是大乘佛法。

善宿菩薩告訴我們，什麼才是真正的定和休息。像這一位同學，坐在這兒一面聽，一面看書，還一面在搖椅子，心都不能專一。大家在這地方要體會，可見都是在散亂中，自己不知道，要能體會這個淨念才行。

（六）善眼菩薩——一相與無相

「善眼菩薩曰：一相無相為二。若知一相即是無相，亦不取無相，入於平等，是為入不二法門。」善眼同不眴有什麼差別？所謂佛以慈眼觀眾生，所以畫佛不難，可是要畫佛的眼睛真難。我要一位同學替我畫張菩薩像，過了兩個月畫好了，我看了一下，覺得差不多了，但是交待他點睛的時候千萬不要隨便，好壞都在此了。尤其是畫佛像，眼珠子點對了，跟活的一樣。我要這位同學點睛前吃三天素，沐浴淨身後，打坐靜下來，等靈感來了，拿筆就點，包他成功。善眼是有智慧之眼，看一切都通達了。

看相的人，看人心地如何，智慧如何，是先看眼睛。就這麼一對眼睛有千萬種不同形態，但是不論什麼形態的眼睛，修行到某一個程度時，善眼就出來了，自然變得慈祥。你們抱怨眼睛不好的，要知道那是可以經由修行轉的。眼睛不好就是病，病由業生，業由心造，能轉心就能轉業。若此心不能轉，又有什麼用？

善眼菩薩的報告說「一相無相為二」，佛法中有個大法門叫作一相三昧，另有一個法門叫作一行三昧。什麼是一相？就是禪宗祖師說的「打成一片」，行住坐臥都是那個境界，這也就是一相三昧。若你只是上座有禪，下座無禪；口中有禪，心中無禪，那有什麼用？就算你在修行，儘管你在說佛法，也是造業，說不定錯誤引導人家，一字之差五百年野狐身啊！有當老師的同學要特別注意，誤人子弟是罪過無邊的。像我當年有幾位老師把我誤了，可是我還是很尊敬他。前些年香港一位同學，印了一篇不署名的文章給我看，我順手用紅筆在上面改了幾處，其後這位同學說忘了告訴我，文章是某人寫的，我一聽，那人不是我十幾歲時候的老師嗎？想想這位老師，當年我很崇拜他，現在看起來有些地方是不通的。

相，就是境界。念佛有念佛的境界，止觀有止觀的境界，學密宗觀想有觀想的境界。學密宗的觀想，每一個壇城（道場之意）觀想起來都不同，每一個佛像觀想起來也不同。

我們學佛修行要能做到不著相，怎麼樣是不著相？就是不跟隨一切現象而轉。如果以為現象只是我們身心以外的現象，這樣的觀念對佛法是不夠深入的。我們反轉過來看，內在的一切境界也都是外相；換言之，自己心性之體所起的一切現象都是外相。例如，有人打坐，因為生理上的氣機，地水火風的作用與心理上的寧靜，拿物理觀念說，彼此磨擦，就看到一些境界。這些境界都是相，是外相，不是道體。這種外相多半是由於生理的不平衡而引發的。如果認為這種現象是道，久而久之就入魔了。這個魔不是什麼鬼，是自己和自己過不去，最後搞成精神分裂。這個道理就是因為自己著相。到了沒有境界了，就是無相，這是與一相相對的，就成了二法門。實際上，無相還是相，空也是相。無相是空嗎？這只能勉強這麼說，真正說來，空也是相。所以《心經》上觀自在菩薩說：「舍利子，是諸法空相」。

那麼無相在哪裡呢？無相在有相中。這比較難悟進去了，「一相即是無相」，因為相是生滅法，不住的，了解了，當下即是，一相就是無相，不用另外再去找個無相。但是也「不取無相」，所以你守住個空也不對，你起心要取個無相就又著相了。其實，一相也可，無相也可，正如同我常告訴大家的：「有時且念十方佛」，起有相念佛之心，必定往生西方極樂世界；「無事閒觀一片心」，是無相境界，是禪。這是禪淨雙修。如此有相無相「入於平等」，沒有矛盾對立，那就是入不二法門。淨土與禪，淨土與密，都是不二法門。

我們做個實驗，你看書上這個「二」字，大家都了解兩橫是二的意思，這是因文字相而意識到它代表的意義。你如果不通過思想意識，只盯住看

「二」，過了一陣子，你會認不得了，不曉得是什麼。因為這兩橫是個觀念，所以你看這個字懂它的意思，聯想到二的觀念，後面是有個意識的作用。這個文字本身，在我們眼前是個相，它本來是空的。你打坐想證得空相，很容易，就寫個大大的「二」字，放在眼前盯著看，看了一陣就不知道在看什麼了。所以一切現象本身就是無相。

這一品中，講了許多不二法門的道理，很多都可以用現實體驗，進入道體的境界，你們自己要留意。

（七）妙臂菩薩——聲聞心與菩薩心

「妙臂菩薩曰：菩薩心、聲聞心為二。觀心相空如幻化者，無菩薩心，無聲聞心，是為入不二法門。」妙臂的名號是形容佛法有兩隻手臂，一是小乘聲聞乘，一是大乘菩薩乘。大乘道可以出世也可以入世，小乘道絕對出世。如果小乘道入世了，就不再是小乘，已轉入大乘了。

大乘在梵文的音譯是摩訶衍，摩訶是大的意思，後世照巴利文翻音就成了馬哈，摩訶衍就成了馬哈亞，就是大車子的意思。中文翻譯就不直接翻成車子，而用了「乘」字，也有車子的意思，但是更著重裝載的意義，有交通工具的功能。裝載量多的，就翻成大乘，心境狹小見解不大的，就翻成小乘。兩者的目的，都是為了解脫人生煩惱，而到達超越世俗的真實地，所以乘大車子去也可以，乘小車子去也可以。當然，乘小車子的容易小器，路旁有人想搭車，因為車小載不動，只好拒搭。可是乘大車的菩薩，只要路旁有人招手，他就停車，甚至你不招手，他也停到你面前，邀你上車。

大小乘就是佛法的兩隻手臂。沒有小乘，顯不出佛法的清高。但是光清高也沒有用，那是放在山頂上欣賞用的。大乘菩薩道不是標榜清高的，它能藏污納垢，包容一切，好的壞的，善的惡的，無所不容納。菩薩心以大慈大悲為主，這是菩提心的基礎。菩提是梵文覺悟的譯音，因為中文的覺悟不能全面表達菩提的意義，所以保留譯音，不翻譯。學佛的人不能悟道，就是因為沒有深切地發菩提心的緣故。大乘菩薩悟道成就之後，更是以大慈大悲為行門，來愛護一切眾生，這就是菩薩心。

聲聞心是自了漢，就是老子說的「不見可欲，使民心不亂。」也是出離心，對世間一切厭離，採取眼不見心不煩的態度。所以聲聞偏向走空的路線，躲在清淨中，萬緣放下，一念不生。我們在家人，有時厭煩了，小乘之念不覺油然而生，真懶得管了，懶得管就是放棄，想躲到山中閉關去，這種就是小乘的心理。一般人都十分欣賞這種心態，中國有無數的詩詞，都歌頌這樣的境界，充滿了小乘思想。譬如「閉門不管窗前月，吩咐梅花自主張」，「各人自掃門前雪，莫管他人瓦上霜」，「採菊東籬下，悠然見南山」。又如〈桃花源記〉及〈五柳先生傳〉等文章都是。

再如前幾年，美國「嬉皮」圈中，很流行崇拜寒山和拾得，據說他二人一個是文殊，一個是普賢的化身。寒山作的一首偈子：

吾心似秋月　碧潭清皎潔
無物堪比倫　教我如何說

更是廣受學禪的人所喜愛，你打坐用功能到達這個境界，就了不起了。但是這個境界是聲聞心，小乘的境界。用莊子的話來說，就是「澡雪精神」，乾淨如白紙，一粒灰塵都沒有。我們都很希望能到達這樣的境界，可是縱然到了，還是聲聞心，不足以入菩薩道。

福建漳州保福本權禪師，見到許多人喜歡寒山這個偈子，就對大家說，這偈子所表達的是清淨面，是法身一邊的事，夠不上圓滿報身和千百億化身。旁人聽了不服氣，就請他說說自己的境界。他就說：

吾心似燈籠　點火內外紅
有物堪比倫　來朝日出東

這個偈子表面看是反寒山，是二法門，實際上，燈籠和明月是不二的，真悟進去了，可以把二首偈子合攏來。寒山講的是法身的清淨面，這位禪師講的是法身起用的一面。道家有位成仙的人，他仙逝之前寫了首詩給他的弟子，最後一句是「心頭熱血比丹紅」，我當年讀了這句詩，非常佩服，這是一個得道之人應該有的心。

妙臂菩薩在這裡說，大乘的菩薩心，與小乘的聲聞心是對立的，是二。可是不論大乘小乘，起心動念之際反觀內照，沒有一個真實的東西。正如《金剛經》所說：「過去心不可得，現在心不可得，未來心不可得。」沒有大乘小乘的分別，這樣就入不二法門。

（八）弗沙菩薩——善與不善

「弗沙菩薩曰：善、不善為二。若不起善、不善，入無相際而通達者，是為入不二法門。」弗沙是譯音。對這些菩薩們所作的報告，大家可以參考老古新出版的《維摩詰經集註》，裡面收集了傳統注解。我介紹的方式是用現代的觀念，使大家容易修證。

其他的經典或者會用「善、惡為二」，此處鳩摩羅什法師卻翻成「善、不善為二」，這是《維摩詰經》常見的筆調。不善就是惡，但是不用對立的「惡」字，而用否定的「不善」，意思是比惡還壞，文學上也比較美。你們搞翻譯的同學，要留心佛經上這些句子的文學技巧。

我們一般人的心理，都是將善惡分得很清楚，例如小孩子看電視，常會問父母劇中人是好人還是壞人。其實這個善惡的觀念，只存在於形而下的世間，但是在形而上的道體上，不但沒有惡，也沒有善的存在。真正得道的人，善惡兩頭都不起。若能不起善與不善的念頭，就進入空無相的本際，而通達佛道，進入不二法們。

所以，有時我們到有些宗教團體或是教育團體時，原本以為是很清淨的，哪知道更煩，聽的都是人我是非。為什麼如此？因為沒有做到無相，僅在外表追求道德行為。中國宋朝時理學發達，理學就像是佛教的律宗，講的是作人的道德規矩。可是宋朝後來積弱不振，黨爭不斷，與理學的發達不無關係。都是君子與君子，小人與小人之爭。究竟誰是君子，誰是小人，搞不清楚。結成許多派別，互爭學術和行為善惡的意見，國家也完蛋了。後世對這些理學家的評語講得好：「無事袖手談心性，臨危一死報君王。」一點用也沒有！平日道貌岸然，頭頭是道，到國家出了大事，一點辦法也沒有，只有上吊投海的份。

（九）師子菩薩——罪與福

「師子菩薩曰：罪福為二。若達罪性，則與福無異，以金剛慧，決了此相，無縛無解者，是為入不二法門。」師不是獅子，是人天之師。罪就是普通講造業，福是修福報。人有福報是善行來的，遭遇煩惱是宿世業力和今生的行為來的。罪與福相對，同善與不善有密切關聯，人活著都是受罪，尤其是年紀大了，更會受生老病死之苦。完全無病無痛，心境永遠是快樂的，這是最大的幸福。能這樣就是福報中人，福報不一定是錢多或是地位高，錢財愈多，權力愈大，他的煩惱可能比一般人更多。

所以什麼是罪，什麼是福，很難下定義。中國儒道兩家的觀念看來，什麼是幸福？知足常樂就是。人能安於現實就是幸福，但是人類的心理，不論古今中外、男女老少，統統是不安於現實的，這是人的通病，所以統統沒有幸福。真正的幸福在哪裡？就在禪宗講的，「當下即是」，就在現在這一剎那。你現在有張椅子坐，手中有本《維摩詰經》，不管它是二是不二，就把心一放，那管你是講佛經也好，歌星唱歌也好，安於現實馬上就舒服了，這一下就是福，就在一念之間，這就是不二。

剛才搭一位同學的車過來，他開上一條剛剛新修好的公路，然後告訴我這一條叫馬殺雞路，我被搞得摸不著頭腦。他解釋因為路修得不平坦，車子開過去，一路在顛，就像公路在給我們按摩，我聽了啞然失笑。如果換一個心態，那不一邊開車一邊罵施工的單位才怪，這就是個安於現實的例子。由這個罪與福講到馬殺雞，你看它明明是受罪，給人又捏又搥的，還要吩咐師傅重一點。嘿，再重一點就痛死人了，輕微的痛和刺激，我們把它當享受，在受罪當中求福。可見罪與福只是我們觀念的區別，因一念感受不同而生，它們的本性是一個東西。

再舉一個例子，東南亞盛產的榴槤，號稱是水果之王，但是很多人連聞那個味道都受不了，不用說吃了。我生平第一次吃是二十多年前在國外，招待我的朋友極其慎重地端出來時，那個氣味真不敢恭維。但是同桌一班德高望重的朋友都說這是珍品，勸我試試。既然如此，我就把心中負面觀念拿開，當成是好吃的吃。頭三口真不好吃，不過我裝作好吃的樣子，到了第四口，我吃出滋味來了。從此就敢吃榴槤了，每次碰上了也吃個一兩口。這真像是北方人吃臭豆腐一樣。你能把感受觀念拿掉，受罪與享福都是一回事。

有位同學開始帶人學靜坐，他告訴我有一個問題，學靜坐的人真到了空的境界，每個都會害怕的。我說，你們是窮小子發了財就忘了窮。一切眾生都怕空的，都抓著個有。《金剛經》說，如果能在空的境界來臨時不怕的話，這人的善根是過去生親近了無量佛所種下的，空對他實在是一種享受。一個人單獨過生活，那種寂寞和無聊，能夠當成享受才能學佛。享受與不享受，罪與福，只是在一念之間，不是兩樣，如果當成兩樣就是有分別心，是不能學佛的。

能了解這個道理，就不是普通的智慧，是金剛慧。金剛是形容顛撲不破的意思。有這樣的智慧，自然不受一切相對理論所束縛，連解脫束縛的觀念也沒有了。如此，是入不二法門。

（十）師子意菩薩——有漏與無漏

「師子意菩薩曰：有漏無漏為二。若得諸法等，則不起漏不漏想，不著於相，亦不住無相，是為入不二法門。」現在慢慢地走入佛法修持的正題了。修持佛法得道，是得無漏果。佛法同一切外道所共有的神通有五種通：天眼通（現代有人稱第三眼）、天耳通、他心通、宿命通、神足通。不共有的是第六通，就是漏盡通，是外道做不到的，若是外道也修到了漏盡通，那就不叫外道了。

什麼是漏？我們的六根都在漏。這一代年輕人眼漏得很厲害，近視眼特別多，在電視和日光燈影響之下，眼睛的精力損耗特別大。不知道你們怎麼樣，我讀書非要用普通的燈不可，日光燈對我來講，閃動得太厲害，眼睛受不了。當年我每天看二十卷經，幾乎除了吃飯、上廁所、睡眠之外的時間統統在讀書，真做到了手不釋卷、眼不離卷，字又那麼小，還要作筆記，這麼弄下來，眼睛也沒弄壞。當年的燈是油燈，用一小盤花生油和棉燈蕊，如此而已。現在的燈很亮，很多書用全白的紙印，這樣也會傷眼。所以我們出版的書，都不喜歡用太白的紙，外行的人還問我們，為什麼用比較差的紙印書。

我們的生命就一直由六根在漏，不要以為只有漏丹叫漏。除了前五根，你的思想煩惱不能停的話，意根也在漏，當然不能成道。得阿羅漢就是得無漏之果，是真正入定，六根不動了，內外皆絕。達摩祖師在嵩山面壁有四句話，是小乘法門的極頂，也是無漏法門的境界：「外息諸緣，內心無喘，心如牆壁，可以入道。」一切外緣都放下了，內在連呼吸都不動了，內外皆絕，就心如牆壁，才可以證入無漏的境界。這境界就是小乘無漏果的極果，能做得到前面三句話，至少袪病延年不成問題，而且可以由小乘入於大乘道。

大乘菩薩是入世的，其實入世的菩薩隨時都在漏，無時無刻不在消耗。

譬如有同學出去教書，回來後對我說，老師，我現在才知道你的痛苦，教笨學生之痛苦，真不如自殺算了！我對他說，這就像人家說，養子方知父母恩。他接著說，第二個痛苦是身體吃不消。他還不到三十歲，身體都快垮了，漏得非常厲害。道家說法是，「開口神氣散，意動火工寒。」你再好的工夫，開口講幾十分鐘之後，工夫就垮了。燒飯的火候要夠，如果一下生火，一下滅火，自然無法成事。修道也是一樣，教書不能不動思想，動了意，火工就消了，道也修不成了。大乘菩薩入世是利人，不是為了利己，全盤犧牲了自己，一直都在有漏的境界。

所以有人問我，耶穌是不是菩薩？我說絕對是菩薩，他只是表達的形式不同，所以不要用宗教外形來看人。在那個時代背景，他要勸人為善，只有那個辦法，最後犧牲了自己。他最後講，自己是為世人贖罪，這種心境是沒有埋怨痛苦，是行菩薩道。我覺得他的偉大，是最後被釘上了十字架，流出來的血是紅色的，表示自己是普通人。所以行菩薩道是有漏的，要達到無漏之果，只有行小乘禪觀的路線。

但是小乘羅漢的果位並非究竟，即使入定，終究要出定。出定就會明白，小乘的這個有餘依涅槃非究竟，必須由小向大，轉向大乘。所以師子意菩薩說，有漏與無漏是對立的境界，如果了解到，真正大乘菩薩就是在有漏有為法中，證得無漏無為法的道，就證得平等法門。不起有漏、無漏的分別，不著於小乘的清淨、非入世之相，也不著於大乘的非出世之相。既然不著相，入世出世都一樣，這就是入不二法門。

（十一）淨解菩薩──有為與無為

「淨解菩薩曰：有為無為為二。若離一切數，則心如虛空，以清淨慧，無所礙者，是為入不二法門。」淨解菩薩是表示，真正到達了諸法皆淨的境界。解是見解、知解，我們學佛就是為了得到知見上的解脫。

《金剛經》說：「一切有為法，如夢幻泡影」，有為法是有所修為，凡是有所依持的方法，都是有為法。例如念佛、數息，或是靜坐時用意識求個空的境界，都是有為法。一切的世間、出世間法都是有為法。大徹大悟，成佛的人，才真正到達無為法。無為大致分兩種：有餘依涅槃，習氣沒有完全斷根，依空為究竟，是羅漢果；無餘依涅槃是佛境界，一切習氣淨盡，「淨解」了，是大無為境界。涅槃翻成中文有時候就是無為。

一般觀念以為，修有為法的不是外道，就是魔道。例如守竅、練氣脈、念咒扶鸞等，有所作為的皆是有為法。世間觀念是把有為、無為分開的，真證了道的人，看有為無為只是觀念的問題，皆是唯心所造。假如真能心如虛空（這是徹底的虛空，不是意識造出來的，否則又成了有為法），就能夠將有為無為合一。換句話說，就可以出世，也可以入世，都沒有妨礙。如何達到呢？就是要有清淨慧，絕對清淨的智慧，以智慧而得解脫，這個就是不二法門。

（十二）那羅延菩薩——世間與出世間

「那羅延菩薩曰：世間出世間為二。世間性空，即是出世間，於其中不入不出，不溢不散，是為入不二法門。」那羅延是梵文的音譯，那羅延菩薩就是金剛大力士菩薩，等於密宗的金剛藏菩薩。這名稱代表顛撲不破的意思，在任何時間環境都不會被打倒。顯教表現的菩薩，多半是慈眉善目，眼睛半開半閉的，這是順世之法，順應世間人的觀念，認為修道的人應該這麼善良的。顯教認為，用惡眼瞪人都是犯菩薩戒的。但是菩薩也有走逆法的，因為光是善良不能教化所有的人，有時要用相反教法，顯金剛怒目相，讓人看了畏懼，因而不敢起妄念。手段不同，目的卻是一個，都是為了教化眾生。

在山東青島有個名山叫嶗山，本來是道教聖地，佛教傳入中國之後，有些得神通的大阿羅漢發現，這嶗山也是得道菩薩的道場，因此嶗山就叫作那羅延窟，有時看到有些書的作者稱，成書於那羅延窟，就曉得他是在嶗山寫成的書。

前面講到淨解菩薩，對有為無為法達到了不二，不起矛盾，然後能夠入世。大乘菩薩都是走入世法，所以佛教所塑的菩薩像，幾乎沒有出家相，除了地藏王菩薩，這我們提過很多次了。真正要入世，必須具備金剛顛撲不破的精神，就是那羅延菩薩報告的境界。

一般用二分法看出世和入世，如何做到那羅延菩薩所講的出世和入世不二呢？要靠內在的修養。當我們在入世的時候，一切的作為、起心動念，要能當體即空。用禪宗的話講，叫當下即是。你入山修道，在沒有見到空性之前，入了山仍然有煩惱。如果在入世中做得到當念即空，不受世間法影響而動搖，用不著入山已經出世了。就是說身不出家，心已經出家。在世間而念念本空，既不散亂，又不昏沉，心中沒有緊張忙亂，這樣叫作入不二法門。這位菩薩的名號就告訴了我們他的修持路線，是不離世間，修出世間法，而最終成道。這也是六祖在《壇經》中所說的：「佛法在世間，不離世間覺。離世覓菩提，恰如求兔角。」

（十三）善意菩薩——生死與涅槃

「善意菩薩曰：生死涅槃為二。若見生死性，則無生死，無縛無解，不然不滅。如是解者，是為入不二法門。」這位菩薩的名號很容易了解，但是這個善意還有另一層意義：善於了解意識的應用。意識解脫了，妄念就已經空了。拿唯識來講，悟道人的第六意識就不叫第六意識了，而是轉識成智，變成了智慧的境界，叫作妙觀察智。這裡的善意，是講妙觀察智的作用。善意菩薩是意識已經轉了的人，可以了生死，分段生死是絕對了的。

我們欲界的凡夫，都在分段生死之中。我們的生命本來是永恆不絕的，但是在現象上看有生死，活了幾十年就走了。這在整個生命上看來，是個分段的作用，因此也就有輪迴。修持有定力的人，就超越了分段生死，到了色界以上。這樣了生死了嗎？例如古代常見記載有人可以預知什麼時候要死了，就先通知別人，到時兩腿一盤就走了，很自在，現代這樣的人不多了。一般人看來，能修行到這個地步，好像是了生死了，其實還不一定。他能了這欲界的分段生死，還未必能了根本的變易生死。變易生死是很細的，我們不詳細報告了，大家離這境界還早，現在只要先有個概念，分段生死和變易生死總合起來都屬於生死問題。

真正能徹底了生死的，只有成佛的人，證得涅槃。涅槃不是死亡，是不生不滅。生死和涅槃是兩個對立的現象，你們很多人喜歡學禪，講悟道，悟了作什麼？悟了就證得涅槃，了了生死。當然你們同我一樣，講了半天不但不能了生死，連病都不能了，還隨時在感冒中。當然，禪宗祖師們悟了道就沒有生病、沒有感冒了嗎？不見得，也會有病。我佛如來也曾有病。但是雖然在病中，在老死中，與一般未悟道的凡夫畢竟不同，同中有不同，共業中有不同的別業。

真正的涅槃是不生不死，如果說是道家的長生不死，那不是涅槃，還是要再來的。長生不死是生死兩頭中間的一小段，在大問題裡頭，他還是在生死中，這個觀念要分清楚。

真證到涅槃的人，是像學佛人常說的「跳出三界外」。我們可以問一個假設的問題，你跳出三界後，是要跳到哪一界？佛法只有講三界，如果「沒有」可以算界的話，那它就算第四界了。可是「沒有」怎麼算是界？那麼要跳到哪裡去，就值得研究了。所以了生死證涅槃，涅槃究竟在哪裡？涅槃就在生死中，這個有為世間就是涅槃，不生也不死。

生死在何處了？生死就在生死自性中了。生死是一個現象，能生能死的那個東西不在生死中。所以說「若見生死性，則無生死」，也用不著去了生死。生死只是形態上的生死，自性上沒有生死。人生最恐怖的問題就是生死，如果這個問題解決了，就沒有煩惱的束縛。既然沒有束縛，我何必求解脫呢？既然沒有懷疑，我何必求真理呢？既然沒有障礙，我何必修道呢？了了生死的人，在生死自性中就是解脫，沒有東西綁住你，也就「不然不滅」，「不然」就是不生。能夠這樣理解的，就是入不二法門。

唐末五代有位秀才居士張拙，去向石霜禪師問道，禪師問他叫甚麼名字，他說我叫張拙。禪師說，找個巧都找不到，哪裡來個拙呀！他就悟道了！也不用修白骨觀或是唸「唵嘛呢叭咪吽」。他悟道後就作了一首偈子：

光明寂照遍河沙　凡聖含靈共我家
一念不生全體現　六根才動被雲遮
斷除煩惱重增病　趣向真如亦是邪
隨順世緣無罣礙　涅槃生死等空花

佛法到了中國，變成禪宗就用文學的境界，幾句詩詞把最高深的佛道表達完了。這偈子的最後一句，說的就是涅槃就在生死中，就在煩惱中，有自性清涼之地。證到這個境界的人，就可以如《楞伽經》所講，得「意生身」，真得了「意生身」就是善意菩薩的境界。

（十四）現見菩薩——盡與不盡

「現見菩薩曰：盡不盡為二。法若究竟，盡若不盡，皆是無盡相。無盡相即是空，空則無有盡不盡相。如是入者，是為入不二法門。」現見菩薩在《華嚴經》上也有出現，他就是普賢菩薩的境界。普賢就是無所不在、無處不在。普賢菩薩在哪裡？就在你眼前。你說沒有看到騎著六牙白象的普賢菩薩，他說不定就在你口袋中，普賢菩薩是無所不在的。

「盡」是邊際，盡就是到底，不盡是永遠不到底。盡與不盡，在觀念上是對立的。「盡若不盡，皆是無盡相」，真正悟了道的人，悟見自性本空，那所謂到底、不到底，都是不到底相。到底、不到底，是我們人為的觀念，這宇宙是無量無邊的，現代的天文常識都知道，這虛空是無盡的，太空中像我們這樣的銀河系統是算不盡的，同佛經所說的一樣。何以稱它是無盡？這無盡相就是空。你們說今天打坐比較空，我就了解，你那個空，大得像個小洞而已。空！那只是你意識的一點清淨境界。你那凡夫境界的意識透不過去的，你怎麼幻想也透不過去的。能透過去你就解脫了，那就可以了解一點無盡相。

聽了現見菩薩這一句話，空也好，不空也好，都是真空相。你打坐就不用求個空了，就那麼一坐不是蠻好嘛！是真的喲！你真的能這樣放下就差不多了，不要另外求一個放下。問題是你們一上座都求一個放下，因此永遠放不下。現見菩薩告訴你，無盡相就是空，空就是無有盡，無有不盡。無所謂到底，無所謂不到底。你能夠有這樣的信念和理解，就是入不二法門。現見用白話來講就是現實，他告訴你這法門，就在現在這裡，懂了就可以證入。無量無際講了半天，就是空嘛！空在哪裡？空就在這裡！怎麼空得了呢？你不要空就空掉了。不要空的那個就是空的，空的那個就是不空的。這樣我們就無法了解了，只好付諸一笑，你真的一笑，就空了。只可惜你不是真的一笑，所以不得解脫。

（十五）普守菩薩——我與無我

「普守菩薩曰：我、無我為二。我尚不可得，非我何可得？見我實性者，不復起二，是為入不二法門。」普守就是定，不動明王，不動者真定。我與無我是兩個對立，真見到空性了，當然已達到無我的境界。空了哪裡有我？不像我們，打起坐來拚命想求無我，但是這個我還是很大的。怎麼去空這個我？佛法講智慧的解脫，不是盲目的信仰。「我尚不可得」，哪裡還有個我？你找找我看，這身體沒有一處是我，每個細胞每個器官都是零件，都可以拿掉，身心內外都沒有我。你對這個身體只有幾十年的使用權，此身只是我之所屬，畢竟非我之所有。凡夫都認為此身即我，但我可不在這身上。身外我究竟在哪裡？不可知，找不到，這就是話頭，去參，去觀。

既然我都沒有，我都找不到了，那何必去找個無我呢？就像是同學打坐幾十年，求不到空，既然空求不到，格老子，不求你空了，腿子一盤睡覺去，嘿！反而對了！可惜你沒有這個本事。反正空不了嘛，那就算了，我就不空了。你試試看，你不空也做不到。真做到你就成功了，就是這個道理。

你看《維摩詰經》這裡寫得多好，它同中國的禪宗有絕對的關係，中國的佛教文學，從這本經出來以後，大變了一番。「我尚不可得，非我何可得？」文字用得真好。如果用「無我何可得」，味道就變了，一字之差就差遠了。你們在這種地方要多研究，文言文就會變好了，白話文也變好了。

「見我實性者，不復起二」，見到我的本性是空的，不用你去空他的，那我與非我就不會對立，這樣是真見道，是入不二法門。

前面幾位菩薩一路講下來，先是見道，然後是修道。到了這裡，普守菩薩講的是定的工夫。現在在定的境界中，又轉到了另一位菩薩。

（十六）電天菩薩——明與無明

「電天菩薩曰：明、無明為二。無明實性即是明，明亦不可取。離一切數，於其中平等無二者，是為入不二法門。」電天是這位菩薩的名號。中國古代的神話講打雷的神叫雷公，閃電的神叫電母，他們是否有婚姻契約就不知道了。

「明」是指有相的，如定中的光明境界。在教理上講，無明是指愚癡無知；在事上，也就是工夫上講，無明就是黑暗。禪宗祖師經常罵人無明，是「黑漆桶一團」，上座時兩眼一閉，前面黑烏烏地，什麼都不知道了。修持只要稍有定力，自性必然發光。

明與無明是對立的。可是光明從哪裡來的？是從無明實性來的，「無明實性即是明，明亦不可取。」有些人用功時見到點光，就自認為不得了啦，以為快要得道了。好啊！馬上進入神經菩薩境界了。電天菩薩告訴我們，光明是從無明來的，陰極陽生嘛。《楞嚴經》告訴我們「淨極光通達，寂照含虛空。卻來觀世間，猶如夢中事。」要修定，淨極了，自性光明就開發了，到了這個境界再回轉來看世界，才覺得如夢如幻。所以學佛如不想做工夫，就一天到晚在散亂中，散亂也就是造惡業。這怎麼成道啊？不可能的。

但是你真做到光明現前了，明也不可取。《金剛經》告訴我們一個原則：「凡所有相皆是虛妄。」電天菩薩也告訴我們：「離一切數，於其中平等無二者，是為入不二法門。」離開一切相對的觀念，在明與無明之間，平等不二，是入不二法門。他連怎麼用工夫都告訴我們了。

（十七）喜見菩薩——喜金剛成就

「喜見菩薩曰：色、色空為二。色即是空，非色滅空，色性自空，如是受想行識。識空為二。識即是空，非識滅空，識性自空。於其中而通達者，是為入不二法門。」這本經的排列次序是很嚴密的，剛才電天菩薩的光明境界之後，就是喜見菩薩，就得喜了。以密宗來講，是喜樂金剛的境界，喜是心理上的喜悅，沒有憂悲苦惱，當然也沒有那討債的面孔。樂就一定輕鬆，是快樂。

喜見菩薩講的這一段很嚴重，到這一步，已經是菩薩地的初步歡喜地。大歡喜境是很難達到的，喜樂金剛是很難修的。這一段話，等於把二百六十字的《心經》解釋完了。色，包括了物質世界，地水火風四大，都是色，這是有形的。無形的呢？唯識上的八觸（動、癢、輕、重、冷、暖、澀、滑）所生的色，意境上所生的色（法處所攝色），也包括在內。例如男女之愛，好色，覺得漂亮或不漂亮，就是色法，雖然不是四大，但也不離開四大。喜歡藝術，喜歡山水也是好色。

「色空」，能夠把色證到了空，真是太難了，不要吹牛了。但是色法的本性是空，不相信嗎？有個辦法，你找個喜歡看的人，整天跟著看，包你看不到半個鐘頭就厭了。世界上誰最漂亮？自己最漂亮，對不對？在鏡子裡看自己愈看愈美（有同學不同意），不是？那你是菩薩了。你試試，只要在鏡子裡看自己看上三分鐘，那個就不是你了。你不要害怕，有時好像身體都沒有了，是很恐怖的。但是有人會利用這個方法，進入空定的境界，不過要趕快把眼睛閉了，不要再看鏡子，再看下去會瘋了的。不瘋至少也靈魂出竅，很嚴重的。實際上，這有科學根據，透過注意力集中一點會使你空掉，要注視自己，不要動，也不要去分析自己的眼睛鼻子嘴巴，盯住看，這一下就沒有了。不但鏡中的影像沒有了，自己也沒有了。

做到了這一步，你就可以了解到色空無我，就曉得色即是空。色的本性自然就是空的，不用你去想辦法讓它變空，所以色即是空。《心經》上又加一句「空即是色」，也是非色滅空。不是把物質毀壞了，變成空，而是色相的本身就是空。有一句流行的古話說，「酒不醉人人自醉，色不迷人人自迷。」一點都沒有錯。你說花好看，同花本身有什麼關係？是你自己著迷。因此廟子裡的菩薩都塑得很莊嚴，你為什麼不著迷呢？因為你有恭敬心在。換了是位小姐，男生看了就著迷了。

受（感覺）想（思想）行（生命本能活動）識（意識），也同色一樣，合起來叫作五陰。五陰都是一念變出來的，是意識變出來的。所以接下來講識空為二，意識是有，空是沒有，看來是對立的，其實識即是空。為什麼叫你們修白骨觀？要解脫成道非修不可，是了色陰境界很快的法門。色陰境界一了，下面四陰很快可以跟著了啦。

「非識滅空」，不是用意識境界造出來一個空，如果用意識境界滅了一切妄念達到空，那是非究竟的。因為意識本身自然就是空的。如果修證的工夫集中而通達的話，自然達到喜金剛的成就，心中會有無比的喜，比你中了什麼彩票都要開心。所以，要能證到空性，才能真正得喜。

（十八）明相菩薩——種性轉變

「明相菩薩曰：四種異空種異為二。四種性，即是空種性，如前際後際空，故中際亦空。若能如是知諸種性者，是為入不二法門。」明相不是指光明相，是明白、悟了一切相的意思。

地水火風四大種性沒有固定的，它本性是空的，為什麼？因為種性與心念的作用是一樣的。念頭分成前中後，在教理上也叫三心，是出自《金剛經》的過去心、現在心、未來心。過去心是前際，未來心是後際，現在心是中際，所以又叫三際。學禪宗的人講三際托空，就是講把這三個念頭的邊際解脫了，在這中間呈現一段空靈，就是當下即空，也是此地說的「中際亦空」。

所謂四大種性是跟著意識觀念來的，意識就是一念。假定這個人當下一念空了，那麼色身四大種性就空了。所以說色身是可以改變的，但是無法用外力幫助。必須自己內心見道，一念之間了知四大種性的空相，如此叫作入不二法門。

（十九）妙意菩薩——眼與色　妙觀察

「妙意菩薩曰：眼色為二。若知眼性，於色不貪不恚不癡，是名寂滅。如是耳聲、鼻香、舌味、身觸、意法為二。若知意性，於法不貪不恚不癡，是名寂滅。安住其中，是為入不二法門。」這位菩薩是講修持的境界。前面已經有位菩薩講意識境界，現在又來一位，講悟道以後的境界，第六意識轉成了妙觀察智。

凡夫不能成道，是因為意識被妄念思想遮蔽、困住了。那麼，諸佛菩薩悟道了，還有意識嗎？照樣有的。有位學唯識的師父問六祖，這八識轉成四智證得三身，要如何轉？這個一轉太難了！凡夫順著轉，所以輪迴，能反著轉，就成佛。六祖告訴他，「但用名言無實性」，轉其名，而不轉其實。名相轉了，東西的作用不同了，但還是這個東西。等於一把刀，醫生用了可以救人，凡夫拿了可以殺人，它的分別在於意識。所以悟道以後的菩薩還有沒有意識？有的。可是悟道以後的菩薩，是否還有困擾凡夫的貪瞋癡？貪瞋癡是凡夫意根上的三業，我們看妙意菩薩怎麼說。

妙意菩薩在這裡，先教我們從眼睛上了，剛才我們講過看鏡子的比喻。假如眼睛看一切色相，能見色不是色，不起貪欲，不起恚念（恚是怒氣由內發到外在，怨天尤人都是恚念），不起迷戀，這樣就是寂滅。密宗有很多用眼境界的修持方法，當下進入不貪不瞋不癡的境界。不是密宗快，而是他能夠利用有為法來修。但是究竟成就不成就，還是靠自己，不是靠方法。

你也可以拿一尊佛像放在眼前觀，看久了絕對就看不到前面的色相，一片空了。我們前面講過三祖的〈信心銘〉上面一句：「眼若不寐，諸夢自除。心若不異，萬法一如。」利用眼觀色，也是一種法門。有同學問我，他瞪起眼睛來就一片空靈，可以這樣修嗎？我說，為什麼不可以？但是你瞪起眼睛來可不要看，如果用看的，很快眼睛就會瞎了。雖然張開眼，但是沒有在看，沒有用到眼的機能，就沒有關係。否則你會用眼過度傷了眼，那我可不負責的，話先講明，你要開眼閉眼是自己的方便。

妙意菩薩教我們用眼來觀色的法門，馬上達到離貪瞋癡的境界，不需要跳出世間，當下就是寂滅道場。接著是耳、鼻、舌、身、意五根的修法也一樣。耳朵對於聲音，鼻子對於嗅覺，舌頭對於味覺，身體對於觸覺，意識對於思想，這都是相對的。但是如果同樣運用眼觀色的修法，你這五根也都可以得到解脫。

他的結論是「若知意性，於法不貪不恚不癡，是名寂滅。」因為歸納起來，貪瞋癡都是心理行為，是意識發出來的。那麼眼耳鼻舌身前五識有沒有貪瞋癡呢？有的。但是從唯識來講，前五識的貪瞋癡是助伴作用，像是幫兇，而主犯是意識。例如眼睛也有恚，意識恨某人，眼睛就發出來瞪著他，跟隨意識做幫兇。如果意識喜歡某人，眼睛就會笑咪咪的，幫著意識做。借用法律的話來講，從犯幫兇的罪較輕，主犯的罪較重。所以若是意識對外境不起貪瞋癡，那麼前面的五根就自然對境心不起，自然就寂滅。

講錯了，對境心不起還是另外一念，應該說：對境心數起，而自然寂滅。這個道理就是入不二法門。這個故事出自六祖《壇經》，廣東韶關的曹溪（因為曹操的後人輾轉遷徙到此地定居，因此叫曹溪）風水很好。後來六祖在這裡說法，他說法的廟子後世叫作南華寺，當時禪宗就有了南北二系，並不能算派別，只是風氣稍稍不同。在北方當然是六祖的師兄，神秀這一系。我們可不要看不起神秀，他的影響比六祖大。當時的文化中心在北方，有很多有修持的大師都在北方。不過神秀走的是漸修的路子，也是禪宗的正統。不要認為神秀不是正統的禪宗，那就完全錯了。唐代當時的大文人如李白、杜甫，後世的白居易，這一班名人的禪，都是受神秀這一支的影響。南方的禪影響中國，要到唐末五代才開始。

當時神秀那一系有一位臥輪禪師，他打坐時常有魔鬼來磨他，誘惑他，他都置之不理，還作了一首偈：

臥輪有伎倆　能斷百思想
對境心不起　菩提日日長

這是真工夫啊！你不要輕視他。很多學禪的人，就依這個偈子修行，後來傳到了廣東。臥輪禪師的輩份自然比六祖低，有人拿了這偈子去問六祖，六祖就說了另一個偈子：

慧能沒伎倆　不斷百思想
對境心數起　菩提作麼長

菩提作麼長這句話妙得很，是問語，你說菩提怎麼長？一邊也是答案，菩提無長也無滅，哪裡能長？臥輪禪師的偈子是學禪的根本，根本做到了，有了臥輪禪師的境界，你再來談六祖的境界。後世學禪的拿了六祖的雞毛當令箭，那是六祖揩屁股的草紙，你不要拿來當帽子戴！他可以拿帽子來揩屁股，你不能，你還是要從臥輪的方法做起。

（二十）無盡意菩薩——六度迴向一切智

「無盡意菩薩曰：布施迴向一切智為二。布施性即是迴向一切智性。如是持戒、忍辱、精進、禪定、智慧，迴向一切智為二。智慧性即是迴向一切智性，於其中入一相者，是為入不二法門。」無盡是無量無邊，在凡夫，意是第六意識，成佛了也用意，不過意識這麼一轉，轉凡夫的妄念為菩提。根據唯識，意在凡夫是分別心，轉識成智之後，第六意識就轉成妙觀察智。無盡意菩薩報告的內容是六度，就是大乘修行的六個次序：布施、持戒、忍辱、精進、禪定、般若。梵文叫六波羅蜜。波羅蜜的原義就是由這裡到那裡，人如何超脫人世的苦海，到達清涼自在的那一邊。中文翻譯是翻義，就用了一個字：度。佛教常說要度人，如何叫度？就是使人能夠解脫，能夠大徹大悟才叫度，不是說叫人信佛就算度了。

根據教理，六度的前五度，布施、持戒、忍辱、精進、禪定，是修福德資糧；般若是修智慧資糧。福德和智慧圓滿了，就可以成佛。這是從修行次第（就是層次）而說的，是漸修。

《維摩詰經》上所講的六度，不是講漸修的次序，是講頓悟的。頓悟什麼呢？一乘道。沒有差別的。換句話說，六度所有的修持，乃至小乘大乘所有的修持，就是為了一件事，為了得一切智而成佛。不過要注意，一切智是教理的名稱，或者稱為根本智，是見到本性，也是禪宗所說的開悟，明心見性。

無盡意菩薩怎麼講六度呢？他先用第一條舉例，修布施就是為了迴向一切智。普通把布施和迴向一切智分成兩邊，事實上布施這個行為的自性，就是迴向一切智。《維摩詰經》這裡所講的，是對形而上道第一義而講，不是第二義的境界。

教理上講布施有外布施、內布施、無畏布施三種，我們在前面都介紹過了。布施的時候要「三輪體空」，施者、受者、施事都空了，做了就放下。這就是學佛人的正修行，不是只有打坐才算修行，你下座穿鞋子時，讓一步路給人家先走都是布施。中國文化也講「施恩不望報」，給人家好處不希望人家回報。但是反過來是要「受惠不忘德」，哪怕受了人家一點點幫助，永遠不要忘記。所以佛教傳入中國，很快就被接受，因為它同我們本位文化完全一樣。

清朝的蒲松齡寫了一部《聊齋誌異》，藉鬼來罵人，他自比司馬遷，《聊齋誌異》也被稱作中國的鬼史。文字非常好，是我們小時候必看的，又怕又愛讀。這小說的第一篇，寫的是陰間的考城隍，城隍好比是陰間的縣長級長官，文中講到有位讀書人，在夜裡夢見被鬼擒去陰間的考場，主考官是關公，關公出了個題目，「一人二心，有心無心」。這位考生的答案可以代表了中國文化的精神就是：「有心為善，雖善不賞。無心為惡，雖惡不罰。」所以中國人做好事叫積陰德，做了不說的叫陰德。無犯意而做錯了事，可能良心上過不去，但是不用處罰。關公看了這讀書人所答的卷子，就派他作城隍。讀書人說這縣長做不得，因為他還有媽媽在世要養，死不得。關公就調卷看看他的媽媽還有幾年的陽壽，讓讀書人先回去盡孝，等媽媽的陽壽盡了再回來。

中國古人不輕易寫書寫文章。今日很多的文章、戲劇、新聞，寫的是社會壞的一面，對小孩子有很壞的影響，這種文字對社會的影響比殺人還厲害。其實寫的人未必有心教人學壞，也有寫正面的，但是接受的人不看正面。古人對人類這種心理非常了解，所以下筆非常嚴謹。《聊齋誌異》第一篇寫考城隍，就是要教人為善。蒲松齡把書寫完了之後，送給一位當時的名士王漁洋過目，王漁洋當場出一萬兩銀子，要蒲松齡賣給他，也就是想買著作權。蒲松齡不幹，王漁洋只好幫他題了一首詩：「姑妄言之姑聽之，豆棚瓜架雨如絲；料應厭作人間語，愛聽秋墳鬼唱詩。」你看這首詩很美，實際上是罵人，人比鬼可怕可惡多了，聽聽講鬼話還比聽人話好。

布施的道理，就是為善不求人知，這是學佛的人應該有的心理。最近有兩位出家的同學要遠行，來跟我辭行，我為他們準備了一點錢，裝在信封中，寫上供養二字。他們雖然是我的學生輩，可是這裡就要拋開老師的立場，尊敬三寶。布施同供養意義有何不同？都是出錢，可是心理是兩樣的。供養是下面對上面恭敬供獻，讓上面滋養之用，同樣的行為，卻是兩種不同的心理。假如出錢幫助窮苦的人，可不可以認為自己在供養？可以的，也是應該的。

供養一切窮苦的人，就等於供養一切佛。

布施就是捨，是學佛的第一步，因此學佛的人要萬緣放下，名利一切都放下。常有人說責任放不下，你真學佛連責任也要放下。像我的責任也很重，就算我這一秒鐘死了，世人還是活下去的。所以要放下，放下就是布施。有人說打坐時思想放不下，你布施嘛！把思想給狗吃了，就放下了。假使我死在路旁，這個肉體給狗吃了也蠻好，跟狗結個緣嘛。一輩子雞鴨魚肉吃了那麼多，死了這個肉體給螞蟻吃給狗吃，一樣也是布施。如果發不起布施的心，也就不用想有什麼成就。像時下很多年輕人，幫人家一個忙都不肯，我要班上同學告訴缺席的同學，下一堂課帶些什麼書來，結果連這一句話都不肯傳，就是不肯布施。

除了財布施法布施之外，還有無畏布施。給人精神支持就是一種無畏布施，例如有人遭受到很大的挫折，我對他說：沒有問題的，我看了你的相，馬上就一切順利了。其實我是信口說說，但是他很可能因為聽了這番話而得到鼓舞，這只是無畏布施的一種方便，其實布施方法是很多的。

但是，布施究竟是為了什麼？為了迴向一切智。這又是什麼個講法呢？我們放下一切，捨掉一切，是為了成佛。一念放不下，所以不能得道。你打坐在那裡搞氣脈，任脈通了沒有，督脈通了沒有……為什麼？氣脈通了身體會好嗎？這就是放不下身見，這一念放不下，怎麼能夠得一切智？四大皆空，身見先要放下。所以布施是為了迴向一切智，得了一切智就成佛了。

怎麼樣是迴向呢？這個問題嚴重了，連好幾位老前輩都問過我，關於迴向的意義。他們的學問都很好，不是不認得這兩個字。古人為什麼翻譯成迴向？意義是非常深刻的。你若是懂了輪迴，就會懂迴向。宇宙萬物是旋轉的，起點也是終點，因中有果，果中有因。迴向也是這個道理。布施出去，我就沒有了，其實正是你的有。你覺得什麼都犧牲了，正是你的成就。不過你如果因此存著要回收的心理去布施，那就糟糕了，反而不會迴向的。如果你無心布施，它自然就迴向。例如有人問我，要怎麼唸經迴向給父母，這很簡單，你只要起這一念就迴向了，這就是心念的力量，不用再唸出來這是為了誰為了誰的。

學佛第一步要心念空靈，無所希求，只有施出去，只有幫忙人家的，不用希求拿什麼，自然就迴向了。

我們學佛是求自己成佛，布施是一切放下，它的本質就是迴向一切智。普通人不了解，把布施當作一段，迴向當作一段，當作兩個相對的。現在《維摩詰經》告訴我們第一義諦，不要修別的法門，只修布施。你說我沒錢，就內布施嘛，內心一切皆空，沒有錢不能布施的這個念頭也要空掉。一切放下，放下的念頭也放下，自然成就一切智。所以說：「布施性即是迴向一切智性」。

中國有句老話：「為善最樂」，這是真的，不是一句口號，也不是純粹勸人的話。你可以就這個行為體會一下，我自己的體驗是如此，你真做了一件善事，幫了人家解決了一件大事，那真舒服。這個道理是什麼？善行是喜的，惡行是憂的。喜的東西是陽性的，憂愁的東西是陰性的。真做了好事，不只是精神上會感到非常愉快，身體都會舒服的。就有那麼大的功效。所以我常說學佛的人還不如學童子軍，童子軍的教育要日行一善，善行不論大小。

可是學佛的人恐怕十天都做不到一善，儘管滿口佛話，人家碰他一下就氣死了。

同樣的，持戒、忍辱、精進、禪定、智慧都是迴向一切智。因為布施、持戒、忍辱、精進、禪定都要靠智慧去做。我常說做好事非常難，是要有智慧去做的。沒有智慧，你覺得自己是在做好事，其實會增加別人的煩惱。所以六度萬行以智慧為主，學佛法是智慧之學，不是迷信。所以「智慧性即是迴向一切智性」，智慧是指普通的聰明，一切智是悟道的智慧。

清楚了這個道理，你就曉得世間的行為，就是修出世間法，修出世間法要能夠入世。我今天還在說一位出家的同學，他光曉得出家修道，如果不懂世法的話，這道是白修了，不能起而行。只能空，空而不能起有之用。釋迦牟尼成了佛也還是要出來教化眾生，他什麼事都懂，例如他也懂放牛，乃至也懂裁衣服。他是得一切智的，就是世法要通啊，這樣就叫作入不二法門。

總結無盡意菩薩的報告，在六度萬行中，我們真修持做到了任何一點，都能夠悟道，不需要再找別的法門。譬如內布施有一條，萬緣放下。萬緣慢慢放下多麻煩，一念放下就行了，打坐時連求靜的這個心都放掉，內布施掉就行了，可以成就一切智。問題是講得容易，你真能放下到什麼程度很難。有人說，放下就昏沉，那你要把昏沉也放下！嘿，這就是問題了，你怎麼把昏沉也放下？老實講，昏沉是習氣。例如佛也說過，人為什麼要睡眠？有兩種原因，一種是生理疲勞，所以進入昏沉需要睡眠；一種是心疲勞，用腦子用思想多了，心理上疲勞了，也想睡眠。這個睡眠是一個境界，就是個習氣，能把這個習氣檢查出來，睡眠昏沉也放下，那是真放下了。放下了自然迴向得一切智，這就是不二法門。

（二十一）深慧菩薩——三解脫門

「深慧菩薩曰：是空，是無相，是無作為二。空即無相，無相即無作。若空無相無作，則無心意識。於一解脫門，即是三解脫門者，是為入不二法門。」現在是第二十一位菩薩，名號是深慧菩薩，由上一位無盡意，到這一位深深智慧的深慧菩薩。《維摩詰經》一共有三十二位菩薩，報告修行的不二法門，這好像是《楞嚴經》上有二十五位菩薩，報告修行的圓通法門。上一次提醒過你們，諸位有留心算過嗎？

上一位菩薩講的是六度，這一位菩薩報告的是大乘的三解脫門。

三解脫門就是空、無相、無作。無作在有的經典上也翻成無願。看到無願有人就覺得奇怪了，學佛不是都要唸《普賢行願品》嗎？學佛不是都要發願嗎？無願其實就是無作，作而不作。我們能抓住這三解脫門，一切佛法的道理就都知道了，學佛就是隨時把握三解脫門。

講到空，例如《心經》說「諸法空相」，《金剛經》說「一切有為法，如夢幻泡影，如露亦如電，應作如是觀。」學佛想要進到空，有多難啊！密宗的，尤其是黃教一派，要得中觀正見，才算見道得根本智。什麼是中觀？不空也非有，即空即有。得中觀正見的前提，要先見空性，先見到空的一面，也可以說是見性空。了解了性空，自性本來空，學佛的第一步就邁開了，不是理論上了解，是要身心都進去。現在講話都懂，這是理論，沒有用的。你縱然能把佛經倒背如流，佛學好得不得了，生死來到時一點用都沒有。不要講生死，就算感冒來了你也擋不住，你空空看，噴嚏照打，肚子餓了你去空空看，還是餓得受不了。真得到空性的人，卻是絕對沒有問題的。所以什麼叫悟道？什麼叫證道？是身心整個投進去。就像這杯茶，白開水沖泡茶葉就有味道，你只講空話，講得再香再濃，白開水仍然是白開水。

這個性空是要證得的，證得了性空還不算佛法完全成就了，只是起步而已。性空了還要知道緣起，真空要起妙有的作用，那佛法就又進一步了。但是這還不算成功，要空非空，有非有，即空即有，非空非有，才真能算了解般若性空緣起，緣起性空，這個道理就是中觀正見。

這個空是不是究竟呢？絕對究竟。最後得中觀正見，連中也不中了，徹底的空，所以講是性宗般若畢竟空。這個空的境界要如何求得？在座的同學打起坐來拚命想求空，求不到的道理在哪裡？就因為你在忙著求空，真是空忙。要知道，是空來空你，不是你去空它。你懂了這個道理，很自然就空了。你現在在聽講，空不空？不空啊，這是有啊。但是你聽到、感受到的，沒有一點可以停留住的，它早跑掉了，當你一聽到就已經沒有了。所以是它來空你，不是你去空它。

結果我們學佛的都走了反路，都在求空，豈不是背道而馳？它本空啊！你了解了本空不是就很解脫嗎？用不著怕有個有的。你想把我們的思想、感覺停留住，那是停留不住的。不過有一樣你感覺到好像停留住了，就是當你痛苦時，你硬是空不掉。其實還是空得掉的，那個感覺痛苦的就是受陰，就是業力的根本。業在哪裡？就是被痛苦煩惱束縛，被這個力量綑住了，解脫不了，就是業。這是一個感受的作用，你打坐覺得靜了，但是你裡頭還有一個靜的境界，就是受陰，你就解脫不了。等你覺得空了，就又著相了，有個空相，這空相也要空掉。你說空了覺得清淨，可是既然還有個清淨，又不空了。

空，是徹底的無相。既然無相就當然無作無願，我也不希望有個空來，它自然空的。你造出來個空的境界、光明境界，那就是有作。有作在修持的程序上就是有修有證，無作是無修無證。所以得了道的人跳起來是道，坐下來還是道，這肉身完了，可是法身是不生不死。

我們修持能達到空、無相、無作，則心意識自然空了，自然就解脫了，自然就入道了。學佛不論大小乘，不論任何宗派法門，歸納起來，最後都是求解脫。什麼解脫呢？不是工夫，不是信仰，是智慧的解脫。所以學佛的成就是大智慧的成就，不是工夫，不是境界，不是迷信，不是信仰，而是智慧的解脫。但是同時也包括了工夫，也包括了境界，也包括了正信。

心意識是很難解脫的。心意識不是一個東西嗎？為什麼要分三層？佛經上常這麼分，尤其是禪宗語錄，在宋朝以後的大師們，常常提到要離心意識參話頭。當年我跟顯明法師二位，皈依虛雲老和尚學禪（這裡不應該說二位，應該說我們兩個人，自稱二位就大模大樣了。順便把中國禮數告訴你們年輕人），虛老一開示就叫我們離心意識參，我參了一分鐘就不參了，因為離心意識我還參個鬼！那我已經成功了嘛！這句話到此為止，你們參參看，參我那句鬼話。

現在不講禪宗，講教理。意，大家都知道，以六根來講，佛學把我們生命分成六個工具：眼耳鼻舌身意。相對外在的六塵：色聲香味觸法。另一種分類，是分成五蘊：色受想行識。你把五蘊研究通了，也可以悟道了。唯識宗主張萬法唯識，把物理世界和我們的精神的生命合起來，分成八個識，這又是一個系統。這八個識當中，主要的中心在意，第六意識，第六意識的根本，整個的叫作八識，就是唯心，所以叫作八識心王，心是主體。心起的作用就是意。把心意識三個層次勉強作個分類比方，心像大海；意像大海中起的波浪，一個一個思想不停；識像波濤面上的浪花。

空、無相、無作與心、意、識之間的關係，要怎麼樣配合呢？這個無作是指什麼無作？無作配心、無相配意、空配識。因此深慧菩薩告訴我們，「於一解脫門，即是三解脫門者，是為入不二法門。」空、無相、無作，隨便由哪一個法門證入，一門深入，就徹底成功了。再歸納起來講一句話，妄想就是般若。我的老師袁老師，給我講過一句大名言，了不起的。他告訴我般若與妄想有什麼差別，他說：「知妄想是空，妄想即是般若。執般若是有，般若即是妄想。」說得非常徹底。

（二十二）寂根菩薩——佛與法眾

「寂根菩薩曰：佛法眾為二。佛即是法，法即是眾。是三寶皆無為相，與虛空等。一切法亦爾。能隨此行者，是為入不二法門。」這一位寂根菩薩，是第二十二位菩薩，寂滅清淨當然是空了。「根」，本院的出家同學，剃了頭，穿了這一身衣服，分不清男的女的，只有什麼不同？身根不同，就是男身女身生殖器官不同，因此有男女的差別。

佛法僧在《維摩詰經》翻成佛法眾，眾就是僧。佛法僧是佛教的三寶。早晚念誦，皈依佛，皈依法，皈依僧伽。伽要讀如「茄子」的茄，不要讀成「嘎」。僧伽是僧團的意思。皈依僧是要皈依僧團，不是單一位僧，因為要隨眾而學，所以在這裡翻成佛法眾。僧伽是聖眾，入聖人之位，是成佛得道的預備隊，是後補佛。所以要對出家人恭敬，我對出家人是非常恭敬的，你不要看我常罵出家的學生，那是以另外一個立場罵他們。

學佛要恭敬三寶。有人對我說，他看出家人好像與在家人沒什麼不同，言下有不尊敬之意。我說，當然沒有不同，都是一個鼻子兩個眼睛，可是人家剃了頭就值得恭敬。告訴你，真的釋迦牟尼佛今天來了，你看慣了也同我們差不多。真的肉身菩薩來了，你一定不知道，等他死了你才明白，慢慢去哭吧。拿破崙也說，他在兩個人心目中當不了英雄，一個是他的貼身侍從，一個是他的太太。這是真的，英雄也有常人的一面。我們懂了這個道理，常人也是佛。所以不只是恭敬僧人，你能夠把一切眾生、每一個人都看成佛一樣，你就絕對成功了。有如此的精神去學佛，憍慢心沒有了，沒有不成功的。

普通觀念把佛法僧分開，覺得他們是出世的，我們是入世的。佛就是法，佛就在法中；法就是眾，法就是僧；佛法僧三寶是一寶。我們出家同學是僧寶，手中這本《維摩詰經》就是法寶。

所以寂根菩薩告訴我們，「是三寶皆無為相，與虛空等。一切法亦爾。」無為就是要放下，三寶就是一寶。真正佛法僧三寶在你那兒，在每個人心中。每人心中能萬緣放下，一念皆空，你那兒就是三寶，與虛空相等。不止三寶，一切出世法、入世法，也都是一樣。能夠依這個理去修正自己的心理和行為，就是不二法門。即使是在家的同學，你能夠一念之間證得空性，你已經入於僧伽聖眾，也算是出家人了，所以廟上供奉的伽藍聖眾，有出家的也有在家的。譬如中國佛教供奉的伽藍神之中，有關公，也有韋馱，都是武將，是在家的。韋馱菩薩到中國唐代才開始有記載，這在前面說過了。有個說法是我們這一劫為賢聖劫，據說會有千佛出世，所以沒有那麼悲哀。韋馱菩薩的願力，就是為前九百九十九尊佛護法，而自己成為第一千尊出世的佛，就是樓至佛。

（二十三）心無礙菩薩——了生死問題

「心無礙菩薩曰：身、身滅為二。身即是身滅，所以者何？見身實相者，不起見身及見滅身。身與滅身，無二無分別，於其中不驚不懼者，是為入不二法門。」心無礙菩薩所報告的不二法門，就是我們所講的了生死。世人最恐怖的就是生死。死了怎麼辦？死了就沒有我了。有沒有我是另外一個問題，但是認為死了就沒有我了，就是認為這個身體是我，在佛法上這是惡見，不是善見。身體不是我，是這一生借用的工具，是四大假合而成。一般人分生死，是以身體失去功用就叫作死亡。一般人的恐怖和悲哀就是怕死亡到來，我這個身體沒有了，我到哪裡去？

學佛的人不應該有這樣的看法，生命是永恆的，非斷非常。一般人認為的生死，在佛學叫分段生死，所以凡夫的六道輪迴是分段的，不論活多久，僅是整個生命中的一段。得了阿羅漢果的人，可以預知生死，乃至可以決定要活幾百年幾千年，因此認為自己沒有生死，其實還是在生死中，在佛學上講是變易生死。能離開分段生死，去掉變易生死，回到自己生命根本道體上，這樣就是不生不滅，勉強可以叫作了生死。

我們這個生命，不生不滅的根本，有一個名稱，悟了道的人證得了這個叫法身。法身本來寂滅清淨，不是我們修出來的。修它也寂滅清淨，不修它也寂滅清淨，所謂本性如然。譬如我們都市中蓋了許多高樓，並不妨礙這虛空，以後如果都市回復到荒涼，這虛空還是一樣。法身有如虛空，不生不滅。

為什麼我們不能知道自己在法身中，僅僅知道這個肉身？因為我們的習氣，認小為大，抓住個小的當成是生命的根本。禪宗說明心見性，見的是這個心，不是思想的心。這個道理講得最清楚的是《楞嚴經》，佛告訴阿難，我們的生命是盡虛空遍法界無所不在的，可是凡夫眾生顛倒知見，不認這個生命，卻只認身體。像是不認大海，反而只認大海上的一個小水泡當作是自身。《圓覺經》上也說，眾生妄認四大為自身相（把這個四大假合的肉身認為是自己），妄認六塵緣影為自心相（以為自己的思想是心，其實思想只是身體第二重、第三重的反映）。

心無礙菩薩說，普通人把肉身看得很牢，等到肉身壞了，以為是兩件事。莊子也講過一個比喻，驪戎有位小姐驪姬長得很美，這個國家被滅，她被獻給晉獻公，當時的她怕得哭哭啼啼。在古代一旦進了宮中，就只有靠祖上積德，哪一天被皇上看中能選為妃子，否則可能一輩子老死宮中，連家都回不去。後來這位小姐果然被選為妃子，享受恩寵了，想想當時怕的心態，覺得很好笑。莊子就說，世人都怕死，可是如果死後比生前還好，就會覺得自己臨死時怕得很沒有道理。

其實，生死不只是身體壞了才經歷到，我們凡夫天天都經歷生死，每晚睡覺，就是一次生死。再進一步講，我們身上的細胞，因為新陳代謝作用隨時都在生滅，因此這個身體也不斷在變化，本身隨時在生死中。所以生死沒有什麼可怕，就像換個房子住，修道成功了，就像是發財的人換新房子，對舊的房子毫不眷戀。那個沒發財，被人趕出來的，對自己那個舊房子，不知道有多捨不得！

真正了解我們的生命不是這個肉身，也就是悟道，見法身，見空性，見自性，見實相。若是沒有悟道，那你所有學佛的功德都是在學加行，要見道以後才能修道。實相是什麼相貌呢？本來清淨，是無相，是空相。所以說清淨是法身，圓滿是報身。我們凡夫現有的身體是業報身。是善業來的，這一生福報好；是惡業來的，福報就不好。成佛得道了就是得圓滿報身，三十二相八十種好，一切功德圓滿。見到空性清淨法身，才好起修圓滿報身。圓滿報身成就了，千百萬億化身當然就有了。

明心見性見到自身實相了，就「不起見身」，不會把肉體看得很牢，身見沒有了。以小乘來講，有兩種障礙使我們不能成道，就是見惑和思惑。思惑是我們帶來的業報，就是貪、瞋、癡、慢、疑。見惑是觀念的錯誤，就是身見、邊見、邪見、見取見、戒禁取見。我們大家打坐念佛，搞了半天，實際上都是邪見。又想求通氣脈，想自己健康長壽，身見也愈來愈重。《金剛經》告訴我們要無壽者相，把這些觀念拿掉才能見道。

也有人問我，為什麼有的出家同學吃素修行，身體卻愈來愈多病。好像佛法就是人壽保險，應該保證不生病似的，這是觀念錯誤。其實人生以病苦為師，要遭遇痛苦和身體多病，才容易有道行。又健康又快活又功名富貴，一切都得意的話，是不會想修道的。因為有病所以不敢亂來，然後又當然有點私心，想把身體修好一點，就是這樣才種進了善根。所以叢林規矩裡，修行人不求無病，病還是善知識呢！

所以要「不起見身」，還要「及見滅身」，不要看到肉體壞了就覺得生命死了，這好比只是工具壞了，換個工具就是。什麼理由呢？「身與滅身，無二無分別」，這句話更嚴重了！我們學佛許多年了，幾時見到過清淨法身？清淨法身在哪裡？要把此身空掉了，把受陰想陰都空掉，好像連這個肉體都沒有了，當然法身就清淨了。所以法身就在你現在的肉身上。禪宗的雲門祖師說：「中有一寶，祕在形山。」這寶貝就在你肉體上。臨濟祖師也說：「赤肉團上有一無位真人，常從汝等諸人面門出入。」無位真人就是生命本來，就在我們眼耳鼻舌身面前跑進跑出，只是我們不知道。所以法身就在你這個肉體上找，你能把這個找清楚，也就對了。古德還有一首偈子：

> 五蘊山頭一段空　同門出入不相逢
> 無量劫來賃屋住　到頭不識主人翁

我們這色受想行識五蘊之上有一段空，這空就是法身，就在我們身體上，你怎麼樣去求證？為什麼有人用觀的或者用聞的就悟道了，而我們不行？法身就在你身上，能把這個找到了，才是悟道。

進一步說，你也不要看不起這個肉體，肉體就是法身。所以永嘉禪師在《證道歌》也說，「幻化空身即法身」。因此根據大乘菩薩戒，自殺是犯了重戒，等於殺了佛、菩薩、羅漢。你的肉體就是佛的肉體，算不準你明天悟道成佛，而出佛身血是入無間地獄的罪。殘害自己身體，任意糟蹋自己，浪費自己生命，都是犯菩薩戒的。前面曾提過，儒家文化的《孝經》也說，「身體髮膚，受之父母，不敢毀傷，孝之始也。」古代儒家反對佛教，其實不是反對佛法，是反對出家人，父母都不養，剃了頭髮出家，認為是不孝。這個觀念就是要保重身體，因為身體是父母親生育養育而來，他們希望我們能健康，你把身體毀傷了，就是不孝。又說「君子不立於危牆之下」，也是這個道理。身體雖然要保重，但是儒家的道理是：「死有輕如鴻毛，有重於泰山」，看情況，該犧牲時，也義無反顧。所以中國文化關於生死之間，是有很多道理的。

懂了身與滅身不二的道理，肉身與法身一樣，生與死一樣，「於其中不驚不懼」，就是入不二法門。

（二十四）上善菩薩——身口意三業

「上善菩薩曰：身口意業為二，是三業皆無作相。身無作相，即口無作相。口無作相，即意無作相。是三業無作相，即一切法無作相。能如是隨無作慧者，是為入不二法門。」能夠心無礙，自然能夠有善行。這位是上善菩薩，最高的善，他來說明身口意三業的不二法門。我們每人每天身口意都在造業，我們來到這世界都是光屁股來的，什麼都沒帶，活了一輩子，要吃要喝，要揩油要騙，騙不到就兇人家。所以這世界，沒有哪一個眾生不是偷盜人家來生存的。強盜暗搶，皇帝明搶；小偷暗偷，做生意明偷。所以不要說自己沒有造業，哪一個沒有造過業？身體、嘴巴、意識都在造業，自己檢查看看。像我，不要說是在弘法利世了，我為了要吃飯，只好靠賣嘴巴賺錢，比歌星還不如，也造了很多口業。你們將來也不要自以為在講經弘法，都是活見鬼，有這觀念就是造意業。自己儘量向好處做，少一點過錯就了不起了，不要自命不凡。所以在我看來，諸上善人和大菩薩都和我一樣，是吃開口飯的，開口飯就是賣唱的。

什麼時候身口意才在造善業呢？萬緣放下，一念不生，得定了。身不動，也不用吃，身就沒有造業；口不動，連阿彌陀佛的阿字都不阿了，口就不造業了；意念動也不動，清淨圓明，也不造業了，只有這個時候，才是真正身口意三業向善。常有人來對我說：老師，我沒別的，只有對你誠心身口意供養。去你的身口意！我真答應就簽個約去公證，你身子是我的了，沒有你自主的份了。所以那都是騙人的，說這個話哄人就是造業。我當年跟老師學法，從來不講這種妄語，我手邊有現成的就一定供養。當年學密宗，不知道花了多少錢，今天傳個法，送紅包，明天傳個法，又送，這供養才是真的，什麼身口意供養！真正的大供養是法供養，萬緣放下，一念不生，這個時候才叫身口意供養，供養佛菩薩三寶。

身口意三業，表面上與善是相對的，但是你真悟道的人，三業皆無著相。身口意自性本空的，三業本來是無作相。「身無作相，即口無作相」，白居易有首詩說，「飽暖饑寒何足道，此身長短是空虛。」這個身體本來就是空的，他用了幾句詩就把佛學講完了。

身體到了無作相境界，當然就不會造口業，不會說是非。身口意三業中，嘴巴造業的機會最多。身業只有殺盜婬三種，意業也只有貪瞋癡三種。口業有四種，妄語（譬如不想和某人打交道，他來找你，就隨口說沒有空，就是妄語）、惡口（罵人、挖苦人）、兩舌（造是非，像是同人講，這話只告訴你，不要告訴別人，就是兩舌）、綺語（像是說些不相干、不由衷、敷衍的話，或者是說沒有意義、言不及義的話，像聊天就是）。

不造口業就意無作相，這一點是很難說的。例如有人以為不說話、禁語，就可以不造口業了，可是他雖然不說話，見了別人有什麼過失，那難看的臉色就擺出來了。這不仍然是在說話嗎？真正禁語是要從意上去禁的。

能真正身口意三業清淨了，就不止是戒了，比戒還進一步，是無作慧，是智慧的解脫。用上面的例子，看到人家做什麼事，心中也不會動念，這才是解脫，是要有智慧才做得到的。這是大乘三法印的無作，前念已滅，後念不起，起了就丟，這樣才是入不二法門。這是上善菩薩的境界，是真行善。

你懂了上善，就會懂了密宗的上樂金剛和禪悅的道理。

一個人想要得到身體上的快感，是有好多方法的，按摩是一種方法，乃至有人捏香港腳也無比舒服。但真正的得至樂是為善最樂，上善成就了，它由內而外發出的快感是永遠不退，晝夜都在快感中。那種快感是我們想像不到的，就是經上所說的，菩薩內觸妙樂，是登地以後菩薩的境界。有上善、上樂、上喜的境界，才算是福報的成就。做點好事只能算是在培養福報，是福報的資糧。你想得到上樂境界，要問自己福報夠嗎？一身都是業怎麼能得到？接下來是福田菩薩，是真正福報的成就了。這個次序排列得非常嚴謹的。

（二十五）福田菩薩——福行　罪行　不動行

「福田菩薩曰：福行、罪行、不動行為二。三行實性即是空。空則無福行、無罪行、無不動行。於此三行而不起者，是為入不二法門。」

出家人的袈裟，上面有一塊塊的，就叫作福田衣，象徵出家人是為眾生種福田。現在福田菩薩為我們講行，什麼是行？就是行為、動作。作人每天不是在做福行（善事），就是做罪行（惡事），所以得善報或惡報。如果每天只睡覺，不做善也不做惡，那還是有報的，得無記報。得無記報就變豬了，因為無記業就是罪業，昏頭昏腦當然有罪，不過算是消極的惡。

不動行是上善之行，已經得了道，不空而空，自然清淨。孟子說自己的修養是「四十不動心」，他從年輕作學問修道，到了四十歲才敢說不動心。孔子也說要到四十歲才「不惑」，不惑就是不動心。但是不動心不算悟道，孔子孟子到四十歲並沒有悟。你問，孔子到了幾歲才悟了？五十歲，他「五十而知天命」，破初關。用功十年，「六十而耳順」，破重關。再下十年工夫修行，「七十而從心所欲不踰矩」，才破三關，才成就了。孔子是很辛苦的，他是個孤兒，十二歲就要自立，養一個後娘，還養一對同父異母的兄妹，家中貧困，不能不挑這個擔子。雖然這麼艱苦，十五歲就志向已定，「志於學」。要到四十歲才不動心，可見不動行之難。

所以這三種行，福行是善報來的，罪行是惡報來的，不動行是修菩提果報來的。普通看起來，這三行是不同的，其實這三種行為都在一念之間，因為「三行實性即是空」。要從這裡見空，真見到了空，善的、惡的都沾不上了。

像剛才說，孔子孟子在四十歲時還沒悟道，要進一步曉得三行的自性皆空才是悟道，「於此三行而不起者」，那才是萬緣放下，一念不生，才是入不二法門。入了不二法門你福行也對，罪行也對，不動行也對，那是菩薩境界，才可以為眾生種福田，這不是凡夫可以想像的。出家的同學要注意了，你要反省有什麼資格穿福田衣，為一切眾生種福田啊？如果披了這一件衣服而不好好修行，果報是很嚴重的，來世連人身都得不到。所以若有同學披了袈裟來聽課，我可就不敢坐在這上面了，那是因為它所代表的精神。同樣的，有同學穿了袈裟我就不能罵他了，這正應了「不看僧面看佛面」這句老話。

但是，「披上袈裟事更多」，這是真的，出家不只是為自己，更是為了度一切眾生，為眾生種福田。所以你的修行是為一切眾生而修，成就了更要去利他，當然事就更多了。這一句話也被用來批評出家人反而攀緣更多。

菩薩是多情慈悲的，從圓滿的境界看，菩薩也可以說是癡情不得解脫的。反過來說，如果是一個沒有情感的人，他就沒資格學大乘，修成了也是個小乘羅漢，是自私的。所以曾緘的布達拉宮詞曰：「只說出家堪悟道，誰知成佛更多情。」

（二十六）華嚴菩薩——由我而起

「華嚴菩薩曰：從我起二為二。見我實相者，不起二法。若不住二法，則無有識。無所識者，是為入不二法門。」接著福田菩薩之後，另一位更大的菩薩出來了，華嚴菩薩，華嚴的境界更大了，「一花一世界，一葉一如來」，處處都是菩薩，上面下面，最乾淨的地方，最髒的地方，到處有。善中有惡，惡中有善，善善惡惡，分辨不清，華嚴境界是盡虛空徧法界。《華嚴經》是一部大經，汪洋淵博，不讀《華嚴經》，不知佛家之富貴。其後華嚴在中國佛學又成了一宗，研究唯識法相的人，非研究華嚴不可。《華嚴經》

是唯識的五大經之一。

華嚴菩薩說，一切從「我」來，一切萬緣都因為有我相而生煩惱。待我空了，人無我，法無我，自然就成佛了。有我就有人，有人就有他，這就是「從我起二」，有人我他就有一切煩惱。「二」就是相對的，相對的境界就是由我而起。見到我的實相本空，到達無我，自然就沒有相對的了。

我們凡夫也有一句很好的話：「眼不見，心不煩」，雖然做不到無我，不看見就算了。很多你在外頭買的食物，如果去工廠看看，包你會覺得髒。我們吃的醃菜，在我家鄉是用人腳去踩出來的，你見到了一定吃不下去。另有一句話說：「水為淨」，有什麼髒的，用水洗一洗就乾淨了。中國鄉下其實有很多有智慧的事，例如我小時最怕鬼，老人家就教我，如果走夜路撞鬼了，就把袍子一掀，放一泡尿，口中吼一聲「呸」，就過去了。後來我去西藏，活佛傳我個避鬼方法，也不過如此。

我講個真的故事，將來要寫進回憶錄的。我小時家鄉有個讀書人，他詩詞文章都很好。夏天晚上他在橋上睡，到了早上人不見了，全家人發動地方上百姓一起找。結果在離橋不遠的一條小徑邊找到他，他的耳朵鼻子都被泥巴塞住，人已奄奄一息。他被救回來後，說只覺得睡著後身上被壓住，就什麼都不知道了。大家就說是被鬼抬走了。我聽了這事，又怕又好奇，一定要拉個大人帶我去那個地方看一看，大人嚇我，如果被鬼抬走怎麼辦，我說我就掀衣服拉尿（眾笑），這些都是過去農村生活的事，你們今日都市中長大的人是無法想像的。

講回華嚴菩薩，「若不住二法，則無有識」，到了無我的境界，就不住相對二法，就無識了，是心意識的識，無識就不動念。識空了就意空，意空了就心空，因此人空法空。這個時候，才是真做到無我，才入不二法門。

修行要能做到無我，先空我。你看這個不慣，那個人又不對，起了善惡是非之分，皆因我起，能無我，就入了不二法門，這是華嚴菩薩的境界。到了這個境界，才算是開始向功德圓滿的路上走。所以接下來是德藏菩薩，這藏不是躲藏的藏，是寶藏的藏。

（二十七）德藏菩薩——有所得與無所得

「德藏菩薩曰：有所得相為二。若無所得，則無取捨。無取捨者，是為入不二法門。」一般學佛的人都犯了這樣的錯誤，以有所得心來求無所得法。佛法是無所得的，你用做生意的觀念，求利益的觀念來求法，因地就錯了。因錯了，你修死了也修不出來。所以我再三引白居易的詩，「空花豈得兼求果，陽焰如何更覓魚」，你根本路線已經錯了，走錯路了。尤其年輕人學佛更是如此，連做個什麼夢也當大事一件來對我說，聽了我頭就大，可是也只好聽聽。還有同學唸咒子或者拜佛，哎喲，昨天得了一個境界，趕快來告訴我。你來講境界時，那個境界早不曉得跑哪裡去了，還要來說境界。那之愚蠢，恨不得一刀宰了他，幫他換個腦袋。這種心理，都是以有所得心、有所得相來求法。沒向菩提相、空見上去求。

《心經》說「諸法空相」，一路無到底，最後，「無智亦無得，以無所得故，菩提薩埵」，無所得是菩薩境界。若無所得，就無所取也無所捨，既不要提起什麼，也不需要放下什麼。很多人說自己放不下，放不下你就提起來嘛！但是又要問怎麼提起，不知道就放下嘛！再問怎麼才放下，那就只好說，去你的！這是第三法門啊，第一是放下，第二是提起，你前兩個都做不到，只有第三了。你真能「去你的」，就行了。坐在那邊心念放不下，「去你的！」有位同學被我大罵一句「去你的」，就把這句話當了個咒子，空不了時就唸，結果居然很管用。我就告訴他可不要亂傳這個咒子，是有版權的，若要傳，非先讓學生磕三百個頭不可，還要收供養（眾笑）。

如果能無取也無捨，那當下就是道了。道就在這裡了，既不提起，也不放下，既不求空，也不求有。為什麼一定是空才對？那有呢？有也不對！那是什麼呢？是什麼就是什麼嘛，現在就是現在嘛，那就對了，就是這個（師以指敲桌數次）！但是你要懂這個，要功德福德圓滿了才能懂，這就是不二法門。

（二十八）月上菩薩——暗與明平等

「月上菩薩曰：闇與明為二，無闇無明，則無有二。所以者何？如入滅受想定，無闇無明。一切法相，亦復如是。於其中平等入者，是為入不二法門。」你們在別的經典中看過月上菩薩嗎？《藥師經》中有位藥上菩薩，同這位月上菩薩是有關連的。月上不是月亮上來，是用月亮形容，比清淨光明殊勝境界更要殊勝。

月上菩薩說的這一段，對你們的修行非常重要，黑暗與光明是兩個相對的現象，是不是？初學佛的人，打起坐來眼前黑洞洞的，這就是闇，就是無明。有時坐起來有點亮光就高興死了，以為自己見道了，你是活見鬼了。靜極則明生，那點亮光有啥稀奇！你打坐雖然不動，身體沒有全靜下來，還有呼吸、血液循環、心跳、腦波都在動，你覺得靜，是第六意識寧靜而已。心理雖然靜下來，生理還在動，甚至動得更暢快，因為沒有心理干擾生理本能的活動。這也是為什麼打坐會使人健康的原因，因為心寧靜下來，呼吸、血液循環、心跳、腦波就都正常活動，這動和靜一磨擦，就有光明出現。這不是道，是「稻」嗎？我看你是「麥」還差不多。不過你們年輕人城裡長大的，稻子和麥子本來就不分的。

真得道的人，也非黑暗，也非光明。這裡要注意了，光明也不錯，但是不要認為光明境界就是道。外頭流行道家、密宗，說什麼放光，放光了又怎麼樣？那也不是道啊！

大阿羅漢真得定了，入了最高的滅盡定，是無闇也無明，不是入光明定啊！這是佛經的經文告訴你的，千萬不要忘記！所以有人說他得了光明定了，你只笑笑就好了。「一切法相，亦復如是」，說究竟的，一切法從本體來講，沒有什麼叫光明的，有光明的是妖怪。我當年學佛時有位學禪宗的老居士，會講《金剛經》，我是很佩服他，他也很想要我叫他老師。他講《金剛經》前，手這麼一擺，裝模作樣一下，很多人就看見他的大拇指放光，有個韋馱菩薩在其中。我就是因為他來這一手，本來要拜師的，反而不拜了，替他可惜。《金剛經》講「凡所有相，皆是虛妄。」他又是學禪宗的，怎麼還來這一套？我就告辭而去。真正的佛法，一定是很平凡的，就是平平常常作一個人。

所以這裡最後說，「於其中平等入者，是為入不二法門」。真平等不是二邊，不是相對的。如果要說有光明就有黑暗，有善就有惡，都是相對的，是非平等的，相對法門皆不是平等。平等就是中觀，中觀正見就是平等法門。能入平等法門，就是入不二法門。

（二十九）寶印手菩薩——涅槃與世間

「寶印手菩薩曰：樂涅槃不樂世間為二。若不樂涅槃，不厭世間，則無有二。所以者何？若有縛，則有解，若本無縛，其誰求解？無縛無解，則無樂厭，是為入不二法門。」這是第二十九位菩薩，寶印等於是顯教講的法印。密宗有手印法門，手印有兩種，一種是手勢，十個指頭結各種的姿勢，這是有相的，等於是標記。或者加上神祕學的解釋，用現代觀念比喻，是無線電通訊的密碼。另一種是心印，心印是無印的。印等於是蓋圖章，它的道理是表示符合無誤。禪宗說以心印心，後來成為日常中文語言的心心相印。寶印手也就是大法印，以法傳法，以心印心。

寶印手菩薩的報告就是大手印的法門，真正佛法沒有顯密之分。寶印手菩薩所傳的法印，是至高的密法，不唸咒，也沒有觀想。也不注重形式，同禪宗一樣。甚至連宗教性的外衣都沒有了，直接了當地直指人心。所以西藏的密宗推崇真正的佛法、真正的密宗，就是中國的達摩宗，就是禪宗。

佛法最高目標是進入涅槃，當然涅槃可分小乘和大乘兩種。小乘涅槃在教理上是有餘依涅槃，證得性空，但是一切習氣的根根沒有斷，是還有剩餘的，所以是不究竟的。大乘涅槃是無餘依涅槃，在學理上有的再加個名稱，叫作無為涅槃，為而不為。阿賴耶識一切種子，善、惡、無記，統統轉成菩提種性，不留絲毫習氣，是無餘依的。何以能夠如此呢？因為涅槃自性本來無為，本來清淨。

學佛是想要求入涅槃，因為厭惡這個煩惱悲哀世界，所以想要出離。涅槃的翻譯，有時用寂滅，有時用圓寂，有時用不生不滅，有時用清淨圓明等等，都沒有對。尤其一般人看到圓寂就認為是死了，所以也把涅槃了解成是死的意思。平常說某某老和尚涅槃了，如此一來，把學佛法的最高目的弄成是在學死。不止是一般人如此，清朝的大才子袁枚，他一輩子非常灑脫，不過就是不碰佛經，你說他不懂嗎？全懂。真懂了嗎？也不是。他曾經寫過，「佛云：學我者死。」你查遍佛經，也找不到佛說過這樣的話，袁枚也不是假造，而是沿用一般人的觀念，就是把涅槃當作死。

因為涅槃的意義很難準確翻譯成中文，古代僅翻音為涅槃，不翻成圓寂或其他。涅槃也有極樂的意思，所以佛在臨走時所講的經為《大般涅槃經》，般就是入，是梵音。佛說沒有一個佛是涅槃的，都在，一切眾生本來也都在涅槃中。涅槃就是常、樂、我、淨的境界。涅槃是不生不死，不是寂寞淒涼，不是沒有。涅槃的樂是極樂，世間一切樂是相對的，涅槃的樂是絕對的，沒有煩惱也無悲。眾生認為有個「我」，那只是假我，不究竟的。得了涅槃是不生不滅，不垢不淨，不增不減，這是真我，假名為真我。涅槃就是一切佛的淨土，因為心淨了，則國土淨。

這裡岔進來一個問題，我在大學講宗教哲學時，常說宗教是很妙的，只要有人的地方一定有宗教，即使沒有宗教的名稱，也有宗教的事實。目前世界上大的宗教算起來沒有幾個，例如佛教、基督教、回教等，細算的話可能不止三百個。所有宗教都有一個共通之處，就是對這個世界的看法都是悲觀的，認為人生是淒慘的，是站在日落西山的觀點看這個世界，所以覺得來日不多。但都鼓勵人不要怕死亡，因為有個天堂招待你，使人有個信仰的寄託，這是宗教。

真正的佛法不一定是宗教，是超越宗教、哲學、科學的，但是也有宗教、哲學、科學的內涵。一般人厭惡世間，所以希求出離，而證到涅槃極樂境界，這樣把世間和出世間分開為二。其實涅槃是不能分的，世間出世間都在涅槃中，涅槃就是自性，涅槃就是本體，是常樂我淨的。這個就是道，道是分不了的，世間就是出世間，出世間就是世間。

前面講過五代張拙悟道後作的偈子，「隨順世緣無罣礙，涅槃生死等空花」，生死就像做夢一樣，涅槃也是夢，涅槃與生死是平等平等的，都像是空中的花。你在外頭為生計奔波覺得很苦，像夢一般，就想到禪堂來坐，得個清淨，其實也是做夢，是清淨夢。凡夫活著一生都是在做夢，佛菩薩弘法也是在做夢，兩個不同的夢境。誰醒過呢？沒有人昏迷過，個個都自然會醒。所以佛在《涅槃經》中說過，一切眾生，不論是最好或最差，到了因緣成熟時，都會成佛。這同《法華經》的道理一樣，沒有一個眾生不成佛的。

所以生死涅槃皆如做夢（以前還有人問我這個「做」字是不是「昨」字之誤，我只有笑笑，你要換成「昨」也隨你），真悟道的人不入涅槃，也不厭世間，這就是得到不二法門，佛法就是如此。

有的同學常說要再做幾年事，然後就去山林住茅蓬。他把山林和世間分成二樣了，山林也是世間啊！山林修道不如世間舒服，你們沒有住過不知道。當年我一人住到廬山頂上，每天兩頓飯，為了省洗碗的麻煩，碗筷買了四打帶去，水要翻過兩座山去取，因為我不會挑，挑回去也幾乎潑光了，只有用兩手提，每趟要四十分鐘才提兩桶水。山上白雲漫漫，雲裡面沒有神仙，都是濕氣，身上衣服都是濕的，所以要吃辣椒和薑發散。其它像米、芋頭、菜、油、鹽都要到山下去買。自己做飯吃，吃完了幾乎累得不想打坐了。吃過的碗都泡在水裡，一洗又是半天。好不容易天晴了，哪裡能打坐，趕快去打柴，還要趁天好曬乾。本以為上山好好修行，多多打坐，結果五六個月下來，坐不到五六次，去你的吧！把東西一丟，下山去了。你們要去住一人茅蓬，受得了嗎？有一次三個朋友一同上山住茅蓬，結果更糟，正應了那句老話，「一個和尚挑水吃，兩個和尚抬水吃，三個和尚沒水吃。」由此你知道，誰能夠跳得出世間？你就算一個人住，總還要有人下山買包鹽吧！你拜託一個人就勞累一個人，還是沒有離開世間。古人說一個人「遺世而獨立」，那是非常非常難的。

這一段的重點是告訴你，真正的修行是在世間修，另外一個重點是，涅槃就在生死中，就在煩惱中，沒有另外一個東西的。天台宗講得道的境界有三：法身、解脫、般若。般若是大智慧，為什麼要智慧？解脫不是靠工夫，煩惱起來要如何解脫？你能丟下不想就解脫了，就這麼簡單。如何不想呢？

要有智慧。所以修行要有般若才能解脫，解脫以後就自然清淨，證得法身涅槃。也可以倒過來說，你法身不清淨就不會解脫，不解脫就沒有般若。學佛這三樣，缺一不可。

寶印手菩薩告訴我們，「若有縛，則有解」，被捆住了當然想解脫，「若本無縛，其誰求解？」若沒有被煩惱捆住，何必求解脫？「無縛無解，則無樂厭。」沒有捆住，也沒有解脫，就無所謂討厭哪樣或喜歡哪樣，就證得涅槃。禪宗的四祖去見三祖求法，三祖問他為什麼來，四祖答，「請師父教我解脫法門。」三祖就問，「是誰綁縛了你？」四祖說：「無人縛我。」三祖說：「無縛何必求解脫？」四祖就悟了。所以病痛也是自心把自己綁起來才有的，我們常在生病中，你們生病了有藥可醫，我呢？今天晚上講《維摩詰經》我就非來不可，雖然我很想休息一下也不行，這病無藥可醫，只有吃解脫藥，自求解脫。你懂了這一段，就了解六祖的偈子，「佛法在世間，不離世間覺。離世覓菩提，恰如求兔角。」佛法就要在世間煩惱中修，若沒有煩惱，你也不需要解脫，也不需要佛法了。

（三十）珠頂王菩薩——正道與邪道

「珠頂王菩薩曰：正道邪道為二。住正道者，則不分別是邪是正。離此二者，是為入不二法門。」這是第三十位菩薩，上面一位講證得涅槃，這一位講弘揚佛法。

我幾十年前寫《禪海蠡測》時就說，宗教都是排他性的，排斥人家，像做生意似的，只有我賣的是真貨，別人都是假的。真正佛法不是這樣，是包容一切的。你去看看《華嚴經》，那裡就說佛在各個地方的名號不同，其實都是佛。所以我在書中講，什麼是外道？外道也是道，是外頭那一條路，走得比較迂迴，要走得幾千幾萬年才走回來。旁門呢？旁門也是門，你說是狗門也是門，也可以鑽嘛！只不過比別的門困難一點。以這樣看世界才能包容。《金剛經》上也說，「一切賢聖皆以無為法而有差別」，一切的教主和聖賢都是得道的，只不過他得道的程度有不同而已。教幼稚園的和教大學的，都是老師，沒有幼稚園的老師教，你還上不了大學呢。

所以珠頂王菩薩告訴我們，正道邪道都是道，真正得了佛法的人，不會起分別正道或邪道。而且很多外道的人，工夫比你走正道的人還好，不論別的，他身體練得比你好，也少吃藥，就把你比下去了。這是因為入門的方法不同，各有長處。心中分別人家是外道，看不起別人的話，就不是學佛之人，學佛之人是真正對一切眾生平等平等的。即使這個人真走歪了路，要有慈悲心憐憫他，不知還要多少劫數才走得回來。能離開正邪的觀念，能包容一切，才能入不二法門。中國文化也講包容，「有容乃大」，能包容一切人，這樣功德就慢慢大起來了。若是器量小，德不會大，功德也是靠心念的肚量修出來的，要記住！廟子門口擺個彌勒菩薩像，也是提醒你要學他的大肚量。

這裡有同學提兩個問題，第一個是問，修行要一門深入，或持咒或念佛或觀想，那密宗三密瑜伽怎麼說？第二個問，修淨土法門，可以為了消業障先修準提法門，再回頭念佛嗎？

第一個問題，對，修行要一門深入沒有錯。這是佛法鼓勵你的話，而且不止修行，讀書作學問也要如此。這個道理有個比方，譬如挖井，第一天挖五尺深，挑出來二十擔泥，第二天又挖了五尺，可是只挑出來十五擔泥，因為深了比較難把泥挑出來。你挖到十丈深的時候，可能一天只挑一擔泥上來。一口井挖到見了水，就成功了。一門深入就是要你專一挖下去，一口氣挖到底。不要挖了一兩天，覺得好像沒有效果不見水，就放棄了，又找一個地方去挖，這樣不會成功。所以鼓勵我們要一門深入，這是修行的一個原則。

你現在問密宗的身口意三密瑜伽是怎麼說？就是這樣說啊！還要怎麼說？你認為念咒和念佛是兩門，觀想和結手印不又變成三門四門了嗎？這觀念完全錯了！可見你是學佛學的，沒有真修行，這叫作青蛙跳井，不通！一門深入是要你在方法上專一，不是說念咒就不能觀想，就不能打坐結手印。你念阿彌陀佛求往生西方，怕去不了，念藥師佛求生東方，又怕搞不好下了地獄，所以也念地藏王菩薩，可不可以？為什麼不可以？只要規定好自己功課，就儘管去念嘛！這也是一門深入。規定了就要鑽下去，不要念了十天，想想還是不念地藏王菩薩吧，過了兩天好像上火了，覺得可能是念佛引起的，就停下來了。這樣就不是一門深入。身口意三業相應，本身就是一個法門，你照著專心去修就是一門深入。這樣說，懂了嗎？

你們同學有時問，老師一下講天台，一下講禪宗，一下又要我們修準提法。是啊！我講那麼多方法，你準備修哪一個法？一門深入是在你啊！老師像是開百貨公司，不是只賣一種饅頭的饅頭店，你來百貨公司逛，愛饅頭就買饅頭，愛準提法就修準提法嘛。結果你逛了半天，什麼也不愛，又批評這裡東西太多，不是昏頭嗎？

第二個問題，誰說過修淨土法門，可以為了消業障先修準提法，再回頭念佛？這是你說的，我可沒這麼說過。誰告訴你修準提法是給你消除業障好去念阿彌陀佛？根據什麼講的？是根據《顯密圓通成佛心要》，還是《準提儀軌》？所以你們常常問問題，一開口就挨我罵，說話無根，妄想以為自己是對的。你準提咒念好了以後，迴向自己往生極樂世界，也是一樣。準提法是個大法，怎麼只給你消消罪障？還說罪障消完了才能念阿彌陀佛？你看《阿彌陀經》《無量壽經》，說你念我阿彌陀佛就可以消滅罪障，你怎麼不相信呢？你讀過嗎？你沒讀過就這麼說是犯口過的，犯得大了。從前有位祖師罵說：「像你這樣子，將來大便從嘴巴出來！」後來果然生這個病，要去祖師那兒求懺悔才好了。所以我不敢隨便批評你們，這是說笑話。可是你問問題不要根據自己意思，《阿彌陀經》說，唸阿彌陀佛一句，消無量業障，你為什麼不信？還要準提咒來幫忙，再找南老師寫個介紹信，送給阿彌陀佛，唉，都是做生意心理，不是修行心理。這兩個問題引來了罵，不罵不得力，給你消消業障。好了，現在繼續講第三十一位菩薩。

(三十一)樂實菩薩——真實與不真實

「樂實菩薩曰：實不實為二。實見者尚不見實，何況非實？所以者何？非肉眼所見，慧眼乃能見。而此慧眼，無見無不見，是為入不二法門。」樂實菩薩，極樂世界走到極點，證到這裡。實是得道了，證果了。《維摩詰經》最後第三十二位是文殊菩薩，暫且不談，這是第三十一位菩薩，到頭了。真學佛是真現實的，一學佛就要得果，以成佛為究竟，不然學他幹嘛？

成了道證果就叫樂實，到了實際理地。

樂實菩薩說，真實與不真實是相對的，真得了道證果的人，連果都沒有，沒有一個實際的道，何況假的道？真都不存在，哪裡還有假呢？這才是真，假名為真。你覺得自己得了道，那就是神經病。一個學問真好的人，對人都很平和的沒有脾氣，「學問深時意氣平」，不像我老是罵人。其實我有時講話很急又大聲，像是說，你這還不懂啊！是恨鐵不成鋼，並不是真罵人。真得了道的人，怎麼還會裝出得道的樣子？如果有一副得道樣子的人，這種人你千萬不要去信他，他那個道是黑漆漆的隧道，不是明亮亮的真實大道。

為什麼呢？因為道非肉眼所能見，是智慧的眼才看得見。那智慧的眼在哪裡？菩薩塑像常見在眉心有一隻眼，你見過哪個人長這樣的眼？除非是開刀來的。這一隻眼真有沒有？有的，是進去在間腦神經那裡，智慧高了，智慧的眼就開了。京戲中諸葛亮的徒弟姜維，他的臉譜就是在腦門眉心上畫了個太極圖，就說明這人一腦子的聰明。佛菩薩塑像的這一隻眼，代表的就是智慧之眼。這是表法，表達法的意思。見道是智慧的眼才能見，將來你們出去說法，講到《楞嚴經》見道的一段，你可以引用《維摩詰經》這一段，這樣說法就靈光了。

這慧眼既看不見又無所不見，有智慧的人，什麼東西一看就懂，那個笨人看一百遍也不懂。記憶不是智慧，思想也不是智慧，智慧是不思而得，不勉而中，想都不要想就通了，用不著加以思想的。要考慮一下才懂，就已經是後天的聰明，不是智慧。智慧也不是直覺或靈感，靈感仍然是意識境界，所以「而此慧眼無見無不見，是為入不二法門。」換句話說，真得道的人，無得無不得。因此你就懂了，《金剛經》中須菩提對佛說，佛啊，你許可我證得清淨梵行，因為我了不可得，所以你才許可我證得清淨梵行。

本品是很嚴重的，是這一本經的中心！已經有三十一位菩薩連續作了報告。《楞嚴經》上有二十五位菩薩把他們修行的心得作了報告，叫作二十五圓通法門。圓通就是說一門深入，只要這個門進去了就統統到了，隨便哪個門進來都一樣。剛才有位同學問過一門深入，這樣叫一門深入，懂了嗎？本經的三十一位菩薩所報告的，也是一門深入，只要一門進來了，就入了不二法門。不二就是一，你說我要修道該不該剃頭髮？不二法門，剃與不剃都一樣，你剃頭髮可以悟道，不剃也可以悟道。不悟道時，留髮不悟道，不留髮也不悟道。

（三十二）文殊菩薩——無有文字語言

「如是諸菩薩各各說已，問文殊師利：何等是菩薩入不二法門？」

現在三十一位菩薩報告完了，維摩居士轉過來問帶頭的這位文殊菩薩，他是佛的左右手，等於是副佛，預備佛。事實上他比佛還早成佛，他所代表的是大智慧成就，在中國的道場是山西五臺山，中國佛教四大名山之一。另外三個山是，四川峨嵋山普賢菩薩道場，浙江普陀山觀世音菩薩道場，安徽九華山地藏王菩薩道場。維摩居士現在請文殊菩薩說說看，什麼是菩薩入不二法門。

「文殊師利曰：如我意者，於一切法無言無說，無示無識，離諸問答，是為入不二法門。」文殊菩薩講，照我的意思，真正得佛法了，就一切法都沒有話可講，一開口就都不是了。開口是第二個影子，例如我說：這一支筆很好，這句話是這一支筆好的影子，這一支筆好是講不出來的，講出來了只是個影子。所以「於一切法無言無說」，沒有辦法表示，也不可知，不可說。因此結論是也不須要說，也不須要問，也不須要答。這樣就是這樣，好就是好，這就是不二法門。

「於是文殊師利問維摩詰：我等各自說已，仁者當說，何等是菩薩入不二法門？」文殊到底是位大菩薩，他答了之後對維摩居士說，你問了我們，我也要問你了，怎麼樣是菩薩入不二法門呢？

「時，維摩詰默然無言。」維摩居士不答話。想起當年我們跟著虛雲老和尚，平日來向他問法的人多得很，你有緣他答，沒有緣的你跪在他面前也不理，他就入定去了。不過有兩位同學，每當老和尚入定，他們就摸到他身邊坐下，因為他們說，老和尚入定，周身有股道氣，坐在旁邊可以得益，你看他們貪不貪心？不過老和尚一打坐入定，他的周圍一圈是很溫暖的。

「文殊師利歎曰：善哉！善哉！乃至無有文字語言，是真入不二法門。」事實上維摩居士答了，文殊菩薩懂了，就連連稱好，沒有文字語言可答，就是不二法門。你們學了這個榜樣，以後人家要你去做什麼事，也可以默然不動，因為入了不二法門。

「說是入不二法門品時，於此眾中五千菩薩，皆入不二法門，得無生法忍。」當時在場中的五千菩薩，聽到了入不二法門品時，都入不二法門，得無生法忍。

卷下

香積佛品第十

於是舍利弗心念：日時欲至，此諸菩薩當於何食？時，維摩詰知其意而語言：佛說八解脫，仁者受行，豈雜欲食而聞法乎？若欲食者，且待須臾，當令汝得未曾有食。時，維摩詰即入三昧，以神通力，示諸大眾，上方界分，過四十二恆河沙佛土，有國名眾香，佛號香積，今現在。其國香氣，比於十方諸佛世界人天之香，最為第一。彼土無有聲聞辟支佛名，唯有清淨大菩薩眾，佛為說法。其界一切，皆以香作樓閣，經行香地，苑園皆香。其食香氣，周流十方無量世界。時，彼佛與諸菩薩，方共坐食，有諸天子皆號香嚴，悉發阿耨多羅三藐三菩提心，供養彼佛及諸菩薩，此諸大眾莫不目見。時，維摩詰問眾菩薩言：諸仁者，誰能致彼佛飯？以文殊師利威神力故，咸皆默然。維摩詰言：仁此大眾，無乃可恥。文殊師利曰：如佛所言，勿輕未學。於是維摩詰不起於座，居眾會前，化作菩薩，相好光明，威德殊勝，蔽於眾會，而告之曰：汝往上方界分，度如四十二恆河沙佛土，有國名眾香，佛號香積，與諸菩薩方共坐食。汝往到彼，如我辭曰：維摩詰稽首世尊足下，致敬無量，問訊起居，少病少惱，氣力安不？願得世尊所食之餘，當於娑婆世界施作佛事，令此樂小法者得弘大道，亦使如來名聲普聞。時，化菩薩即於會前昇於上方，舉眾皆見其去，到眾香界，禮彼佛足，又聞其言：維摩詰稽首世尊足下，致敬無量，問訊起居，少病少惱，氣力安不？願得世尊所食之餘，欲於娑婆世界施作佛事，使此樂小法者得弘大道，亦使如來名聲普聞。彼諸大士見化菩薩，歎未曾有！今此上人從何所來？娑婆世界為在何許？云何名為樂小法者？即以問佛。佛告之曰：下方度如四十二恆河沙佛土，有世界名娑婆，佛號釋迦牟尼，今現在於五濁惡世，為樂小法眾生敷演道教。彼有菩薩名維摩詰，住不可思議解脫，為諸菩薩說法，故遣化來，稱揚我名，并讚此土，令彼菩薩增益功德。彼菩薩言：其人何如，乃作是化？德力無畏，神足若斯？佛言：甚大！一切十方，皆遣化往，施作佛事，饒益眾生。於是香積如來，以眾香鉢盛滿香飯，與化菩薩。時，彼九百萬菩薩俱發聲言：我欲詣娑婆世界，供養釋迦牟尼佛，并欲見維摩詰等諸菩薩眾。佛言：可往！攝汝身香，無令彼諸眾生起惑著心。又當捨汝本形，勿使彼國求菩薩者，而自鄙恥。又汝於彼，莫懷輕賤而作礙想。所以者何？十方國土，皆如虛空。又諸佛為欲化諸樂小法者，不盡現其清淨土耳。時，化菩薩既受鉢飯，與彼九百萬菩薩俱，承佛威神及維摩詰力，於彼世界忽然不現，須臾之間，至維摩詰舍。時，維摩詰即化作九百萬師子之座，嚴好如前，諸菩薩皆坐其上。時，化菩薩以滿鉢香飯與維摩詰，飯香普熏毗耶離城及三千大千世界。時，毗耶離婆羅門居士等聞是香氣，身意快然，歎未曾有。於是長者主月蓋，從八萬四千人，來入維摩詰舍。見其室中菩薩甚多，諸師子座高廣嚴好，皆大歡喜。禮眾菩薩及大弟子，卻住一面。諸地神、虛空神，及欲色界諸天，聞此香氣，亦皆來入維摩詰舍。時，維摩詰語舍利弗等諸大聲聞：仁者可食，如來甘露味飯，大悲所熏，無以限意食之，使不消也。有異聲聞念：是飯少，而此大眾人人當食。化菩薩曰：勿以聲聞小德小智，稱量如來無量福慧。四海有竭，此飯無盡。使一切人食，摶若須彌，乃至一劫，猶不能盡。所以者何？無盡戒、定、智慧、解脫、解脫知見功德具足者，所食之餘，終不可盡。於是鉢飯，悉飽眾會，猶故不儩。其諸菩薩、聲聞、天人，食此飯者，身安快樂，譬如一切樂莊嚴國諸菩薩也。又諸毛孔皆出妙香，亦如眾香國土諸樹之香。

爾時，維摩詰問眾香菩薩：香積如來以何說法？彼菩薩曰：我土如來無文字說，但以眾香令諸天人得入律行。菩薩各各坐香樹下，聞斯妙香，即獲一切德藏三昧。得是三昧者，菩薩所有功德皆悉具足。彼諸菩薩問維摩詰：今世尊釋迦牟尼以何說法？維摩詰言：此土眾生剛強難化，故佛為說剛強之語，以調伏之。言是地獄，是畜生，是餓鬼，是諸難處，是愚人生處。是身邪行，是身邪行報。是口邪行，是口邪行報。是意邪行，是意邪行報。是殺生，是殺生報。是不與取，是不與取報。

是邪淫，是邪淫報。是妄語，是妄語報。是兩舌，是兩舌報。是惡口，是惡口報。是無義語，是無義語報。是貪嫉，是貪嫉報。是瞋惱，是瞋惱報。是邪見，是邪見報。是慳悋，是慳悋報。是毀戒，是毀戒報。是瞋恚，是瞋恚報。是懈怠，是懈怠報。是亂意，是亂意報。是愚癡，是愚癡報。是結戒，是持戒，是犯戒。是應作，是不應作。是障礙，是不障礙。是得罪，是離罪。是淨，是垢。是有漏，是無漏。是邪道，是正道。是有為，是無為。是世間，是涅槃。以難化之人，心如猨猴，故以若干種法，制御其心，乃可調伏。譬如象馬憹悷不調，加諸楚毒，乃至徹骨，然後調伏。如是剛強難化眾生，故以一切苦切之言，乃可入律。彼諸菩薩聞說是已，皆曰：未曾有也。如世尊釋迦牟尼佛，隱其無量自在之力，乃以貧所樂法，度脫眾生。斯諸菩薩，亦能勞謙，以無量大悲，生是佛土。

維摩詰言：此土菩薩，於諸眾生大悲堅固，誠如所言。然其一世饒益眾生，多於彼國百千劫行。所以者何？此娑婆世界有十事善法，諸餘淨土之所無有。何等為十？以布施攝貧窮，以淨戒攝毀禁，以忍辱攝瞋恚，以精進攝懈怠，以禪定攝亂意，以智慧攝愚癡，說除難法度八難者，以大乘法度樂小乘者，以諸善根濟無德者，常以四攝成就眾生，是為十。

彼菩薩曰：菩薩成就幾法，於此世界行無瘡疣，生於淨土？維摩詰言：菩薩成就八法，於此世界行無瘡疣，生於淨土。何等為八？饒益眾生而不望報。代一切眾生受諸苦惱。所作功德盡以施之。等心眾生謙下無礙，於諸菩薩視之如佛。所未聞經，聞之不疑。不與聲聞而相違背。不嫉彼供，不高己利，而於其中調伏其心。常省己過，不訟彼短，恆以一心求諸功德。是為八法。維摩詰、文殊師利於大眾中說是法時，百千天人皆發阿耨多羅三藐三菩提心，十千菩薩得無生法忍。

想吃飯的菩薩

「於是舍利弗心念：日時欲至，此諸菩薩當於何食？」我們講的時間很長，都半年多了，維摩居士那邊還在上午，差不多快到中午了，經中人物都還餓著肚子。後來有個人動了念頭，就挨罵了，這個人還是舍利弗。

照佛教規矩，中午是佛吃飯，早晨是天人吃飯；晚上是鬼吃飯。因為佛在世時是過著人道的生活，所以人道也在中午吃飯，這一點要注意。

過午不食是以每一個地區太陽當頂時，作為佛吃飯的時候。但這也不是死板的，梁武帝（《梁皇懺》就是誌公和尚為梁皇夫人所作超度的法門）常常去廟子吃飯布施，皇帝不到，廟中的和尚不敢開動，那一天過了中午他還不到，大家心中想今天這一頓靠不住了，要餓到明天中午了。他後來終於到了，大和尚照樣要大家吃，理由是皇帝是天子，上帝的兒子剛來，可見太陽正當頂，大家吃啦！所以中國的這些大和尚很通達。

至於為什麼過了午時不可以吃飯，有什麼理由？真要講過午不食非常難，看你持哪一個「午」。嚴格講，過午不食還有密法的，修持到了某個境界是不可以吃的，那個才是過午不食。一吃下去，你的定力會被破壞。那個「午」是活午，是不定的。等於道家修行時有活子時，這個子時是不定的。這個是大祕密，可能千多年來都沒有人說破過，今天給你們透露一點點。所以這個午時就很難講了，將來你修持工夫到了的時候，我再告訴你。

舍利弗心中想，已經要到中午，這麼多的菩薩和天人要怎麼吃飯？

「時，維摩詰知其意而語言：佛說八解脫，仁者受行，豈雜欲食而聞法乎？若欲食者，且待須臾，當令汝得未曾有食。」舍利弗念頭才一動，維摩居士就知道了，就對舍利弗說，學佛是學解脫。八解脫以前說過了，這裡不重複。這個是真的問題，你學解脫，肚子餓了你空空看！你空不了就不要學佛，那是自欺。你若工夫到了，真可以空得了，就不需要飲食，這是真的。你們學佛，道理都會講，修持做不到。

佛說飲食有四種：段食（又叫摶食，用手、用筷、用刀叉吃食，一日三頓）、觸食（感覺、交感，皮膚的觸覺、呼吸都是）、思食（思想）、識食（八識有關的識）。吃飯時青菜牛肉大蔥，只不過是段食中的一種，營養不過是如此。人不只是靠營養而活，修定得道的人，可以很久才吃一次，也不會死。

觸食比段食還要嚴重。你營養很好，但是沒有呼吸就完了。呼吸不只是口鼻呼吸，把人從心口以下埋在土裡，不用多久也會死的，因為全身都要呼吸。按中醫的理論，人身上的脈不只在手腕，身上到處都有，一個人還有沒有脈，最後還要靠屁股上的脈斷定，就是臀部那裡。如果那裡都沒有脈了，絕對救不回來了。這些都是觸食，是交感的，現在的心電圖、腦電圖的測定都與這個有關。

第三種是思食，也很重要。不讓你思想你會發瘋的，那是最殘酷的刑罰。不讓你有機會想，不讓你亂看，三五天就瘋了，比殺你的頭還厲害，所以思想自由是很重要的。

識食就難懂了，要入大阿羅漢定的人才懂，他入定可以定八萬四千劫肉體不壞，不吃不屙。第八阿賴耶識轉了，定在那裡，智識充實，不需要飲食。

你們出去講經，只曉得講食有四種，但是對於這四食沒有親證。像飲食，確實可以斷去的，不過你們不要自己亂修，不懂正確方法一定搞成胃出血要開刀。以前有位很有名的修道人，他練辟穀，練到胃出血，最後血液中毒，毒走到腿上去，那條腿就必須開刀切除，成了殘廢。胃是個吊住的袋子，它是會蠕動消化食物的，如果胃空空的，它還是會蠕動，結果胃的內壁互相摩擦，就磨出血了。你得了定，心跳和胃的活動都變得很慢，胃中也是充氣的，不是全空，就不會磨出血。你們不要看我有時不吃不睡就跟著我學，我不吃不睡還可以寫文章，還可以罵人。你學會了，我這個位置讓給你，還給你磕九個頭，因為我可以撒手去休息了。所以不要亂學啊！

生命存在要吃飯，《維摩詰經》現在講到吃飯，吃飯是修行上一個很重要的問題，道家很注重「辟穀休糧」，就是避吃五穀和其它糧食。漢初的張良協助漢高祖打天下，事情成功後他就去修道，據歷史上記載，他已經到了辟穀的階段，最後呂后強迫他吃好飲食，因此而死了。

很多學佛修道的人想做到不吃飯，但是多半會出毛病。所以我們對於這一段經文要特別注意。這一段經文在中國文學上也占很重要的地位，唐宋以後，經常在詩詞中看到「香積廚」這個名稱，把人家家庭中，尤其是廟子上的廚房，稱為香積廚。香積就是本經的香積佛的國土，是上方世界，十方世界各有佛國土，上方是香積佛國土。

現在我們再回頭看維摩居士對舍利弗講的一段話，「佛說八解脫，仁者受行，豈雜欲食而聞法乎？若欲食者，且待須臾，當令汝得未曾有食。」學佛是學解脫，飲食也是一種束縛。教理上講我們生命功能被五種大類蓋住了、遮住了，大的五蓋就是色、聲、香、味、觸，小的五蓋是男女飲食方面的：財、色、名、食、睡。我們之所以不能成道，就是被這些遮住了。要解脫，就要解脫掉這些。我們學佛的人自己檢查一下，在這一方面解脫了多少？恐怕很難，能解脫一點點的幾乎連半個人都沒有。大的解脫更難，就是所謂的「八解脫」，又叫作「八背捨」，解脫就是拋棄，是與世間法違背的。學佛最基本就是要得八解脫，例如第一個要解脫的是身體，能不能解脫身見。大家打坐念佛，鬧了半天都在身體上鬧，身見不能解脫就身心都不能解脫。

所以維摩居士就對舍利弗說，你是佛的首座弟子，學佛是為了達到八解脫，你親身受了佛的教育修行，究竟解脫了什麼？一餐飯遲了一點，還沒有吃，你就已經受不了了，你摻雜有欲界的飲食觀念，又何必來研究佛法？

換句我們現在的話講，維摩居士是教訓舍利弗，你修行修個半天，是修個什麼東西！這話罵得很嚴重。孔子講「飲食男女，人之大欲存焉。」告子講「食色性也」，這都是欲界中人性存在的，這些不解脫是不能成道的。

不過維摩居士罵歸罵，人家來了總是客人，當然要請這幾萬人吃飯。此時，維摩居士就說，你等一下，我讓你吃到你從來沒吃過的飲食。

眾香國的佛與香

「時，維摩詰即入三昧，以神通力，示諸大眾。」當時維摩居士就自己入定了。入定是普通話，定的境界太多了。眾生一起心動念就有八萬四千煩惱，諸佛菩薩定的境界，就有八萬四千三昧不同。「三昧」是梵音，「三」這個音就是中文的「正」，三昧就是正受。那種非常特別、非常超越的感受，就是定的境界。唐宋以後，三昧這一句名辭就融入中國文學，指有超越的成就，有特殊的境界。有人特別會畫，就說是得繪畫三昧；打拳打得好，就得武功三昧。別的經典也有把三昧翻成殊勝或勝境。勝不是勝利，是超越一切，沒法能比的意思。

維摩居士入定之後，就展現神通，神通都是要在定境中才發出來的。維摩居士展現了什麼呢？下面有交代。

「上方界分，過四十二恆河沙佛土，有國名眾香，佛號香積，今現在。」一個太陽系統算一個世界，我們這個地球只是其中一個星球而已。現代天文學證實，像這樣的太陽系統在太空中不知道有多少，可見佛說的都對，其他宗教的天體觀念統統垮了。這裡說，維摩居士以神通力向上方走，過四十二恆河沙佛土。而一粒沙等於一個佛的國土。一佛國土是三千大千世界。你不要說像恆河這樣的大河有多少沙了，即使一條小河川，也有數不盡的沙子。所以究竟向上走了多遠，即使用現代科學光年的概念，也無法說得清。如果是我們，這一餐飯就吃不到了。

在那麼遠的上方世界，有個佛土名叫眾香，有位佛，名號叫香積，現今還在。即使到我們這個時代，這位佛還是存在的。當時講經距現在有二三千年，在佛看來只是一彈指的事。那個世界不在欲界，也不在色界，也不是無色界。像阿彌陀佛的國土和香積佛的國土等等，都是超出三界的，所以那邊的境界是殊勝的，如何殊勝？看下文：

「其國香氣，比於十方諸佛世界人天之香，最為第一。」香積佛國佛土的香，當然不是我們這個世界的什麼檀香、香水比得上的，而且十方一切諸佛世界、神人的香味都不能比的。這個不是我們容易了解的，因為我們人都很臭，不過聞慣了不覺得，所以要齋戒沐浴之後，才敢做最恭敬的事，在東西方都如此。

「彼土無有聲聞辟支佛名，唯有清淨大菩薩眾，佛為說法。」香積世界沒有小乘的人，也沒有小器的人，沒有聲聞眾阿羅漢，只有清淨的大菩薩眾，香積佛親自為他們說法。

「其界一切，皆以香作樓閣，經行香地，苑園皆香。」在這個世界，有神通變化的亭臺樓閣，都是香做的，當然不是我們這個世界的建築形式，那裡打坐走路的地方，園林裡面，都是香。

「共食香氣，周流十方無量世界。」那個世界的人還是要吃飯的，那邊食物的香氣，散布到十方無量世界。我們有沒有聞過？好像有些人打坐時，聞到點檀香味就覺得已經不得了了。

「時彼佛與諸菩薩，方共坐食。」維摩居士一現神通，在他房間裡的幾萬人，立即看到香積國的景象，見到香積佛和他的弟子們，坐在那裡吃飯。

「有諸天子皆號香嚴，悉發阿耨多羅三藐三菩提心，供養彼佛及諸菩薩，此諸大眾莫不目見。」上方世界有諸天神，他們都叫作香嚴，都已經發了無上正等正覺之心，只是還沒有證佛果而已。這些天人，都在恭敬供養香積佛和諸位菩薩。

我們這個世界的物質供養是衣服、飲食、臥具、湯藥四種，供養長輩、眾生、佛菩薩。心的供養，最上品的供養是法供養。法供養就是每一部經典最後一句：「依教奉行」。依據佛所教你的，很誠懇地聽話去實行。每部經典的第一句都是：「如是我聞」，最後一句都是「依教奉行」。

「時，維摩詰問眾菩薩言：諸仁者，誰能致彼佛飯？」這真妙不可言，你看維摩居士在整人，大家在肚子餓，四大皆空，只有肚子這第五大空不了。維摩居士就現神通，讓他們看到香積佛正帶弟子們在吃飯，又香又好。當時恐怕很多人看了都在流口水。這還不算，維摩居士又問眾菩薩，他還不問小乘的羅漢，低年級生不問。他問哪一位可以上去拿一下？這真把大家整慘了。

「以文殊師利威神力故，咸皆默然。」文殊師利菩薩是領頭的，他不表示意見，其他的菩薩們，包括觀世音菩薩等，都不講話。其實這些菩薩們都做得到，是在和維摩居士唱雙簧，來教訓低年級的小乘羅漢們。

「維摩詰言：仁此大眾，無乃可恥。」這句話罵得嚴重了，維摩居士就說，在座諸位太可恥了吧！

「文殊師利曰：如佛所言，勿輕未學。」這時文殊菩薩開口頂回去了，他就對維摩居士說，老哥，請注意，佛教導我們千萬不要輕視任何一個人、一個眾生，乃至一條蟲、一頭牛，都不該輕視，這是東方文化儒釋道共通的。不要因為人家是初學者，而輕視他。這裡是用「未學」，有的經典用「末學」，也是一樣。你們有時寫信給我，信中自稱愚生，這用錯了。愚是老師、長輩的謙稱，我們年輕時，有的老師寫信給我們，他會謙稱自己為愚兄；我的娘舅寫信給我，會自稱愚舅；哥哥寫給弟弟，也可以用愚兄；學生寫信給老師，自稱愚生就不可以。你是愚生的話，我這老師就該死。我講了多少年了，你們還是有人寫信用愚生，真是愚不可及，這個愚字是不能亂用的。

我了解你們自己覺得笨，所以用愚。其實用愚字是假謙虛的。你是愚生，乾脆稱我笨師好了。你寫信給前輩，人家身分地位高，但是又同你沒有什麼特別的關係，也不是親戚、長官、師長，就自稱末學。還有人自稱後學，這又不同，後學是一般的謙稱，比末學還高一些。出家人外出參訪善知識，但也不是老師，就可以自稱學人某某合十，或學人某某頂禮。到了現在學人又不能用了，以前講學人是說自己還在學習階段，還沒到果位。現在自稱學人，不懂的人反而會罵你竟敢如此傲慢。所以我們老輩子的人，活到這時代真不知幹嘛！

《瑜伽師地論》大乘菩薩戒，第一條就是戒自讚毀他，那是根本重戒。學大乘菩薩道的人是絕對的謙虛，不輕視任何一個人。換言之，不輕視任何一個人，也就是尊重任何人。維摩居士在這裡犯了一條戒，他罵這些菩薩們太可恥了，文殊菩薩馬上糾正他。從這一點可以看出來，文殊菩薩和諸大菩薩，是故意把神通壓住，等維摩居士表演，因為他才是這部戲的主角。

好！這一下誰去拿飯？你們想修到不吃飯的境界，問題都在這裡頭，怎麼才做得到？最近要你們看憨山大師的年譜，他一入定就好多天不吃飯，那只是初步，真要做到入定不需要吃飯，談何容易！那要做到段食和觸食都不需要了，到了只有思食和識食的境界。我們普通人是四種都要吃的，像所謂的精神食糧就是思食，知識份子不讀書就難過，這就是第三種飯，一定要吃。你們有些人既不讀經，又不研究，你三餐飯都不吃會長大嗎？不想看書，光聽經，只用耳朵來吃是靠不住的，你沒有吃進去的！

這一段經文，讀起來好像是神話境界，其實是真實的。前面講的八解脫中，第一個就是色身解脫，色身就是我們的肉體，由四大合攏而來。色身的解脫不是由工夫來的，還是靠智慧。借用道家的說法，是到了「身外有身」，或是得了《楞伽經》所講的「意生身」，那麼可以得到五陰解脫。色身是最難解脫的，我先把這個祕密講穿了，然後再看這一段經文，就知道很嚴重了。

化身菩薩取食之旅

「於是維摩詰不起於座」，注意這句話，他不用另外一個方法，就在本位上。哪一個本位？可以說是打坐的本位，也可以說是自性的本位。

「居眾會前，化作菩薩，相好光明，威德殊勝，蔽於眾會」，既然別人不動手，維摩居士只好自己表演，不起於座，大家都看到，十方諸佛也看到。他沒有像小說上寫的放一陣煙霧，很自然地就化成另外一位菩薩，這就是他的身外之身。他化作的這位菩薩，相貌好得不得了，那個莊嚴是講不出來的，一站出來，所有在場的眾人和大菩薩，都給蓋下去了，變得黯然無光。

「而告之曰：汝往上方界分，度如四十二恆河沙佛土，有國名眾香，佛號香積，與諸菩薩方共坐食。」維摩居士告訴自己化身的菩薩，命令他上去眾香國找香積佛。

「汝往到彼，如我辭曰：維摩詰稽首世尊足下，致敬無量，問訊起居，少病少惱，氣力安不？」這是維摩居士交代化身菩薩對香積佛講的外交辭令，像是大使到任何他國，給地主國元首送上一封國書的辭令差不多，什麼政躬康泰、國運昌隆這一套。不過這裡是佛與佛見面的外交辭令。「稽首」就是磕頭頂禮。我們磕頭拜佛時，兩手掌心上翻，表示讓佛的雙足踏在自己手上，自己的頭挨到佛的腳背。維摩居士要化身菩薩代他向香積佛磕頭。「致敬無量」，這句話你們寫信給老前輩或是父母都可以用，表達無限的恭敬。「問訊起居」，問候平常生活。中國古時皇帝身旁跟著一個史官，寫起居注，是中國文化特色。他把皇帝每日生活的細節都記錄下來，皇帝做錯了什麼事，要他改記錄，他可以不聽皇帝的。有的史官寧可殺頭也不改，因為皇帝和他都要為歷史負責。所以古時的皇帝和大臣都不容易當，因為史官給你下一筆就完了。

「少病少惱，氣力安不？」你看連佛都會有病有惱，其他經典記載佛與佛的問候語，還多一句「眾生易度否？」這佛也不是好當的，得了天下笨才而教之，眾生脾氣又難以調伏，當然會有煩惱。每天這麼講，也是會生病的。所以沒有病的，除非是法身和化身，這個肉身是不免病苦的，只要少病少惱，就是無上的幸福了。絕對的無病無痛苦的，我的朋友中只有兩個，不過一個死掉了，一個還沒生。修行能到了少病少惱，就是第一流的人。

「願得世尊所食之餘，當於娑婆世界施作佛事，令此樂小法者得弘大道，亦使如來名聲普聞。」這是維摩居士教化身菩薩講的第二段話。第一段話還蠻好聽的，第二段話就開口要東西了。他讓化身菩薩代表他去討飯，這成了出家人「乞士」了。乞士是上乞法於佛，下乞食於人。普通人說出家人吃十方，維摩居士吃到天上去了，到佛前去討飯。希望佛把吃剩下來的飯，布施給下方的娑婆世界嚐嚐味道。

「娑婆」讀如「梭婆」，不讀成「沙婆」，是翻音，意義是堪忍，能夠忍。

這個世界很痛苦，煩惱大得很，空氣污染，思想也污染，《阿彌陀經》說這是「五濁惡世」。諸佛菩薩很佩服眾生能忍受這個世界，難忍而忍下來，所以叫堪忍世界。你看大家都在忍，在騙自己，希望到三十歲會運氣好一點了，到了六十歲，喔！希望七十五歲要轉運了。

娑婆世界另外一個意義是缺陷世界，這個世界沒有一樣東西是沒有缺陷的。不知你們有沒有看過《浮生六記》這本言情小說，如果沒有，那還懂什麼文學？它裡面描寫夫婦之間的感情，好得那樣，但是苦一輩子。男女感情好一輩子的，不是窮就是沒有孩子，或者沒有其它的。什麼都有的，沒有這回事，或者其中一個就要早死，絕對沒有給你圓滿的。如有夫婦倆白頭到老，兒孫滿堂，這兩位可能一天到晚吵架，等到老頭子或是老太婆走了，沒有對象吵了，剩下一位也很快走了，真應了古人說的，「不是冤家不聚頭，冤家聚頭幾時休」。這叫娑婆世界，有缺陷，沒有缺陷就不叫娑婆了。你們有些年輕人，結婚不久就有埋怨之心，不要埋怨啦！阿彌陀佛！娑婆世界的事是難忍能忍啊！

維摩居士向香積佛要飯，好在娑婆世界做一點佛事。娑婆世界的人都很小器，唸一句佛還要吵是「帶業往生」，還是「消業往生」。我出來講了一次，就結了冤家，還寫信說要我下十八層地獄。好在我早有準備，已經在十八層地獄之下蓋了地下室，這個世界之可憐真無法說。維摩居士希望，這邊眾生吃了香積佛的飯，使原本樂於小法的，能夠知道大法，也可以為香積佛宣傳。

「時，化菩薩即於會前昇於上方，舉眾皆見其去，到眾香界，禮彼佛足」，維摩居士交代化身菩薩完了，化身菩薩才動身，坐在維摩居士房中的大眾，看到他走了，也見到他向佛頂禮，向佛說話。究竟這是法身、還是化身、還是報身？你們參參看，這是個大話頭。你們要參話頭，不要去參「念佛是誰」「狗子有沒有佛性」，這些都是空話。你要參，就參這大話頭。

「又聞其言：維摩詰稽首世尊足下，致敬無量，問訊起居，少病少惱，氣力安不？願得世尊所食之餘，欲於娑婆世界施作佛事，使此樂小法者得弘大道，亦使如來名聲普聞。」大家聽到化身菩薩轉述維摩居士的話，一字不少。

「彼諸大士見化菩薩，歎未曾有！今此上人從何所來？娑婆世界為在何許？云何名為樂小法者？即以問佛。」派去的化身菩薩，把維摩居士的話講完後，上方世界的這些大菩薩，覺得奇怪了，不知道這個外國人從哪來的？就問佛，這位「上人」哪來的？（你們尊稱師父就可以用上人，「上師」是西藏規矩。）這個娑婆世界在什麼地方？什麼是小法？

香積佛介紹維摩居士

「佛告之曰：下方度如四十二恆河沙佛土，有世界名娑婆，佛號釋迦牟尼，今現在於五濁惡世，為樂小法眾生敷演道教。」香積佛就告訴他們，娑婆世界就在我們這個世界往下走，那邊有位釋迦牟尼佛，正在那個污濁的世界傳真理。這裡的「道教」不是指道家，唐宋以前，真理就叫作「道」。

「彼有菩薩名維摩詰，住不可思議解脫，為諸菩薩說法，故遣化來，稱揚我名，并讚此土，令彼菩薩增益功德。」那邊有位維摩詰菩薩，是真得到不可思議解脫的。他正在說法，所以派了自己的化身來化緣，他在下方娑婆世界，宣揚我的功德和我們的國土，為那邊世界的眾生，增加一點功德。增加什麼功德呢？使他們恭敬他方世界的佛。

「彼菩薩言：其人何如，乃作是化？」香積佛帶領的菩薩又問，那位維摩詰是什麼樣的人，為什麼派化身來，作這樣教化的事？化身就是身教，俗話說，言教不如身教。學佛成就了一定有化身的，搞小神通的談都不用談，只看能不能拿出化身來。維摩居士就用化身的事實，對眾人作了個很好的教化，看到學佛的成就就是如此。

「德力無畏，神足若斯？」他的功德成就威力有如此之大，得無畏力，簡直是位佛了，所以神通那麼的俱足。

「佛言：甚大！一切十方，皆遣化往，施作佛事，饒益眾生。」香積佛說，那維摩詰的成就大得很，他的肉體雖然住在下方世界，他的化身隨時可以去十方世界，作佛事，利益眾生。「饒」是加強擴大之意。

「於是香積如來，以眾香鉢盛滿香飯，與化菩薩。」香積佛就用他香氣做成的飯碗，添了一碗飯，交給了維摩居士的化身菩薩。

上方菩薩來訪維摩居士

「時，彼九百萬菩薩俱發聲言：我欲詣娑婆世界，供養釋迦牟尼佛，并欲見維摩詰等諸菩薩眾。」那時，香積佛面前有九百萬菩薩。注意這個數字，只有九百萬，不是一千萬，沒有整體，為什麼？要懂得這數字的理，就懂《易經》了。九是陽數的極點，是至陽純陽之氣。上方世界是至陽之氣，沒有一點陰，所以五陰皆空。陽氣充滿了，才可以不吃飯，非到這個境界不行，所以再三告訴你們，不要亂去學斷食。但是上方世界的他們還是要吃飯，吃什麼？香積佛的飯，這是個祕密。雖然到了不食人間煙火的境地，老實講，另外有吃的，上方世界不是吃人間煙火做的飯，它自然會來的，而且吃了一次可以一百年不用再吃，至少吃了很滿足。這都是祕密。所以這個九百萬的數字不是神話，是真實的工夫，真實的境界。

當時這九百萬菩薩，就要求香積佛放他們假，想跟這位化身菩薩下去娑婆世界，供養釋迦牟尼佛，同時也見一見這位維摩詰菩薩。

「佛言：可往！攝汝身香，無令彼諸眾生起惑著心。」香積佛批准了，但是有個條件，你們要用神通把自己身上的香味收起來。因為這個娑婆世界的眾生都臭得很，吃豬肉的人身上就有豬味，吃牛羊的有牛羊腥味，你們香積佛國去的菩薩一去，會害了娑婆世界的眾生，會起煩惱，會有香臭相對的分別心，而起自卑感。

「又當捨汝本形，勿使彼國求菩薩者，而自鄙恥。」第二個條件，你們要把身體變成同娑婆世界眾生一樣，因為你們太漂亮了，如果不變一變，他們看了你們又會起自卑感。要變成什麼樣呢？像四川人說的土話，「面帶豬像，心頭明亮。」把智慧藏起來。

「又汝於彼，莫懷輕賤而作礙想。所以者何？十方國土，皆如虛空。」第三個條件，吩咐他們不要犯戒，不要對其他人起輕慢心，只要心存一點傲慢，就是犯了菩薩大戒，是很嚴重的。如果有這樣的念頭，道業就會受障礙。什麼理由？不要被任何世界、任何人的表面現象騙了，真正的佛土不是淨土，也不是穢土，沒有土的！真證到虛空了，才真證到佛果。什麼是真正的佛土？證到了空。如果證到了空，那又何必一定往生西方、南方、北方？方方大吉，門門皆利，一切是唯心的，哪一方不好？你們還用算命看風水嗎？

「又諸佛為欲化諸樂小法者，不盡現其清淨土耳。」這是個附帶的條件，你們到了娑婆世界，不要輕視那兒，因為釋迦牟尼佛和其他諸佛，為了教化這些小器的眾生，而使他們的國土呈現不乾淨，那是故意的。你們若是起了一點輕視的念頭，就立刻回不來了。所以人不要向高處走，走慣了很嚴重的，一墮落下來就再也爬不上去了。人一定要永遠保持本色，維摩居士「不起於座」也是完全保持本來面目，不看你特別高貴，也不看你特別低賤。《金剛經》上也說「是法平等，無有高下」，學佛的人要養成這樣的心境，「心平行直」是佛法的基本起點，也是最高的成就。

「時，化菩薩既受鉢飯，與彼九百萬菩薩俱，承佛威神及維摩詰力，於彼世界忽然不現，須臾之間，至維摩詰舍。」當時這位維摩居士化身的菩薩，就接受了香積佛給他的這碗飯，帶著香積佛國的九百萬菩薩一起下來。這些人是靠著香積佛和維摩居士的威力和神通，剎那間就來到維摩居士的房間了。我們要記得，維摩居士那間方丈大的房間，當時已經坐了很多人，有人世間的菩薩三萬二千人，還有更多天人，現在又加上這九百萬上方世界來的大菩薩。

「時，維摩詰即化作九百萬師子之座，嚴好如前，諸菩薩皆坐其上。」當時維摩居士以神通之力，立刻又變出九百萬張師子之座。（這不是獅子座，是老師上師之座。）這些增加的座位，與之前變出來的座位一樣莊嚴，上方世界來的九百萬菩薩，就坐上去了。

「時，化菩薩以滿鉢香飯與維摩詰，飯香普熏毗耶離城及三千大千世界。」化身的菩薩，就把化緣而來的香飯，交給了維摩居士的肉身。我們當時不在座，否則非搶不可，這香飯之香，不只是毗耶離城當地充滿了飯香，連三千大千世界都聞得到，這個飯實在很奇怪。

「時，毗耶離婆羅門居士等聞是香氣，身意快然，歎未曾有。」當時城中的婆羅門和居士等等人（婆羅門是印度社會最高階級的人，居士也是特殊身分的人，前面提過了），聞了飯香味，身體和精神都很快活，那是從來沒有經歷過的。

「於是長者主月蓋，從八萬四千人，來入維摩詰舍。」長者同居士，都是年高有德的人，月蓋是人名，他又帶了八萬四千人，來到維摩居士的房間。

「見其室中菩薩甚多，諸師子座高廣嚴好，皆大歡喜。禮眾菩薩及大弟子，卻住一面。」這八萬四千人來到房間時，看到已經有這麼多菩薩在場，又有這麼多這麼好的座位，心中無限歡喜。因為維摩居士沒有請他們坐，只好買站票，向菩薩和羅漢們行禮之後，就退站到一邊去了。

「諸地神、虛空神，及欲色界諸天，聞此香氣，亦皆來入維摩詰舍。」飯香又引來了地神（土地公，城隍等）、虛空神（虛空中的神很多了，夜叉、羅剎等）以及欲界色界中的天人，都來到維摩居士的房間。

這一段的文字很容易懂，重點在飯，飯香引來了那麼多人。維摩居士方丈之室，何以能容納那麼多人？而且從香積佛那兒化緣來的飯，只有一碗，這麼多人怎麼吃？其實我們世界上也只有一碗飯，世界上有這麼多人吃，這個道理也要注意一下。我們世界上的土地也不多，可是有那麼多人住，而且那麼多人活著，都是為了吃飯。中國北方道教龍門派的主要道觀，是北京的白雲觀，門口有副對子非常好：「世間莫若修行好，天下無如吃飯難。」每天能打坐念佛，什麼事也不用管，是最大的福氣與享受。可是這碗飯哪裡來？生命非要這碗飯不可。這個裡面就是個大問題。

「時，維摩詰語舍利弗等諸大聲聞：仁者可食，如來甘露味飯，大悲所熏，無以限意食之，使不消也。」當時場面很大，維摩居士就講話了，他說這個飯不是普通的飯，是佛甘露法味的飯（甘露味是形容，不是說用甘露水做的），吃了可洗淨煩惱，永遠得到清淨。

甘露不是普通的露水，中醫熬藥有用陰陽水，這陰陽水有很多種，有河水同井水，也有雨水同井水合起來煎藥。還有用無根水，那就是接下來的雨水。講究茶道的，用什麼水來泡茶、也是大有學問。修道的人有很多丹藥，要用露水來熬才有藥效。漢武帝為了自己煉丹藥，用了國家經費建了一個承露臺，是一個很高的臺，臺上有個柱頭，柱頭上塑一個人，手中拿一個盤，用來接露水。

甘露並不是露水，真正的甘露諸佛菩薩有，我們自己也有，但是一定要禪定到了某個程度才嚐到。在定中天人合一境界，肉身與天地交通，像莊子所說「獨與天地精神往來」，那時就不是口水，而是有種甘甜的液體，從頭頂上流下到口中，源源而來。這正如朱熹的詩「為有源頭活水來」。密宗所謂的灌頂，也就是用自己的甘露灌頂。到了這個境界，頭頂就隨時是清涼的，乃至有種快活感覺貫通全身。

所以真正的甘露是很難得的，要如何才能成就甘露灌頂呢？就要注意下一句話「大悲所熏」。不是你小器心態，只顧自己修道可以得到的，縱然你偶爾得了一點清涼境界，也是不算數的。要大慈大悲無量功德圓滿了，才能到那個境界。維摩居士也提醒當時在座大家，不要拿人世間的意識、有限度的心量，來吃這一碗飯，否則你吃下去也不消化。

這一段經文一看就懂，但它文字的內義，卻是要配合真實的修持。我們凡夫學佛，通常都是以有限度的意識在修，為自己在求，頂多為自己成道而已，嘴中唸慈悲，心中一點不慈悲。這樣是無法成就菩薩大願大行的功德。沒有大乘的心量，吃了香積佛的飯也不會消化。

永遠吃不完的飯食

「有異聲聞念：是飯少，而此大眾人人當食。」異聲聞是小乘聲聞中特別的一種，是異部聲聞，雖然是學佛，但是見解有偏差，也可以算是外道。《大藏經》中就有部經典，叫作《異部宗輪論》，佛過世以後，聲聞弟子分了很多門派，對於五蘊的解釋和修持的經驗，各有不同，因此形成了二十個宗派，彼此互不同意。這些爭論，很多也保留了下來，這是佛教偉大的地方，能包容不同見解，《異部宗輪論》中，也有他們獨到的見解。

當時在座有異聲聞的小乘人，聽到維摩居士請大家用飯，心中就想，那麼多人怎麼分這一碗飯？你們要注意，小乘的人是不容易發大悲心的。

「化菩薩曰：勿以聲聞小德小智，稱量如來無量福慧。」當時這異聲聞的人一動念，化身菩薩就知道了，就告誡他，你不要用聲聞人的小器量小功德智慧，來推測佛的無量福德智慧，這不是你能推測得到的。講到這兒，我們先岔進來一個故事。

達摩祖師到了中國，還沒找到傳人，在嵩山面壁打坐入定。二祖神光以最至誠的心來求道，達摩祖師沒理他，他就一直合掌站在雪地裡等。書上沒講他站了多久，可是提到降雪都超過他的膝蓋了。那有多辛苦啊！但是他毫不動搖，結果達摩祖師回頭問他究竟來求什麼，二祖神光就說，要請大師開示無上大法甘露法門。為什麼他不說求別的，而只求甘露法門？達摩祖師回答：「諸佛無上妙道，曠劫精勤，難行能行，非忍而忍。豈以小德小智，輕心慢心，欲冀真乘，徒勞勤苦。」禪宗雖然講不立文字，可是我們當年看了這些文字，幾十年都能背下來的。你只看過了有什麼用？不但要背下來，還要把每一句話回到心裡檢查自己。

因為《維摩詰經》這裡講到「小德小智」，所以我引述了達摩祖師這句話。大家覺得自己學佛很誠心，甚至出了家受了戒。但這些都是表面文章，你沒有至誠的心理和行為，都是在用禪宗祖師罵人的「偷心」來學法。偷就是偷巧，做一點小小的功德，表示一點小小的恭敬，就認為自己不得了了，就想得到大法，那是不可能的！所以達摩祖師說，無上大法是要「曠劫精勤」修來的，要從無始劫以來，發心精進勤勞修行而來。像你這樣合個掌站在雪裡等，能算什麼？小忠小信而已！不是恭敬，是輕心，還有慢心。如果是我們，聽了一定不服，「格老子，我非搥你達摩祖師不可！我已經這麼辛苦了，你還這樣講」。

但二祖神光不同，被達摩一罵，就在此時斷臂。他這個時候，沒有什麼可以供養的，沒有什麼可以表示自己的誠心，急得只有抽出戒刀，砍掉一條手臂供養了。二祖沒出家之前學問就已經高超，為人講《易經》。出家之後，在河南打坐修定好多年了，現在仍然要求菩提大道。你們能把這些祖師和密勒日巴祖師求道的過程，整理出書，相信大家讀了都會掉眼淚的。達摩祖師要他那條手臂幹什麼？但到了這個時候，才開始接引他。

《金剛經》上說，「當知是人、不於一佛二佛三四五佛而種善根，已於無量千萬佛所種諸善根。」這樣的人才能聽到如來般若空的道理，所以就有那麼難！一般人常常認為，佛經就是佛經嘛，我們修行過來的，才知道佛經的每一句話都很真實。

所以化身菩薩就罵異聲聞的人，想用聲聞乘的小德小智，來稱量無上佛道，他說：

「四海有竭，此飯無盡。使一切人食，摶若須彌，乃至一劫，猶不能盡。」你不要小看這碗飯，四大海水有乾的時候，這一碗飯是永遠吃不完的！就算一切人來吃，把飯搓成像須彌山那樣高大，用了一劫數的時間，這碗飯都不會見底的。

前面講過有四種飯要吃，佛境界的飯是什麼飯？這一碗飯是最重要的一種食，我們的生命不是只靠吃大米青菜。不過營養愈好，愈會吃出毛病。美國報導有一種實驗，一組老鼠給予過量的營養，一組老鼠給予正常定量的營養，一組老鼠經常挨餓。結果營養好的老鼠死得最快，正常營養的，活得比第一組長些，但是後來多半生癌，只有餓飯的這一組活得最長。所以出家同學守過午不食的戒，原來還可以長壽。而〈百丈禪師叢林要則〉，也以減食為生病時的湯藥。

孔子也說過，「食氣者神明而壽」，修道的人食氣可以長壽，可是我再三告誡你們不要自己亂練，你真會食氣（這個當然不是空氣的氣），就可以吃到香積佛飯，甘露味來了，就永遠長壽。孔子又說，「不食者不死而神」，最高成就不需要吃了，就永遠不生不死。你說這句話四書五經沒有寫的，要知道，孔子的話不止是在四書五經之中，這一句是出自《孔子家語》。所以稱孔子是萬世師表，是至聖，不是隨便說說，這些道理他都懂，不過他不向這個路上走，他走的是一肩挑起仁道的路子。

「所以者何？無盡戒、定、智慧、解脫、解脫知見功德具足者，所食之餘，終不可盡。」為什麼這碗飯吃不盡？這裡要注意，學佛大小乘修持共通的步驟：戒，定，慧，解脫，解脫知見。解脫以後所見叫作解脫知見。學佛第一步要持戒，因為持戒可使自心不散亂不昏沉，才能修定。戒律持不好，要想修定必無是處。「戒」就是莊子提到過，也是孔子對顏回說的「心齋」，從起心動念做起。齋同戒是一個東西，得了定才能真發起智慧，智慧成就了，才能解脫煩惱，煩惱解脫了，才能去除無始以來煩惱的根根，由解脫所知所見，才能了一切之源。光解脫，沒有發起解脫知見還不究竟，由此可知見地的重要。

原來這碗飯是無窮盡「戒、定、智慧、解脫、解脫知見」功德成就的佛，所吃的佛食剩下來的。佛境界所吃的飯，是能使一切生命得到滋養滿足的，所以當然是無盡的。

「於是鉢飯，悉飽眾會，猶故不儩。其諸菩薩、聲聞、天人，食此飯者，身安快樂，譬如一切樂莊嚴國諸菩薩也。又諸毛孔皆出妙香，亦如眾香國土諸樹之香。」於是大家就放心地從化身菩薩那兒接過飯來吃，所有在場的人都吃飽了，再看看那碗飯，「猶故不儩」，不儩就是不盡，還是跟沒有分賜之前一樣多。在場的諸菩薩、聲聞、天人吃了這飯，本來生什麼病的，都好了，那身心快樂的境界，就和所有極樂世界國土中菩薩的境界一樣。同時，吃了飯的人，身上所有毛孔都發出香味，香到與眾香國的樹一樣的香。

這碗飯是四食中哪一種食？現在可以告訴大家，是思食，正思惟，戒、定、智慧、解脫、解脫知見完成無量功德所生的精神食糧。所以真正得道的人，不需要吃人間的煙火之食，我們的生命是由無比功德所形成的，我們會覺得餓想要吃東西，是我們的業力之一。這世界上最重的業力，就是飲食和男女，我們欲界的眾生很可憐，就是為這兩樣事勞碌，不能得甘露法味。

香積佛如何說法

「爾時，維摩詰問眾香菩薩：香積如來以何說法？」現在飯吃完了，維摩居士就向上方眾香國來的大菩薩們提問，香積佛是怎麼說法的？

「彼菩薩曰：我土如來無文字說，但以眾香令諸天人得入律行。菩薩各各坐香樹下，聞斯妙香，即獲一切德藏三昧。得是三昧者，菩薩所有功德皆悉具足。」此處這個「土」字，照舊式讀法要唸成「度」，過去的佛經，在這個土字的右上角加上一點，表示與土的讀音不同。現在人不明白，仍然讀土，唉，老土就老土吧！

大菩薩們說，我們那邊講佛法不用文字，也不用嘴說，也不用經本，修法就用鼻觀（這個觀是觀想之義，要讀「灌」音）。香積佛國土是用鼻觀修法，聞香味就可以悟道。大菩薩在那兒是坐在樹下打坐，聞到樹的香味，就可以成就，得到功德成就三昧，同時也具足菩薩所有功德。

我們學佛第一步是修功德和福德，福德不具足，智慧不會發起，智慧不發起，沒有辦法證得菩提。大家想悟道的念頭，都是妄想，連一點善行都沒有，何況是福德！修行就是修正自己的心理和行為，發起大慈悲、利他的心理和行為，成就功德，智慧圓滿，才能開悟成佛。

上方香積佛世界的修法，與娑婆世界不同，他們是用鼻觀聞香而得成就，各個佛國土的修法，都是一門深入。娑婆世界的眾生因為業力重，煩惱多，一念之間有八萬四千煩惱，所以佛對這個世界特別慈悲，說了八萬四千方便的法門。

六根修持都可以成道，譬如念佛是用意根來念，唸出聲音的是用舌根，觀音法門用耳根等等。而鼻觀是用聞香味來修，我們這個世界在佛前點香，不過我個人不大贊成燒香。佛經上講香，有燒香、末香、塗香等好多種，燒香會污染空氣，同抽煙一樣。我是有抽煙的壞毛病，人家問我為什麼要抽煙，我說因為我想作菩薩，作菩薩的每天要忍受被煙燻，有的菩薩燻得臉都黑了。現在有的香是用香水的香做的，這也不好，打坐聞了容易動邪念（這邪念不一定是指男女之間的邪念），會引來一些不必要的魔障。真正的香，以學密宗的人來講，只有檀香。檀香木出在熱帶和溫帶，印度很多，價格比較貴。

至於中國有沒有因香味悟道的人？有的，就是宋朝詩人黃山谷，他用功參禪多年，都沒有悟道，有一天他問師父，希望給他一個簡單扼要悟道的方法。他這也是起偷心，偷巧的心理，他的師父是黃龍晦堂禪師，在江西廬山的廟子。晦堂禪師就問他，你唸過《論語》沒有？這句話今天聽聽無所謂，在當時卻是非常侮辱人的，古代小孩子六歲就要會背《論語》。黃山谷學問那麼好，這樣問等於是問博士學位的人，有沒有讀過幼稚園的書，真難堪極了。黃山谷答，讀過的。

晦堂禪師就說：「二三子以我為隱乎？吾無隱乎爾者。」《論語》上記載，有一天孔子告訴他身旁幾個學生，你們這幾個年輕人，以為我還留了一手嗎？我什麼祕密都沒有保留啊！你們怎麼還不懂呢？

晦堂禪師引用這句話，就是在罵黃山谷。黃山谷聽了還是茫然，但是我們曉得他這時候心裡一定不好受，這樣一位文豪名士被人如此罵。晦堂禪師看他不懂，就拂袖向山門外走了，黃山谷就跟在後面走，當時是秋天，桂花盛開。

講到桂花，我的習氣妄想又來了。當年我這個浙江人去了四川成都，在秋天時，我們最喜歡去成都四十里外的新都縣。新都有一個湖叫桂湖，湖旁還有個禪宗大叢林叫寶光寺。到了那裡是荷花千朵桂千株的景象，一路都是桂花香味，這種境界現在都成了夢中事了。

講回到黃山谷，他跟著師父走了一段路，晦堂禪師忽然回頭問他：「聞木樨花香麼？」你聞到了桂花香嗎？黃山谷答：「聞。」晦堂禪師說：「吾無隱乎爾。」黃山谷當時就開悟了。這是有名的公案，黃山谷聞木樨而悟道。

當然上面這段公案，黃山谷只是破了初關而已，後面還有事的。我們引用來說明香積佛國聞香味而悟道的道理，不是用文字說法。我過去有一位朋友，他打坐非要點檀香不能入定，我就常笑他是眾香國人，犯了戒被打下來的。

釋迦佛如何說法

「彼諸菩薩問維摩詰：今世尊釋迦牟尼以何說法？」眾香國的菩薩就問維摩居士，你們這個世界的教主釋迦牟尼佛，是拿什麼來說法呢？

「維摩詰言：此土眾生剛強難化，故佛為說剛強之語，以調伏之。」維摩居士向上方世界菩薩，報告了我們的醜陋面，他大概先嘆一口氣，唉！我們這個世界的眾生個性倔強，又剛愎自用，很難辦。所以佛要說些狠話，才把他們降伏下來，不狠就對付不了他們。

「言是地獄，是畜生，是餓鬼，是諸難處，是愚人生處。是身邪行，是身邪行報。是口邪行，是口邪行報。是意邪行，是意邪行報。是殺生，是殺生報。是不與取，是不與取報。是邪淫，是邪淫報。是妄語，是妄語報。是兩舌，是兩舌報。是惡口，是惡口報。是無義語，是無義語報。是貪嫉，是貪嫉報。是瞋惱，是瞋惱報。是邪見，是邪見報。是慳悋，是慳悋報。是毀戒，是毀戒報。是瞋恚，是瞋恚報。是懈怠，是懈怠報。是亂意，是亂意報。是愚癡，是愚癡報。是結戒，是持戒，是犯戒。是應作，是不應作。是障礙，是不障礙。是得罪，是離罪。是淨，是垢。是有漏，是無漏。是邪道，是正道。是有為，是無為。是世間，是涅槃。」

所以佛說六道的報應、講三災八難來教化世界眾生，講哪種身體上的邪行，就會遭遇哪種身體上的果報。你要曉得有許多行為不是意識上要做，而是身體上做的，大家要體會。「身邪行」是什麼邪行？例如大家坐著，幾乎沒有兩個人的坐相是相同的。儒家講「正襟危坐」，危就是正，什麼是正坐是很難講的。以佛法來說，可以講只有毘盧遮那佛的七支坐法才是正坐。儒家的正坐不同，以前的椅子不像沙發，西式沙發坐久了，到老了骨頭容易出毛病。中國舊式的椅子，坐上去沒有辦法彎腰的，非直著腰板坐不可。以前我們作小輩的，有長輩在時，只敢半個屁股坐在椅子上，腰自然直。我常告訴同學們，我三十歲以前沒有蹺過腿坐，就算沒有人看到，我都不敢蹺腿。

曾國藩是儒家人物，當時有個英國顯要來訪，他陪客人談話一夜，喝茶嗑瓜子。等他離座站起來時，英國人發現瓜子殼圈出來兩個腳印，表示他坐在那兒幾個鐘頭，兩條腿沒動過，事實上這種坐法對人體非常健康。所以我一向不坐沙發的，偶爾到外頭必須坐沙發，坐了一下就很難受。坐沙發使人都變成了蝦子，歪斜著身體，開始會很舒服，坐久了精神愈來愈差。

同樣的，我也勸人不要睡沙發床，睡到老來骨頭也會出毛病。中國老式的床是木板，上面鋪稻草。現在睡榻榻米，上面再鋪墊子，睡起來當然舒服多了。

再說身邪行，身子的邪行非常多，講起來可以寫一本書。小乘很多戒律，就是防止身邪行的，例如吃飯前一定洗手，又如上完大號一定用水洗，不用草紙去揩，可是到了中國就改了。現代有抽水馬桶可以噴水清洗，又可以合於戒律了。這些小乘身邪行的戒律，不算重戒，是屬於攝威儀戒，修正生活習慣的。中國的《禮記》也說，「禮儀三百，威儀三千。」威儀太多了，大部分的威儀，都是防止身邪行的。

身邪行是有身邪行的果報，因此釋迦牟尼佛就教導大家，身不可有邪行。身邪行報是什麼？不健康，多病。兩千多年前，佛就非常注重衛生，現在看起來沒有什麼了不起，但是在當時的印度，卻是很切中時弊的。這些行為的教育，在小乘經典中特別多。中國人一學起佛來，就看《金剛經》這些大經，所以就少知道佛的行為教育了。

口邪行有口邪行的報。嘴巴有什麼邪行？例如咬指頭，有些人長大了還改不掉，真要命！這既不衛生，又容易手指變形。尤其女孩子，講話時把手指放在嘴邊，是種很難看的不好相貌。諸如此類的口邪行有很多，乃至現代人一邊說話一邊咬口香糖，也算沒有禮貌。又如在街上看見女性就吹口哨，也是口邪行。

什麼是意邪行？是思想上的，例如創立一種什麼學說理論，本意並不邪，也是想濟世，但是後來走偏差了，反而為禍世間，這就是意邪行，也會有意邪行的果報。

殺生的人，會有殺生的報。

不與取就是盜，佛經上不用「盜」字，因為以佛法來看，世界上沒有哪個不是強盜。個個是強盜小偷，都是不與取，就是沒有得人家同意就拿，就用，就吃。世界上沒有不侵占別人的人，兒女長大成人，還向父母親要錢用，就是侵占父母財物的行為。但是人類認為是當然的，真是奇怪，沒有哪一個應該給哪一個的。有人說人生用錢有三階段，當人兒女時，躺著向父母要錢，不給就躺在地上哭。長大了向先生、太太、兄弟、朋友拿錢，是站著要。到老了向兒女拿錢，那是要跪著拿的。

邪婬有邪婬報，這裡不像其他的經典，絕對戒婬，而是給在家人開個方便之門，是邪婬才有果報，但人們還是讚歎不邪婬是最好的品德。

妄語，是說謊話。

兩舌，我們常犯的，講話說過來說過去，有時並不想挑撥是非，偶然一不小心講了句話，就變成兩舌。惡口是罵人，像我就經常惡口。無義語，無聊不要緊的話。尤其女性們坐在一起，講了半天言不及義，當然男性也會犯的。貪嫉是貪心妒嫉。瞋惱，是怨恨惱怒別人。接下來的我們不一個一個講了，講下去成了講戒律，光是這一篇，半年都講不完。可是每一點你都要注意。又例如這個亂意，你打坐散亂也是有果報的。

「以難化之人，心如猨猴，故以若干種法，制御其心，乃可調伏。」這個世界上人的心理像猴子一樣，難以教化（有這本經典之後，到了明朝吳承恩就寫了《西遊記》，把人心寫成了孫悟空）。所以釋迦牟尼佛用了種種辦法，讓眾生把這個心制下去，才好修道。

「譬如象馬𢤱悷不調，加諸楚毒，乃至徹骨，然後調伏。」比如不好的象和馬，不好駕御，要痛打它，打到皮開肉綻見到骨頭，才甘心受調伏。

「如是剛強難化眾生，故以一切苦切之言，乃可入律。」世界上這些倔強難以教化的眾生，必須要把一切痛苦的果報遭遇告訴他，他才能慢慢走上軌道。律就是軌道、規律。

「彼諸菩薩聞說是已，皆曰：未曾有也。如世尊釋迦牟尼佛，隱其無量自在之力，乃以貧所樂法，度脫眾生。斯諸菩薩，亦能勞謙，以無量大悲，生是佛土。」這些上方世界來的菩薩們，聽了維摩居士這一番話，都大歎從來沒聽過，釋迦牟尼佛真是難得，他已經成佛了，有無量大的神通之力，卻都用不出來，只好把自己弄得很苦，所以又出家，又苦行，又餓肚子才得道，都是做給眾生看的。同時又難得有諸位大菩薩，像是彌勒、文殊、觀音等等，都這麼勞苦謙虛（這些菩薩中，好多是早已成佛了的，為了要幫助釋迦牟尼佛，所以願意來到世間），發起無限的大悲心，才願意生到這個世界上來。

你們諸位也是發了大悲心，才願意生到這個世界上來，又生了一點小悲心，才願意到這裡來坐著聽經。

維摩居士說如何學佛

現在開始，維摩居士要講，在我們這個世界如何學佛。讀起來很淺，大家都懂，但是做起來很難。這裡的道理同東方世界的道德系統，有很大的關係。

「維摩詰言：此土菩薩，於諸眾生大悲堅固，誠如所言。」這裡維摩居士先提出一個要點，在這個世界修行的大菩薩們，對於一切眾生的大悲心，是非常堅固的，這是真的。他肯定了香積佛國菩薩，對我們這個世界菩薩的讚歎。「誠如所言」這四個字，後來變成了成語，就是出自《維摩詰經》。他只用大悲，沒有用大慈。慈和悲在現代的意義也是有區別的，慈是具有父性的愛，悲是母性的愛。所有的人都可以稱為菩薩，是因地上的菩薩，都具備當菩薩的資格。我們有志學佛的人，自然都是菩薩，對於一切眾生就要發大悲心，而且是非常堅固的大悲心，不要把發大悲心推給了菩薩。

西方文化的愛心同大悲心差不多，與儒家講的仁字也差不多。老子就不用仁這個字，他對仁批評得很厲害，他用的是慈，所以慈、悲、仁、愛都是同一個道理。根據《維摩詰經》這裡的觀點，我們回想世界上所有的宗教，所有的哲學家，所有的教育家，第一步都是要人培養慈悲仁愛之心。

「然其一世饒益眾生，多於彼國百千劫行。」但是這個世界的菩薩捨己為人的行為（菩薩行不管你走的是什麼路線，不是一定要走宗教、社會、教育的路線），要比在其他清淨國土修行的功德還要大。

「所以者何？此娑婆世界有十事善法，諸餘淨土之所無有。」什麼理由？這個娑婆世界有十善業道，十種善法，是佛教的基本，在其他的淨土是沒有的。在西方極樂世界，或東方藥師琉璃光淨土都沒有，因為用不著。藥師如來的十二大願同十善業道相近，但是並不完全相同。

說其他的淨土沒有，這話只說了一半，下品下生是不是要修？這是一個問題，須要思考。

十種善法的修持

「何等為十？以布施攝貧窮，以淨戒攝毀禁，以忍辱攝瞋恚，以精進攝懈怠，以禪定攝亂意，以智慧攝愚癡，說除難法度八難者，以大乘法度樂小乘者，以諸善根濟無德者，常以四攝成就眾生，是為十。」他開始講有哪十種善業。首先是六度，然後還有四種。我們有同學正要寫論文，十善業道不是很好的題目嗎？你把它們和東方文化的關係搞清楚，就已經是非常大的題目了。講到東方與西方，有一個世界文化上非常有趣的現象，五大宗教的教主都是出自東方。耶穌一生中有好多年的行蹤成謎，現代有的學者提出證據，他那些年去了印度學佛。甚至有說在西藏達賴喇嘛的宮中有本經典，其中提到有位道友回去傳道，因為其他人反對，被釘死在十字架上。你說這些資料是偽造的嗎？我想用不著吧！你說這講法是真的嗎？只能說事出有因。

拿第一句話來說，「以布施攝貧窮」不止是東方在做，大家都在做的，因為上文曾說「此土菩薩，於諸眾生大悲堅固」。不止是佛家在做，我們拿中國的儒家道家為例，都是這麼教人的。捨己為人、恤老憐貧、博施濟眾的思想，不是佛法進入中國才開始的，四書五經之中都有。了解了這個，就明白何土無佛啊！

攝貧窮是攝度救濟貧窮，拉他一把的意思。按我們過去的文化，沒什麼度不度的，這是作人本位義所當為的。換句話說，我們祖宗文化認為，人不是為自己而活，是為別人活著的。當然別人也為我而活著，這是互助的關係。根據好幾本佛經所載，這種行為是在我們這個世界才有的，所以不要輕視自己。

第二句話「以淨戒攝毀禁」，你也可以寫一篇論文研究，從我們有文字開始，一直到了有四書五經，在這段期間，佛教還沒傳進中國。四書中只有《論語》是孔子思想，《大學》是孔子嫡傳門人曾子所作，《中庸》是孔子的孫子子思所作，《孟子》是子思的學生孟子和孟子的學生所作。你查查《高僧傳》，十個中有七八個是儒家出身，所以很多人都引儒家的觀念講解佛法。儒家的四書五經是教人如何作人，偏重於人道，為何如此？《左傳》說過「天道遠，人道邇」，形而上道要怎麼修？天究竟在哪裡？孔子教我們「敬鬼神而遠之」，他是承認有鬼神的，你要恭敬它，但是這個問題太深遠了，不要輕易去研究它，你先把淺近的人道做好了，才進一步去探究天道。人道都做不好，就想學佛嗎？很多人包括我在內，實在作人都有問題，可是標榜學佛，讀過佛經，皈依了佛之後，脖子都硬了，把頭仰著，好像我就是第一，那之墮落啊！

儒家所有的書都是在講人道，用大乘戒律比對一下就知道，為什麼我常說四書五經就是佛教的律宗，是人道的戒律，也就是居士戒。真正一個居士必須做到這些戒。譬如《論語》處處是戒條，就在教我們怎麼作人，怎麼做事，怎麼作兒女父母。所以這個世界上的眾生，都能夠「以淨戒攝毀禁」，尤其在東方文化中，更是如此。

西方文化在二千年前是很淺薄的，其後也引進了東方的文化，也向這個路上走，以淨戒攝毀禁，這也是自然的趨勢。所以在佛法的觀點看，真正的佛法不會有末法時代的，所謂末法，只是指宗教的形態，事實上，正法的真理是永遠住世的。所以說「正法常住」，只不過諸大菩薩的教化方法和姿態，隨時代的變化不同而已。如能這樣理解，那你理解的範圍就廣，胸襟也大了。佛說一切法皆是佛法，這是佛法偉大之處。

第三句是「以忍辱攝瞋恚」，這就不用說了，學佛要學忍辱，同樣中國的諸子百家，沒有哪一本書不是教我們謙虛的。謙虛就是忍辱的表達，忍辱是原則，謙虛是行為。人能謙退才是真正的忍辱。這一切的教化，都是佛法。

第四句「以精進攝懈怠」，更不用說了，東方文化順手拈來都是勤勞、努力，只不過是佛學的名辭翻譯不同罷了。

第五句「以禪定攝亂意」，這一點我們要注意，對任何宗教哲學，我們都要放開眼光，他們都是講定的，定就是靜。譬如《大學》講修定的次序，非常清楚：「知止而後有定，定而後能靜，靜而後能安，安而後能慮，慮而後能得。」這個修養的次序就是修禪定，不是佛法來了以後才有的。後來佛經翻禪定，這個「禪」字是翻音，你用廣東、閩南語讀來比較接近本音。「定」字就是取自於《大學》中的「知止而後有定」。禪定是共法，大小乘、佛、外道、菩薩、凡夫都有的。乃至跳舞專心一致，到了忘我境界，也就是禪定，不過那是凡夫的禪定三昧。其他宗教的祈禱，也是禪定的一種方式，有其他宗教的教友對我說，他受洗時心境無比清淨，全身毛孔都張開的，我就說，你真得救了！在儒家就是講「誠」和「敬」。他跪下去的那一剎那是真得感應，不是誰給他的感應，是自己給自己的，自己本有的，就是禪定。不過這仍是凡夫禪，不是佛法與外道不共法般若所得的智慧，這是下面要說的。

所以禪定在任何宗派都有，諸如宋儒，雖然反對佛教，可是每一家都在修禪定。所以我對宋儒是不大原諒的，他右手偷了佛，左手偷了道，然後還要罵人家不對，這算是什麼儒家？氣派太小了。但是這個過錯可不是孔子孟子的。宋儒主張誠和敬，我的老師當中有好幾位，我看了就怕，他生活上沒有馬虎過的，都很嚴謹，臉上也沒有笑容，其中有一位是秀才，又學佛又講儒家，還是日本留學回來的。他上課還擺一本印光大師的文鈔在旁邊，也是吃素的。我到現在還很懷念這位林老師，他就是位儒家人物，出家人講戒律都沒有他嚴格。

第六句「以智慧攝愚癡」，這也不用說了。剛才說過，你要是能把十善業道同東西方文化的關係研究清楚，至少你在佛學學理的研究，已經很高明了。

第七句「說除難法度八難者」，佛學中常提到三災八難，三災我們前面說過了。這個「難」是艱難困難的難。可是有時書上看到某人向某人問難，這是向人請教一個困難的問題，不是想要問倒人家的意思。八難是八種學佛的大困難，障礙我們學佛的前三難是：地獄、餓鬼、畜生。一般說在這三道中不能學佛，但是進一步說則不然，大乘道主張在這三道中還是有化身菩薩在度眾生，這一點我們在此也不詳說了。

另外五難是：一、盲聾瘖瘂、二、世智辯聰、三、佛前佛後，這些是人道學佛的障礙，下定決心學習，都可破除，所以佛經說我們這個世界苦樂參半，因此我們應當精進追求真諦。四、學佛難，北俱盧洲的人固然在物質精神上享受，但是他們永遠不會得到真理智慧，所以也是災難之一，常言也道「富貴發心難，貧窮布施難。」五、無想天或云長壽天，耽著禪定，不得聞法，也是災難。

本經所講的八難，是八種突不破的困難，可是在我們這個世界上，有很多菩薩行的人，都有各種的辦法教化人突破這個困難。突破的方法如果發揮起來是很多的。譬如佛教和道教都有度餓鬼、度畜生的修法。我們有位同學是搞電子的專家，他做過研究，認為電能比較強的，修道的成就也會比較快。他用各種動物的皮磨擦玻璃棒，試驗哪種動物的電能最強，結論是人皮最快，只要擦幾下子就產生電能。其次是狐狸皮，牛皮也不太差，所以他認為畜生道離人道也不太遠，是可以得度的。

像這樣幫助眾生突破八難去修道，在別的佛國是沒有的。

第八句是「以大乘法度樂小乘者」。佛法本來只有一乘，譬如我們這裡的顯明老和尚，每星期四為各位講《法華經》，他是正統講經說法，我不能與他比，我這不能算講經，只是和各位隨便作基礎佛法的研究。我鼓勵大家好好跟他學，老法師萬一涅槃了，天台宗的分科判教就沒有人了。我為什麼提這個？就是想起《法華經》上說，佛法只有一乘道，沒有分三乘五乘，但是一乘道就是無上乘，太難了。因此佛的教育方法分了聲聞緣覺等等，有種種不同的方便，這是其他佛國淨土所沒有的。譬如我們看淨土三經，極樂世界只有一句阿彌陀佛，本經在後面就說，與其他佛國世界的說法，完全不同，我們可以對照《華嚴經》的佛國世界的道理。所以我們這個世界有特殊的成就方法。

第九句，「以諸善根濟無德者」，這個世界的善知識們諸大菩薩，常常以自己修行成就的法門，幫助惡根深厚的人，以各種方法來感化他們。這也是同其他佛國世界不同的。

最後，第十句，「以四攝成就眾生」，這個世界諸大菩薩修四攝法（布施、愛語、利行、同事），也是其他佛國世界沒有的。

維摩居士說了這十種善業道，他不是說給香積佛國的菩薩聽的，這些菩薩也不是不懂，他們是和維摩居士唱雙簧，其實他是說給我們這個世界眾生聽的，學佛就是要走這十個路線。

「彼菩薩曰：菩薩成就幾法，於此世界行無瘡疣，生於淨土？」香積佛國的菩薩就提出一個問題，這正是帶業往生或消業往生淨土的問題。他問，修大乘菩薩道的，要成就幾種修行的方法，使得自己活在這個世界上，品德和行為變得圓滿無缺，死後往生淨土？

瘡是生瘡，疣是長贅肉瘤。瘡疣並不妨礙生命，但是會給生命帶來痛苦，是個病態。人在行為上都有病態，我這個人就很不規矩，沒有資格作佛教徒，所以我尤其怕宗教徒，因為很多人信了宗教以後，就拿了一把宗教的尺去度量別人。看一看這個人不是菩薩，那個人不夠資格作神父，卻從來不量量自己。這是犯了很大的錯誤，真學佛的人應該只要求自己，不要求別人。任何一個人都免不了病態的，乃至連菩薩的行，有時都有病態。

菩薩成就八法

「維摩詰言：菩薩成就八法，於此世界行無瘡疣，生於淨土。」維摩居士回答，要能夠成就八種法門，才做得到。

「何等為八？」有哪八種呢？你看下面所說的，與我們東方文化的教育有絕對的關聯。東方與佛法有密切的關係，東方是生生不已的方向，釋迦牟尼佛一生說法，多少次都提到東方。《維摩詰經》這一品，講的是上方香積佛國和吃飯的問題，我已經點出來，這裡吃的飯是思食和識食的境界，不是段食和觸食。這個飯是得到禪定的人才吃得到，而吃了也會有成就的。下一品會呈現另一個佛國淨土，是阿閦佛的佛土，又是在東方。這個關聯好像古人和今人都沒有注意，你們青年可以向這一方面努力。

「饒益眾生而不望報。」佛經都是用「饒益」，不是「利益」，因為饒是充份地、盡量地的意思，光說利益不夠。維摩居士說的這第一個修行方法，不止是佛教，在東方文化、中國文化中處處都有。所以說東方早有古佛了，這也是佛經上的話。中國文化做好事叫作積陰德，就是「為善不求人知」，若被人知道會恭維你，就會消了自己的善業和福報。下面還有另一句話，「為惡不畏人知」，希望人家知道，好糾正你。

「代一切眾生受諸苦惱。」這是由戒律來的，佛經就是戒。戒律像是規範道德行為的法律，法律是由法理而來，就是法律的哲學道理。醫學要有醫理，有人學醫但是不出來看病，因為他學的是醫理學，是醫生的顧問。佛經就是戒律的法理，剛才講的十事善法是戒，現在講的成就八法也是戒。這些戒不用去戒壇受戒，你若接受了佛教教育，就要依此改正自己的行為。

我常提英雄與聖人的分界，現在再提一下，英雄是征服天下，聖人是征服自己，學佛就是學征服自己。征服天下難，征服自己更難。許多人可以作英雄，但是沒有辦法作聖賢，因為不能征服自己。英雄是把自己的理想、自己的煩惱，建立在別人的身上；聖人是把天下人的痛苦煩惱，自己挑起來。聖人就是菩薩道，就是「代一切眾生受諸苦惱」。

所以我們看這些經文，就等於是念戒，看《維摩詰經》有時真看不下去，因為看了都做不到。以這一條來講，不要說代一切眾生受諸苦惱了，就算好朋友要我們分擔一下困苦都做不到。

「所作功德盡以施之。」有功德自己不佔有，都布施出去，也就是大家誦經時最後的迴向。迴向的道理前面講過不少次了，一部老子《道德經》，就是在講迴向，例如「為無為」，又例如「外其身而身存」，都是迴向的道理。

「等心眾生謙下無礙，於諸菩薩視之如佛。」看一切眾生平等，儘量地謙虛，如果傲慢的話就有障礙了。要尊重任何一個人如聖賢，這跟儒家道家，沒有任何區別啊！

「所未聞經，聞之不疑。」深信所有聽過的大乘經典，雖然有些道理從未聽過，但也不懷疑。

「不與聲聞而相違背。」不看不起小乘道，因為小乘是大乘的基礎，大乘不過是小乘的範圍擴大而已。

「不嫉彼供，不高己利，而於其中調伏其心。」出家人不嫉妒別人受供養，這也包括了在家人，看到別人得意了不嫉妒。我常說「一家飽暖千家怨」，所以儒家道理是，人不敢自己太富貴。過去我在家鄉時，年輕人不准穿皮袍，老輩見了要罵的，年紀輕就玩這個！中年人穿皮袍，還要在外面加一層蓋住。人家看你發了財，會眼紅的，但你窮了也沒有人會同情你的。這都是一般眾生心理。我們學佛的人修行，就要改變這種心理，所以人家的好，不要嫉妒，要視之為應該；自己有什麼好，要謙退，不以此為榮，要在這樣的心態中修行。現代人常說，對某某事值得驕傲，這是不通的中文，是從外文翻譯來的，勉強說值得自豪還差不多。中國文化中說值得自己驕傲，那是狗屎心態。

「常省己過，不訟彼短，恆以一心求諸功德。」六祖也講過，修行人要「但觀己過，莫論人非」。真學佛只有反省自己，要求自己，不去談論別人的過錯，一心一意修一切善行，完成一切功德。

「是為八法。」這就是維摩居士所說的往生淨土八法，你能修成就了，必定往生。但是即使這八法成就了，你說無始以來的業消完了嗎？不見得，因為這只是成就大菩薩行的基本八法而已。菩薩行不止八法，這八法成就了，也就是守了大乘的戒律，就不會有修行的病態，臨終時必然能往生所發願前往的佛國淨土。

「維摩詰、文殊師利於大眾中說是法時，百千天人皆發阿耨多羅三藐三菩提心，十千菩薩得無生法忍。」這是這一品的結論，文字就不用解釋了。

菩薩行品第十一

是時，佛說法於菴羅樹園，其地忽然廣博嚴事，一切眾會皆作金色。阿難白佛言：世尊，以何因緣，有此瑞應，是處忽然廣博嚴事，一切眾會，皆作金色？佛告阿難：是維摩詰文殊師利，與諸大眾恭敬圍遶，發意欲來，故先為此瑞應。於是維摩詰語文殊師利：可共見佛，與諸菩薩禮事供養。文殊師利言：善哉！行矣！今正是時。維摩詰即以神力，持諸大眾，并師子座，置於右掌，往詣佛所。到已著地，稽首佛足，右遶七帀，一心合掌，在一面立。其諸菩薩即皆避座，稽首佛足，亦遶七帀於一面立。諸大弟子，釋、梵、四天王等，亦皆避座，稽首佛足，在一面立。於是世尊如法慰問諸菩薩已，各令復坐，即皆受教。眾坐已定，佛語舍利弗：汝見菩薩大士自在神力之所為乎？唯然，已見。汝意云何？世尊，我覩其為不可思議，非意所圖，非度所測。

爾時，阿難白佛言：世尊，今所聞香，自昔未有，是為何香？佛告阿難，是彼菩薩毛孔之香。於是舍利弗語阿難言：我等毛孔亦出是香。阿難言：此所從來？曰：是長者維摩詰，從眾香國取佛餘飯，於舍食者，一切毛孔皆香若此。阿難問維摩詰：是香氣住當久如？維摩詰言：至此飯消。曰：此飯久如當消？曰：此飯勢力至於七日，然後乃消。又阿難，若聲聞人，未入正位，食此飯者，得入正位，然後乃消。已入正位，食此飯者，得心解脫，然後乃消。若未發大乘意，食此飯者，至發意乃消。已發意食此飯者，得無生忍然後乃消。已得無生忍食此飯者，至一生補處然後乃消。譬如有藥，名曰上味，其有服者，身諸毒滅，然後乃消。此飯如是，滅除一切諸煩惱毒，然後乃消。阿難白佛言：未曾有也，世尊！如此香飯能作佛事！佛言：如是！如是！阿難，或有佛土，以佛光明而作佛事，有以諸菩薩而作佛事，有以佛所化人而作佛事，有以菩提樹而作佛事，有以佛衣服臥具而作佛事，有以飯食而作佛事，有以園林臺觀而作佛事，有以三十二相八十隨形好而作佛事，有以佛身而作佛事，有以虛空而作佛事，眾生應以此緣得入律行。有以夢、幻、影、響、鏡中像、水中月、熱時燄，如是等喻而作佛事，有以音聲語言文字而作佛事，或有清淨佛土，寂寞無言，無說無示，無識無作無為，而作佛事。如是，阿難，諸佛威儀進止，諸所施為，無非佛事。阿難，有此四魔，八萬四千諸煩惱門，而諸眾生為之疲勞，諸佛即以此法而作佛事，是名入一切諸佛法門。菩薩入此門者，若見一切淨好佛土，不以為喜，不貪不高。若見一切不淨佛土，不以為憂，不礙不沒。但於諸佛生清淨心，歡喜恭敬，未曾有也。諸佛如來功德平等，為教化眾生故，而現佛土不同。阿難，汝見諸佛國土地有若干，而虛空無若干也。如是見諸佛色身有若干耳，其無礙慧無若干也。阿難，諸佛色身、威相、種性，戒、定、智慧、解脫、解脫知見，力、無所畏、不共之法，大慈、大悲、威儀所行，及其壽命，說法教化，成就眾生，淨佛國土，具諸佛法，悉皆同等。是故名為三藐三佛陀，名為多陀阿伽度，名為佛陀。阿難，若我廣說此三句義，汝以劫壽不能盡受。正使三千大千世界，滿中眾生，皆如阿難多聞第一，得念總持，此諸人等以劫之壽亦不能受。如是，阿難，諸佛阿耨多羅三藐三菩提無有限量，智慧辯才不可思議。阿難白佛言：我從今已往，不敢自謂以為多聞。佛告阿難：勿起退意。所以者何？我說汝於聲聞中為最多聞，非謂菩薩。且止，阿難，其有智者不應限度諸菩薩也。一切海淵尚可測量，菩薩禪定、智慧、總持、辯才、一切功德不可量也。阿難，汝等捨置菩薩所行，是維摩詰一時所現神通之力，一切聲聞辟支佛於百千劫，盡力變化所不能作。

爾時，眾香世界菩薩來者，合掌白佛言：世尊，我等初見此土，生下劣想。今自悔責，捨離是心。所以者何？諸佛方便不可思議。為度眾生故，隨其所應現佛國異。唯然。世尊，願賜少法，還於彼土，當念如來。佛告諸菩薩：有盡無盡解脫法門，汝等當學。何謂為盡？謂有為法。何謂無盡？謂無為法。如菩薩者，不盡有為，不住無為。何謂不盡有為？謂不離大慈，不捨大悲。深發一切智心，而不忽忘。教化眾生，終不厭倦。於四攝法，常念順行。護持正法，不惜身命。種諸善根，無有疲厭。

志常安住，方便迴向。求法不懈，說法無悋。勤供諸佛，故入生死而無所畏。於諸榮辱，心無憂喜。不輕未學，敬學如佛。墮煩惱者，令發正念。於遠離樂，不以為貴。不著己樂，慶於彼樂。在諸禪定，如地獄想。於生死中，如園觀想。見來求者，為善師想。捨諸所有，具一切智想。見毀戒人，起救護想。諸波羅蜜，為父母想。道品之法，為眷屬想。發行善根，無有齊限。以諸淨國嚴飾之事，成己佛土。行無限施，具足相好。除一切惡，淨身口意。生死無數劫，意而有勇。聞佛無量德，志而不倦。以智慧劍，破煩惱賊。出陰界入，荷負眾生，永使解脫。以大精進，摧伏魔軍。常求無念，實相智慧。行少欲知足，而不捨世法。不壞威儀，而能隨俗。起神通慧，引導眾生。得念總持，所聞不忘。善別諸根，斷眾生疑。以樂說辯，演法無礙。淨十善道，受天人福。修四無量，開梵天道。勸請說法，隨喜讚善，得佛音聲。身口意善，得佛威儀。深修善法，所行轉勝。以大乘教，成菩薩僧。心無放逸，不失眾善。行如此法，是名菩薩不盡有為。何謂菩薩不住無為？謂修學空，不以空為證。

修學無相無作，不以無相無作為證。修學無起，不以無起為證。觀於無常，而不厭善本。觀世間苦，而不惡生死。觀於無我，而誨人不倦。觀於寂滅，而不永寂滅。觀於遠離，而身心修善。觀無所歸，而歸趣善法。觀於無生，而以生法荷負一切。觀於無漏，而不斷諸漏。觀無所行，而以行法教化眾生。觀於空無，而不捨大悲。觀正法位，而不隨小乘。觀諸法虛妄，無牢無人，無主無相，本願未滿，而不虛福德禪定智慧。修如此法，是名菩薩不住無為。又具福德故，不住無為。具智慧故，不盡有為。大慈悲故，不住無為。滿本願故，不盡有為。集法藥故，不住無為。隨授藥故，不盡有為。知眾生病故，不住無為。滅眾生病故，不盡有為。諸正士菩薩以修此法，不盡有為，不住無為，是名盡無盡解脫法門，汝等當學。爾時，彼諸菩薩聞說是法，皆大歡喜，以眾妙華，若干種色，若干種香，散徧三千大千世界，供養於佛，及此經法，并諸菩薩已。稽首佛足，歎未曾有，言：釋迦牟尼佛，乃能於此善行方便。言已，忽然不現，還到彼國。

我們現在開始說《維摩詰經》下卷第十一品。研究佛經有一個最新的觀念，每一部經有經題，例如《妙法蓮華經》，每一品也有題目，把每一個題目連起來，就是全部的佛法。《維摩詰經》講到〈香積佛品〉是一個高潮，全經有好幾處高潮迭起，大家要搞清楚。現在是〈菩薩行品〉，是講大乘菩薩道應該如何修行。全經用很多的故事，其中有用比喻，用直說，用問答，來說明佛法的修持。

維摩詰領眾前往禮佛

「是時，佛說法於菴羅樹園，其地忽然廣博嚴事，一切眾會皆作金色。」本經講到此處，我們要記住佛開始是在菴羅樹園，因為維摩居士有病，佛要大家去看病，故事由此開始。現在佛還在菴羅樹園等著，大部分的同學都去看維摩居士了。在這個時候，這個菴羅樹園忽然變大起來了，有無比的莊嚴，一切都發出金色。

「阿難白佛言：世尊，以何因緣，有此瑞應，是處忽然廣博嚴事，一切眾會皆作金色？」阿難覺得奇怪了，就問佛為什麼這個地方，有如此祥瑞的感應。

「佛告阿難：是維摩詰文殊師利，與諸大眾恭敬圍遶，發意欲來，故先為此瑞應。」佛說，這個瑞應是因為維摩居士，和文殊師利菩薩領頭的大眾，都要來這裡的緣故。我們要注意這個場面，當時還包括了從香積佛國來的菩薩在內。

「於是維摩詰語文殊師利：可共見佛，與諸菩薩禮事供養。」維摩居士對文殊師利菩薩說，我們現在應該和所有在座的菩薩，過去禮佛了。

「文殊師利言：善哉！行矣！今正是時。」文殊師利菩薩說，好的！我們去吧！現在正是時候。

「維摩詰即以神力，持諸大眾，并師子座，置於右掌，往詣佛所。到已著地，稽首佛足，右遶七帀，一心合掌，在一面立。」當時在場那麼多的菩薩，和那些師子座，被維摩居士用神力，右手一端就端過去了。我們看了覺得是很稀奇的神話，有沒有這回事？絕對有的。為什麼後人修行達不到這樣的神通力？這件事代表著什麼？就是個嚴重的問題了。佛過世以後，古今中外的佛弟子，修行都沒有到達這個境界，這是個什麼問題？我們不要以為這是不可能的事，只是當作神話比方，就把它抹過去了。這個問題就與菩薩行有關，我們不作結論，希望大家去研究。

維摩居士帶大家到了釋迦牟尼佛面前，就對佛磕頭。這裡的稽首就是跪拜，我們在家人寫信也用頓首，在信尾寫，「弟某某頓首」，這與稽首是一樣的意思。出家人寫信給人家用合十，就是合掌，不是跪拜，同鞠躬差不多。維摩居士向佛頂禮之後，依印度最恭敬的禮貌，向右圍繞佛七圈，才合掌站在一邊。這裡記載的與中國古代禮節一樣，到人家家中去作客，到了先行禮，然後自己退一步，等主人進一步來請你。現代人都不講這一套了。

「其諸菩薩即皆避座，稽首佛足，亦繞七帀於一面立。諸大弟子，釋、梵、四天王等，亦皆避座，稽首佛足，在一面立。」所有同維摩居士一道來的菩薩、大弟子、帝釋天、梵天、四天王等人，原來是在座位上被端過來的，也紛紛下座，依同樣方式，向佛行禮後立在一邊。

「於是世尊如法慰問諸菩薩已，各令復坐，即皆受教。」佛等大家行禮完畢，就照一定的禮法慰問大眾，請大家再坐下來，聽佛說教。

「眾坐已定，佛語舍利弗：汝見菩薩大士自在神力之所為乎？」等大家都坐定了，佛就問舍利弗，這一次去維摩居士那兒，親眼看見了大乘菩薩修到自在神通的功力了吧？

「唯然，已見。」舍利弗答：是的，我親自看到了。

「汝意云何？」佛又問他：你說說看，大乘菩薩何以有如此的自在神力。

「世尊，我覩其為不可思議，非意所圖，非度所測。」舍利弗答：我親自看到不可思議的神力，沒有辦法用世間的思想知識去研究議論。「非意所圖，非度所測」，要注意這八個字，這是點題，這不是我們普通人用思想意識能貪圖得到的，也不是我們的知識範圍所能夠推測的。

香積飯香何時消

「爾時，阿難白佛言：世尊，今所聞香，自昔未有，是為何香？」這時，阿難在旁邊岔一句話，他問佛，現在聞到一種從沒聞過的香味，是什麼香？

「佛告阿難，是彼菩薩毛孔之香。」佛告訴他，是這些來訪菩薩們身上發出來的體氣。

「於是舍利弗語阿難言：我等毛孔亦出是香。」你不用把佛經看得太死板，那麼地莊嚴，你可以想像當時的情景，舍利弗就碰一碰阿難說，喂，你聞一下，我們身上也帶著這種香味呢！

「阿難言：此所從來？」阿難一聞，真奇怪，這香味從哪裡來的啊？

「曰：是長者維摩詰，從眾香國取佛餘飯，於舍食者，一切毛孔皆香若此。」舍利弗告訴他，這是我們上午去維摩居士府上探病，吃飯時候到了，維摩居士用神通，從上方眾香國討回來一碗香積佛吃剩的飯，分給我們吃，吃了之後，我們身上毛孔就出這個香味。

「阿難問維摩詰：是香氣住當久如？」阿難有沒有動心求這個香味，我們不知道，但是他至少追問維摩居士，這個香味在身上能留多久？

「維摩詰言：至此飯消。」現在這個重點又來了，又是吃飯問題。維摩居士說，等這個飯被人體完全吸收了，香味就沒有了。

「曰：此飯久如當消？」阿難再問，這個飯在人體中，要多少時間才會完全消化？

「曰：此飯勢力至於七日，然後乃消。」維摩居士答，普通人吃了這個飯，就不用再吃飯了，要七天七夜才完全消化。大家會問，不知道這飯是什麼米煮出來的。

「又阿難，若聲聞人，未入正位，食此飯者，得入正位，然後乃消。」維摩居士接著說，如果不是凡夫，而是到了聲聞境界的人（就是走小乘路線，如修頭陀行的人，持戒嚴謹，只管自己修行，不管大乘功德的人），已經有修持但是還沒有證果的人，這個飯就要到他得到正果的時候，才會消化。你看這奇怪吧！學道的人，胃的火力應該大一點，消化得快才是。可是這一餐飯吃了，就可以不用再吃，等到證果了才消化。

「已入正位，食此飯者，得心解脫，然後乃消。」已經得到初果羅漢，乃至得到二果三果四果羅漢的人，吃了這個飯，要等心解脫了，這飯才消化。

這裡有好幾個問題。第一，修道境界愈高，這個飯愈持久。第二，已經入了正位的人，還要得到心解脫，飯才能消化。

得解脫是佛法的究竟，不得解脫何以能證果呢？要有定力，念念清淨在空的境界上就證果了，但這不是解脫。例如學道的人能煉精化氣，煉氣化神，煉神還虛，還虛才真正證到空。前面搞氣脈只算是煉精化氣，煉氣化神還早得很。所以四禪八定，在大小乘乃至外道，都是非修不可的，但是不要以四禪八定為究竟。你能修到四禪八定種種不同的境界，能究人天之際，超出欲界天，乃至色界天，就是證果位，但是不一定得佛法究竟。第三個問題，也有學佛的人，他的心已得解脫，但是沒有證得果位，這又是什麼原因呢？答案是定力工夫不夠，修持不圓滿。

「若未發大乘意，食此飯者，至發意乃消。」中國學佛的人，都標榜是大乘菩薩道，但是發心了沒有？都沒有。發心很難，大乘講發心不是你們去化緣發心修個廟子，造個塔，捐十塊錢。發心是動意，發菩提心。發菩提心是心得解脫，一念之間頓悟，是發心菩薩，在教理上講是初發意菩薩。初發意菩薩脈解心開，但還要修，言下頓悟了就不用修嗎？不是的。真發心是明心見性，一定會同時發起大慈大悲心的，作人做事乃至任何一個很小的動作，處處都是捨己利人的。我們普通學佛哪裡有發大慈悲心？都只是嘴裡講的口頭發心而已。學佛的人要自我反省，有時比不學佛的人還要自私，與慈悲心是背道而馳。所以真正發慈悲心是不容易的，除非見到空性，否則發不起來。

我有個老朋友，學佛幾十年，現在已經過世了，他就跟我說過，我怎麼樣都發不起心，怎麼才發得起來呢？我對他說，你講得對，也問得好，不過你不要問我，就看你自己了。

這人講起道理來比任何人都高，做好事也比任何人多，但是他能問這個話，證明是真修行人，他並不認為做好事是發心。所以發心之難，不可言喻。不要以為自己學佛了，偶爾行點小善就是發心了，那是發饅頭還差不多。

《維摩詰經》這裡說，未發心的大乘菩薩，要真發了心，這個飯才消化。「已發意食此飯者，得無生忍然後乃消。」已經發心，見到空性開悟的菩薩，到了第八不動地，得了無生法忍之後，這個飯才消化了。無生法忍是不生不滅，過去現在未來都了不可得，都切斷了。

「已得無生忍食此飯者，至一生補處然後乃消。」如果是八地以上的菩薩，已到了無生法忍境界，吃了這個飯，要到一生補處的境界，這飯才會消化。

一生補處是什麼？例如彌勒菩薩，這一生過了，下一生就來當教主。彌勒菩薩現在在哪裡？並不是很高，他是在欲界天的中央叫兜率天作天主，比我們還享受。我們世間的五欲享受，那兒都有，比我們這兒更好。兜率天的外院，有天人享受的五欲之樂。兜率天的內院是個大禪堂，彌勒菩薩就在內院主持禪堂，諸大菩薩有很多都往生在他那裡。譬如《瑜伽師地論》的作者無著菩薩，就是每天夜裡在人世間入定後，上到兜率天的內院，聽彌勒菩薩說法，然後回來把所聽到的寫下來，彙集而成《瑜伽師地論》。所以很多人（例如近代的太虛法師、臺灣汐止肉身不壞的慈航法師）都發願，死後也不往生西方極樂世界或其他地方，而是要往生兜率內院，跟著彌勒菩薩下一次一起來，如此一定成道。

「譬如有藥，名曰上味，其有服者，身諸毒滅，然後乃消。」維摩居士舉個例子，譬如世間有一種仙藥，有人吃了這一味藥，身上所有的毒都消了，所有的病都好了，藥力才消退。

「此飯如是，滅除一切諸煩惱毒，然後乃消？」這個飯也是如此，能夠滅除一切煩惱毒，然後飯才消化了。

這個飯的功能如此之大，可惜我們吃不到。但是我們每天吃的大米飯也能夠去病，去什麼病？去餓病，吃了就不餓了。當然，米飯會變成人體的營養，然後它的功能就過去了，道理相同。中國的道家也說，有一種天元丹；在身體上搞煉精化氣、煉氣化神的是人元丹；靠藥物提煉的是地元丹。天元丹是很難得的，是從上方世界來的。道家認為吃了天元丹可以立地成仙，等於是《維摩詰經》所講香積佛國的飯。

在佛法中也有這個修法，是個大祕密，你去西藏蒙古求求看，都沒有了。你問我曉不曉得，我曉得也不會告訴你，因為是「非意所圖，非度所測」，你用凡夫的意識來企圖，以凡夫的心量來測度，都沒有用。因為這非小根小器、小功德人所能達到的。

什麼能作佛事

「阿難白佛言：未曾有也，世尊！如此香飯能作佛事！」阿難聽了維摩居士這一番話，我們可以想像，他搖著頭對釋迦牟尼佛說，從來沒有聽過這樣的事，佛啊！一碗香飯居然能做佛的事業！

「佛言：如是！如是！」佛說：對了！就是這個樣的！

「阿難，或有佛土，以佛光明而作佛事」，釋迦牟尼佛接下來一路就為阿難講，真正的佛法，不是呆板守住一個方法的。有的佛國世界，不像我們這裡講經、說法、念佛、打齋，而是用各種不同的方法作佛事。有用佛的各種光明作佛事，你感受這個光就開悟了。

「有以諸菩薩而作佛事，有以佛所化人而作佛事，有以菩提樹而作佛事」，有些佛世界是以大菩薩們作佛事，有以佛化身出來的人而作佛事，有以菩提樹作佛事。譬如釋迦牟尼佛在菩提樹下悟道，那樹本來不叫菩提樹，因為佛在樹下悟道而叫作菩提樹。

「有以佛衣服臥具而作佛事」，有以佛的衣服和臥具作佛事的。經典上記載，佛在世時有個弟子，怎麼樣修行都不上路，這弟子就想借用佛的坐墊來打坐，佛知道了就立刻拿給他用。結果這弟子上去盤腿一坐，就證果了。所以你們誰的太太小姐，想要件什麼衣服的話，你就趕快買給她，說不定一穿上就成道了。

「有以飯食而作佛事，有以園林臺觀而作佛事」，有人因吃了一餐飯而學佛成道了。有時人去到山上或廟子看到這個風景，就要出家想修道了。

過去我有個朋友，他是作官的，非常能喝酒，登峨嵋山還揹著酒瓶去呢！他上山之後，天黑了不方便下山，又下起雨來，山寺中的師父就留他住下。他住在寺中，夜裡萬籟無聲，只聽見寺中小和尚唸佛撞鐘，他當時就把酒瓶一扔，去找住持出家了。所以這個園林臺觀也真能作佛事的。由此可見，佛法到處都有，到處都能使你入佛道。

「有以三十二相八十隨形好而作佛事，有以佛身而作佛事，有以虛空而作佛事，眾生應以此緣得入律行。」有以佛的色身相好莊嚴作佛事的，誰走這個路線？就是阿難。根據《楞嚴經》，他就是看見佛的相好莊嚴而想出家的，他是因為好色而出家，所以後來外出化緣，碰到個漂亮的摩登伽女就動念了。

其實我們這個世界的眾生，個個好色。你要如何修到相好莊嚴呢？世界上這麼多人，為什麼沒有相好莊嚴的呢？這個道理值得研究了，就是佛加的這一句話：「眾生應以此緣得入律行」。一個人能夠修到相貌莊嚴，色身健康，是經過多生累劫戒律清淨來的，也就是道德行為的果報。

「有以夢、幻、影、響、鏡中像、水中月、熱時燄，如是等喻而作佛事」，有人因為做了個夢而去學佛，有人碰著了什麼幻境而學佛。我有個老朋友，現在已經九十幾歲了，他本來是虔誠的基督徒，後來忽然學佛了，因為他在重慶時，有天夜裡走在路上碰見了鬼，拚命想叫上帝喊阿門，但是鬼還是跟著他，後來改唸觀世音菩薩，鬼就不見了。我就取笑他是搞比較宗教的，這就是因幻而作佛事。

有人因看到什麼影子，聽到什麼聲音……等等而學佛。這裡講的幾樣東西是比喻，顯教佛經常用的比喻共有十種，這裡沒有提到像水泡、芭蕉。以密教來講，這每一樣都有一種修法的。例如鏡中像，你鏡子裡看到的像是真的還是假的？中國古禮中，婦女坐月子時，房中不准擺鏡子。嬰兒看多了鏡子容易夭折，因為他把鏡中的身體當作是自己，所以他意識就跑到鏡子裡去了。還有嬰兒喜歡看發光的東西，他集中精神看，看久了就變成鬥雞眼。

如說鏡子的像是假的，可是有種修法還是靠這麼修的。不過，你要知道，修法不是佛事的究竟，只是佛事的方法。如果你認為一個法門是對的，另一個是不對的，這就錯了。一切只是方便，只是助道，沒有一個對的法門。什麼才是對的？對的是「了不可得，本來如是。」你說這些法都不對，也錯了。這認為不對的也是自己的主觀意識，主觀意識本來就靠不住。

佛經常說夢幻泡影、水月空花，這都是沒有的東西，所以大家就把這些當作是說空，錯了！這些不是說空，是說有。不過這有是很短暫的，不會永遠停留，很快就過去了。所以是非空非有，即空即有。

「有以音聲語言文字而作佛事」，觀音法門就是用音聲來修的，譬如剛才講的朋友，在峨嵋山聽見鐘聲一響、小和尚念佛，因緣成熟就出家了，所以音聲也是佛法。文殊菩薩在《楞嚴經》稱讚觀音法門：「此方真教體，清淨在音聞。」為什麼他推崇用耳朵修法？其實用眼睛的修法也很多，但是用眼睛修不圓滿。以四方來說，我們的眼睛只能看到三方，後面看不見；鼻子只能管呼吸，其它的不知道；只有音聲是十方上下都可以聽到，尤其是這世界上人與人之間，常靠音聲作言語表達，所以修觀音法門比較容易。

大家別忽略了一點，文殊菩薩很謙虛，他沒有推薦自己的法門。他代表智慧，也代表文字，所以他名號的中文翻譯，是用了「文」這個字。釋迦牟尼佛的名號，釋迦是能仁的意思，牟尼是寂靜，能仁寂靜合起來，在中國文化就是一個字：「文」。因此很多中文佛學經典，就稱他為釋迦文佛。我們知道觀音法門殊勝是靠經典文字來的，是文殊菩薩推薦來的，可是大家卻不研究文殊菩薩的修法。

所以有人是因為和人談話受規勸而學佛，有人是因為佛經的文字好，由文字因緣而學佛。這裡有的同學聽經時把眼睛閉起來，一邊打坐一邊聽，眼睛不看面前的佛經，這是很糟糕的。研究文字的時候，一定要看著文字，透過人家所講的，才會確實吸收，才記得。文字是般若的一種，沒有人真悟道而文字不行的。譬如六祖本來一個大字不識，可是悟道了以後他能講經；他也不用自己去讀，就讓人家唸給他聽，他聽了就能解說，就是這麼高明，也就是因為文字般若到了。但是你不是六祖，我也不是六祖，所以我們還是需要認字，透過文字來作佛事。

講到這裡要提出一個重點，《維摩詰經》在佛法中是從果上說因的。已經成就的佛，像維摩居士（金粟如來的化身）來到這個世界上，同我們一樣是血肉之軀，也有生老病死的現象。維摩居士以生病的因緣，引出這一部經來說法，在說法中，又有許多不可思議的境界，例如方丈室中容納好幾萬人，又為每人借了一張師子座，又有天女散花，任意轉男女相，甚至去上方世界，向香積佛化緣吃飯等等。都是在說佛法有成就的人，他們有如此不可思議的功德、智慧、能力，這些都是佛果上的事。現在這一品，菩薩行品，是講因地，說明如何修持才能得到佛果。

什麼是菩薩行？現在先告訴我們什麼是佛法，我們正在講到什麼是作佛事。一講到作佛事，大家通常就想到找出家人誦經，或者放焰口，或者作水陸道場，或者持個咒子。這些也是作佛事，是為佛法佛教而作的事。本品告訴你，真正的佛事包括了世間法和出世間法，太多了。你不要偏執一種，好像有人只抓住念阿彌陀佛，其他都是外道；或是學密宗的人，認為淨土是沒有智慧的，而禪宗是狂妄的；或者搞氣功之類有為法的人，看不起靜坐；或者靜坐的人看不起搞氣脈的人等等。

佛告訴我們，一切皆是佛法，就看你的智慧從哪裡透入。《維摩詰經》講了那麼多都是佛事，可是如果拿《華嚴經》來比，《維摩詰經》只講了百分之一。《華嚴經》講得太多太多了，乃至依《華嚴經》，佛有時叫作神仙、豬仔、神、上帝，都是化名，那太偉大了。

下面《維摩詰經》一轉，開始講佛土，土要讀如「度」，我再一次提醒大家。什麼是佛土？就是佛的境界。修淨土的人發願往生西方極樂世界阿彌陀佛的國土，阿彌陀佛的國土是什麼樣子呢？《阿彌陀經》告訴我們那裡之好，地是黃金鋪的，光亮而平坦，七寶行樹等等。但是你要注意，《阿彌陀經》所講的種種好，非究竟法，而只是我們人世間認為最好最好的。佛土真正的美麗，是人世間的觀念沒有辦法理解的，但是佛要向我們介紹那裡的好，要怎麼說呢？好像有的鄉下人一輩子沒有見過黃金，要怎麼對他說？只好講那金子同橘子皮一樣，這樣他就以為知道了，他的理解金子是橘子皮。所以佛用我們世間法來介紹，講金銀琉璃瑪瑙等等，極樂世界究竟是中國式的還是西洋式的？不知道啊！

佛土究竟是怎麼形成的？那是一切佛菩薩的共業所造。我們這個世界，是我們眾生共業所生。共業別業的問題這裡不講了，到別的課程再說。譬如我們說五方佛，中間是毗盧遮那佛，南方寶生佛，北方不空佛，西方阿彌陀佛，東方藥師佛。東方再過去，還有阿閦佛，多得很。關於這方面，你要看《大藏經》裡的一部《千佛名經》，講得很清楚。要了解釋迦牟尼佛如何介紹阿彌陀佛佛土，就要研究《法華經》《大寶積經》《觀無量壽經》《無量壽經》《阿彌陀經》。

我常對人說笑話，我說你們唸阿彌陀佛那麼誠心，真是好沒良心啊！阿彌陀佛是釋迦牟尼佛介紹給我們的，結果你每次唸阿彌陀佛都不先唸釋迦牟尼佛，真是「新人入洞房，媒人拋過牆」。現在連釋迦牟尼佛的教化都不理了，如此忘本，連作人都不夠，還能成佛嗎？

釋迦牟尼佛一生說法四十九年，介紹了很多佛土，就這一點來講真值得敬佩，而且佛也沒有說自己了不起。大乘菩薩戒第一條，就是不自讚毀他，犯了這條戒就沒資格學佛了。有的人即使不自讚毀他，但是卻會間接的這麼做，例如被問起某某人如何，就答，他，我沒有意見！好像自己很有道，不說人家壞話，但是這個態度比罵人還糟。

佛土個個不同，依每個佛的教化和成就不同，佛土的境界就不同。這個原則把握住了，經文中所提到的佛土就不用一一詳細介紹了。

「或有清淨佛土，寂寞無言，無說無示，無識無作無為，而作佛事。」有的佛土清淨，寂寞無言，萬一你到了那個境界，能受得了嗎？恐怕很難。我們人越到老就越想找人講話，要找聽眾。乃至沒人可講了，心裡面還在講，念頭不能止。學佛真的絕對清淨了，你反而會害怕的，要能夠享受清淨，享受寂寞，才可以學佛。

我有個朋友，年紀很大了，學問很好，學佛也幾十年了，他用功也很有心得，在外面名氣也很大，去年他來看我，說到他到國外某某人的道場去了一趟，那邊只有一個人，人家要他住下來，他不肯。我問為什麼。他說自己只住了一夜，清晨起來看到主人一個人跪在房中唸佛，那個場面好淒清寂寞，自己實在受不了，所以不肯住下去。我聽了就說，那個人實在了不起。

修行能否做到清淨佛土暫且不談，能做到寂寞無言就不容易了。如何才能做到寂寞無言呢？蒼雪大師有詩曰：「不是息心除妄想，只緣無事可思量。」沒有煩惱，沒有事，善惡是非苦樂都沒有，這才是寂寞無言。不是嘴裡沒有說話，而是心聲都沒有了。

「無說無示」沒有任何表示。「無識」沒有意識作用，這是第六意識之識。「無作」不作意了，是五徧行之作意。不管你修淨土、禪宗、密宗，能做到這一條，就是佛境界。無為而作佛事，佛的清淨法身就現前了，這也就是禪宗的開悟境界，也就是真淨土，心的淨土。

佛說的這一段話就是點題，今天的年輕人不懂點題，過去的人考功名作文章，看了題目，提起筆寫的第一句話就是要點題，也就是能把握住題目，把題目破掉了，也叫破題。

「如是，阿難，諸佛威儀進止，諸所施為，無非佛事。」威儀就是態度，生活的行為，歸納起來有行、住、坐、臥四大威儀。有很多同學連個走路的樣子也沒有，或者是畏畏縮縮的，哪還有威儀？進止就是進退，中國文化的傳統教育，六歲入小學就學灑掃、應對、進退，就是學作人做事。過去的建築，一進人家客廳，哪是主位，哪是客位，分得清清楚楚。今天的家居布置不同，許多家庭連主人自己也搞不懂哪是主位，哪是客位。在今天也要搞清楚坐汽車哪個是尊位。常碰到同學幫我把門一拉就請我先上，要我鑽到那最難擠進去的位子，我就說讓他先進去，他死也不肯。還有同學一定要讓我坐後座中間的位子，你有什麼辦法！講這些不是空話，真學佛的人對威儀進止一定要了解，這都是佛事。

施為是做出來的行為，這裡施不是布施，是表達出來的，為是行為。一切施為沒有不是佛事。大陸上有些廟子裡有五百羅漢堂，那些羅漢的像塑得好，沒有兩個羅漢的面孔是一樣的，而且每個的姿勢都不同。這表示每個姿態都可以入定，入定不一定要打坐。如果只有在一個姿態才能定，換個姿態不能定，那也就不叫定了。真的定是無處不定，所以，「諸所施為，無非佛事」。

佛法就在魔法中

「阿難，有此四魔，八萬四千諸煩惱門，而諸眾生為之疲勞，諸佛即以此法而作佛事，是名入一切諸佛法門。」學佛就是為了破除魔障，人生到處是魔，開眼閉眼都是魔。羅漢在中文的意義是殺煩惱賊，翻成殺賊不是太高明，所以還是用羅漢。人生有四種魔：煩惱魔、陰魔、死魔、天魔。第一個煩惱魔我們就解脫不了。可是要注意，佛學說人生是煩惱的，煩惱不是痛苦，比痛苦輕，討厭就是煩，覺得頭痛就是惱。人生隨時隨地有煩惱，這是個魔障。魔字在古代是用磨，就是磨練之意，到了隋唐以後把磨字下面換成了鬼字，這下子糟了，磨變成了紅眉毛綠眼睛的魔了。

煩惱魔多得很，貪瞋癡慢疑都會起煩惱，貪長壽，貪名，貪利，貪學問，貪學佛，都是貪。心裡所貪的辦不到，就起煩惱了。陰魔是五陰魔，色受想行識都是魔。例如你色身病痛，困擾你，是色陰魔。受陰魔是身上的感受，像打坐氣脈不通啦。想；思想停不了，不能達到「寂寞無言，無說無示，無識無作無為，而作佛事」，被思想困擾，妄念空不掉。行，就算你思想感覺都空了，這生命生生不已的功能，流轉的力量仍然不停。識陰魔更多了，思想的最高境界，識陰都是魔，這講起來就要講唯識了。

死魔，人活著就是在等死，當你第一天生下來，就向著死的那一天前進，誰也免不了。

天魔是他化自在天的天魔。三界中的天界，合起來有二十八天，高的天，才不理我們地球上的眾生，他化自在天是欲界中的一天。神、夜叉等都是他化自在天的天魔。有人說自己就怕有魔，你放心，有他化自在天的天魔來找你比一下法，你已經很了不起了。像我們，魔才不來磨呢！沒那個資格，你燒三支香他都不來的。他還怕你呢！等於說你不會去找比你還窮的朋友，而喜歡去找比你有錢有勢的人。所以說人到了高位之後，就有許多人來找他，這些人就是他的魔。這些資料在《大寶積經》中很多，你每天做工夫，什麼時間碰到哪一種境界是哪一種天魔，你曉得了，只要叫他的名字，要他不要囉嗦，他就不來了。

有人修道，剛進步一點就出個岔子，見解上有偏差了，走上岔路。這就是四魔的障礙，魔是不希望你成道的，你成道了，變成「寂寞無言，無說無示，無識無作無為，而作佛事」，魔就沒得玩了。魔不是壞東西，就是貪玩，你不和他玩，他就不高興了。你作他的伴侶，同他滾作一堆，魔就對你很好。所以說，多情就是魔，情就解脫不了。

因為有這四魔，就在一念之間，產生八萬四千煩惱。呼吸的一呼一吸是一念，這其間就有如此多的煩惱，因為大家體會不到，就說佛法在吹牛。當你真有工夫時，自然就體會到了。你試試看，當你在寫文章時，雖然一個個字在寫，但是你的思想早不在這個字上了，對不對？你能靜下來，就知道了。再如你坐在這裡聽我講話，你一字一句聽進去時，思想就不知道已經轉了多少彎了。所以你剛進步一點就被魔走了，般若智慧不夠，還自以為自己做對了。如果能把這個煩惱清淨了，才能轉成佛法。

一切眾生的生命勞累得不得了，是什麼使你勞累呢？就是煩惱魔。以佛法看來，這個人的生命、世界的歷史、社會的進步繁華，都是煩惱魔造成的。

所以你不要以為魔是不好的，今天人類科學昌明，經濟發達，都是煩惱魔所造的。

而佛法在哪裡呢？佛法就在魔法中，佛道就在魔道中，所以轉煩惱就成菩提。你求沒有煩惱，那就不能作佛事。佛法的標記是蓮花，天主教的標記是十字架（其實是卍字拆開來的，也是個圓圈拆開的），回教的標記是半個月亮。蓮花的特性是它不長在乾淨的地方，那泥巴越髒，蓮花長得越好。它另一個特性是花果同時，因中有果，果中有因。花一開就有蓮蓬，蓬中就有蓮子。學佛的人常想走清高的路線，但是清高是不能成道業的。所以菩薩要入世，進入煩惱圈子去鍛鍊自己，才是佛道。

中國有個很好的對聯，我也屢次提到，你們青年人要記住：「能受天磨真鐵漢，不招人嫉是庸才。」成功是磨練，失敗更是磨練。只有白癡才沒有人嫉妒，你只要有點本事就會有人嫉，連佛和耶穌都是遭嫉的，這兩句話也是佛法的道理。

「菩薩入此門者，若見一切淨好佛土，不以為喜，不貪不高。若見一切不淨佛土，不以為憂，不礙不沒。但於諸佛生清淨心，歡喜恭敬，未曾有也。」剛才講過《維摩詰經》是由果說因，這一品就是在講怎麼樣學佛。學菩薩道的人，懂了上面所講的道理，如果看見了一切淨土，包括西方極樂世界在內，不以為喜（不像有的人只做了一個好夢，就樂得三天吃不下飯，這太小喜了），也不貪求這境界，也不自以為高得不得了，平等視之。《金剛經》就說過，「是法平等，無有高下。」

如果看到不淨佛土時，也就是看到不對的人，不合佛法的事，心裡不要不歡喜。尤其學佛的人，或者想作領袖的人，更要養成這種態度。你不用憂愁，不覺得是障礙，也不埋沒它，平等了就不分高下。

只要對一切佛恭敬，如何恭敬？就是生清淨心。例如你在廟子看了佛像，真好啊！唉，你已經不清淨了，喜歡得不得了。什麼是清淨心？就是上面說的「寂寞無言，無說無示，無識無作無為，而作佛事」，一念不生。換句話說，若你真清淨了，你的本心就是佛土，不用向外求了。「但於諸佛生清淨心，歡喜恭敬，未曾有也。」這句話要小心留意，你喜歡得不得了，一下子歡喜得跳起來了，我就要打電話找救護車，送你去精神病院了。一下子很灰心昏過去了，臉發白了，也要找救護車的。清淨心是既無歡喜也無悲，平平靜靜，不是昏沉，這就是佛法的入門處。

所以大家想知道自己學佛到了什麼程度，隨時隨地看自己清淨心到什麼程度就知道了。如果你坐也坐不住，站也站不住，心裡散亂，哪有一點清淨呢？散亂不是清淨，昏沉也不是清淨，真清淨就像八月十五的夜裡，一輪明月當空照，萬里無雲萬里天，清涼自在。這個境界是未曾有，當然沒有的，你幾時有過？都被染污擋住了，你到了這境界就是大乘入門了。

佛土為何不同

「諸佛如來功德平等，為教化眾生故，而現佛土不同。」很多人來問我，他要學哪個法好。觀世音菩薩化身，在密宗有二十一尊度母，顯教有三十二應身，「應以何身得度者，即現何身而為說法。」所以都是方便法門，因為眾生的習氣不同、業力不同之故。佛的功德是一切平等的，但是為了要教化一切眾生，就不得不用不同的方法來教化。有的同學問我，為什麼密宗的佛像要塑得那麼恐怖？我就反問他，佛是什麼樣子，你看過嗎？你只看過顯教廟子裡塑的佛像，臉胖胖傻傻的，眼睛也張不開的。但是你要知道，佛是以各種姿態來教化眾生，所謂不垢不淨，現各種不同的佛土。

「阿難，汝見諸佛國土地有若干，而虛空無若干也。如是見諸佛色身有若干耳，其無礙慧無若干也。」各個佛都有佛土，也都是各個不同的。像西方有阿彌陀佛，東方有藥師佛，又如本經所講上方香積佛國，那個佛土的地都是香的，這個大家可能沒有經歷過。

我個人有個經驗（當然不是佛土了），當年我上峨嵋山，在山上走到一個沒去過的廟子，剛走到門口，我就覺得以前來過，原來是年輕時夢中來過的。為了求證，就進去求見當家住持，問他廟旁邊是否有條路入山。他說是有，不過路的入口已經封了三十年了。他反問我怎麼知道的，我只有告訴他是推測，想當然爾。後來我就要求試走這條路，他同意了。結果這條路走起來平坦舒服，像踏在墊子上軟軟的，路上還有香味散出來。此後我就常常一個人去走這條路，走遠了還把衣服脫光，曬曬太陽。

這條路多年沒人跡，落下來的松枝松葉松子堆上去，所以就又軟又香，假使是有動物死在路上，讓樹葉蓋住，再被太陽一照，就會有臭味出來，甚至變成瘴氣，人聞了會生病，甚至死亡的，這個情況在貴州一帶特別多，所以人在那邊要抽煙來剋服瘴氣。

佛告訴阿難，你看見一切佛的國土種種不同，例如極樂世界的環境，與我們世間和其他世界是不同的，但是虛空都是一樣的。環境之不同，等於我們每人業力不同，所修行的境界也都是不同的。如果執著一定要從某一種法門進入的才是佛法，其他不是佛法，那就錯了。所以有的同學我勸他學密宗，因為適合他的業力資質；有的同學則勸他學淨土，我可沒有定法的。有些人可以打打坐，但我不會跟他說禪宗。所以佛土各有不同，這就要了解到一切唯心造的道理，虛空自性只是一個，起用各有不同。

「阿難，諸佛色身、威相、種性，戒、定、智慧、解脫、解脫知見，力、無所畏、不共之法，大慈、大悲、威儀所行，及其壽命說法教化，成就眾生，淨佛國土，具諸佛法，悉皆同等。」現在說明真正佛法是什麼。所謂十方三世諸佛，十方代表空間，三世代表時間。在空間和時間中有很多佛，不只一個。有人用現在新的觀念名辭來講，說佛教是多元論，也是多神論；相反地，也有其它宗教批評佛法是無神論。說佛法是無神論，是絕對的誤解，而且是很嚴重的誤解。可惜的是，有很多學佛的人附和這種講法。說佛法是多元論或多神論的，也是誤解。真正的佛法是一元論，而且元也不元。說是一元論也只是個哲學代名辭。所謂多是講起用現象，宇宙萬有現象各有不同，但是萬有功能就是一體。這個交代了，我們回轉來看本經。

佛告訴阿難，每個佛都有他的色身。我們欲界的眾生才有肉體，這個生命的存在是有血有肉的；色界的眾生就不一定，不是像我們有血有肉，而只有光色；無色界的眾生連光色都不是，更不是我們這個肉體樣子，但是生命還是有個體的存在。這個個體是從大我中分化出來的小我身體。在佛法裡，所有三界眾生，不管是哪一種身體，都稱為色身。

色有兩層意義，第一，我們的身體是四大假合之身，屬於色法的，所以叫色身；第二，色也包括光明，即使是欲界的眾生，有成就的人的色身自然就有光，這是色身的光，不是電燈的光，講修持一定要了解這個問題。

例如禪宗講大徹大悟成佛，成佛了嗎？成了，只不過大部份成的是法身之佛，明心見到自性。法身起用成就了沒有？還沒有，因為色身沒有轉。悟了道要轉這個父母所生的肉身，轉成盧舍那佛所代表的報身，那是光明的。據說一千年來都沒有色身成就的人。肉身在死後不爛，還不能算是色身成就，仍是法身成就的一個附帶作用。色身成就的修行者，生時自然是有六通，要走時不用去燒他，他化作一道光就去了。借用道家兩句話來講，到了最後是「散而為氣，聚而成形」，色身成就也自然能脫胎換骨。

每一個佛的色身不同，阿彌陀佛、藥師佛、釋迦牟尼佛，他們的色身都不同，但是成了佛都有三十二相八十種好，用四個字歸納就是相好莊嚴。對修行人來講，就是考驗，不要說成佛，就是到了小乘羅漢的果位，相貌都會轉變的。羅漢的相貌也用四個字歸納，就是清奇古怪。清就是不俗氣；奇是奇怪，不是說臉像馬，眼睛像猴子那種奇怪，而是奇怪又可愛；古是古老；怪是怪相。所以有阿羅漢的成就也是脫胎換骨的，這都是實際工夫，不是空談理論就可以的。

像我們學佛的人，修持多年下來，生理和心理沒有一點改變，那個臉還是拉得很長，讓人都不敢望他，更不敢親近。這就是不對了，修持的人即使有一點點成就，也會無形地影響旁人，讓人覺得他可愛可親，自然會起親切感，或是莊嚴感。這個就是功德，是工夫成就而累積起來的。儒家弟子形容孔子「望之儼然，即之也溫」，看他的樣子很莊嚴，有點令人害怕，可是一和他接近，就覺得他很溫暖慈祥。所以說有道的人，色身一定轉變了的。

「諸佛色身威相種性。」威不是讓人怕，是威儀，就是生活的儀態；種性是個性，成了佛的人，阿賴耶識變了，種子都是慈悲，每個佛的威相都一樣。

戒、定、慧、解脫、解脫知見是大小乘、顯教、密宗所共同的修持步驟，我們前面介紹過了。像凡夫的戒、定、慧、解脫、解脫知見，每個人的層次不同；有人對某一種戒守得很嚴，天性如此；有人對某一種戒不適合；每人的定力和智慧也不同，可是成了佛的人，卻不會不同的。

再下來是佛的十力、四無所畏、十八種不共法（這些佛學名辭前面介紹過了，這裡不再細說）、佛的大慈大悲心，佛的威儀、壽命，佛的說法教化，「成就眾生，淨佛國土」這八個字，就是一切佛出現世間，教化眾生的目的。佛出世是為眾生而來，他必須取得像我們一樣的肉身，講我們的話，來教化我們。當佛出現在哪一個世界，目的就是為了把那個世界變成淨土。「具諸佛法，悉皆同等」，因為本體只有一個，形相不同而已。例如這個房間裝了許多不同的燈，儘管外表形相不同、光度不同，但是電源是一個。

諸佛菩薩為了成就眾生淨佛國土，形相有種種不同，但他所得道的成果是一樣的，就是上面所說的，「色身威相種性」一路下來的各種成就。

你想要知道自己開悟了沒有嗎？可以很簡單地測驗一下，你色身轉了沒有？形相習氣改變了嗎？戒、定、慧、解脫、解脫知見成就了沒有？佛十力四無畏都具備了嗎？十八不共法知不知道？慈悲心發到什麼程度？威儀到了什麼境界？對自己壽命有沒有把握？說法是否能辯才無礙於法自在？能否成就眾生淨佛國土？這都是對自己的測驗。你說自己還沒有成佛，那麼就拿佛成就的億萬分之一，來測驗自己的修行，也是個很好的尺度。這樣一來，自己不會驕狂，自己也可以明白還差得遠呢。

「是故名為三藐三佛陀，名為多陀阿伽度，名為佛陀。」這三個名稱都是梵文的譯音。成了佛的人有十種名號，例如我們經常在經文中看到「世尊」，就是稱號的一種（佛的十種名號是：如來，應供，正偏知，明行足，善逝，世間解，無上士，調御丈夫，天人師，佛），本經只就十種名號中提了三個重點。

「三藐三佛陀」是正偏知，你悟了性空，智慧就自然來了，什麼都知道了。像六祖原來不識字的，聽人家唸《金剛經》，初初有點悟道，還沒大徹大悟。去見五祖時，五祖故意罵他是獦獠，就是南蠻沒文化的人的意思。六祖對五祖說「弟子自心常生智慧」，他也沒有去想問題，但是會自己開發。常生智慧還是普通的，到了佛成就境界，就一悟千悟，一通百通，這就是正徧知，三藐三佛陀。你修行功力進步一點，智慧就開發一點；若是越修對世間法反而越笨，腦子變成水泥做的，那就絕對錯了。

「多陀阿伽度」的中文就是如來，無去也無來，不生也不死。

「佛陀」就是佛，是覺的意思。用教理的解釋來講，自覺，覺他，覺行圓滿叫作佛。用普通的話來說，覺就是清醒，佛是永遠清醒，沒有昏沉，沒有散亂。這裡有位同學半年前出了車禍，其後就一直不能睡覺，但是腦子仍然很清楚，也不疲倦。他很著急。我告訴他，這有什麼好急的，你再活六十年可以抵我們一百二十年。想睡覺是一種習慣，修道的人定力夠了，可以不用睡覺，所謂「眼若不寐，諸夢自除。心若不異，萬法一如。」這個句子我們講過很多次了，某某同學還是寫不出來，表示他都在睡覺。我們凡夫不是睡到床上才睡覺，不睡覺時腦筋也都是昏的，在昏沉中。你的心能不起分別，不動念，就萬法一如。這是三祖〈信心銘〉的名言，就是悟道的境界。

成佛的人腦子是清醒的，有人打坐看到什麼鬼啊怪的，因為腦子糊塗。昏沉的時候就出現境界，清醒的時候不會出現境界的。很多人把昏沉中的境界（在唯識中叫作獨影境或帶質境）當作是神通，實際上他成了「糊」了，不是佛。你等幾十年看他得什麼果報，一定很慘的。所以佛法是平實的，就是真正的清醒。

《三國演義》寫劉備三顧茅廬，第三次他碰上了諸葛亮在睡覺，就站著等諸葛亮睡醒。諸葛亮當然知道劉備來了，只是裝睡來測驗他的誠心。孔子有次在家，有個人叫孺悲來看他，孔子讓學生對孺悲說，老師生病不見客，當孺悲走出去的時候，孔子就在屋中彈琴，故意讓孺悲聽到，這就是給人難堪，說病得不能見客，卻明明在彈琴。諸葛亮整劉備稍好一點，諸葛亮故意翻個身，假裝醒了，還唸首詩「大夢誰先覺，平生我自知。」這兩句話是佛法思想變過來的文學，得道成佛就是從人生的大夢醒來，醒來的人如何？如人飲水，冷暖自知。諸葛亮那首詩的下兩句是，「草堂春睡足，窗外日遲遲。」表示這一覺睡得舒服，悠哉遊哉，他哪裡在睡啊，其實他清醒得很。

《維摩詰經》中這一段，佛先介紹了什麼是佛事，當然敲木魚唸經也是佛事的一種，真正的佛事是剛才在本經裡所講的，然後這一句話講什麼是佛。

他接下來講什麼是佛淨土。

阿難不敢自謂多聞

「阿難，若我廣說此三句義，汝以劫壽不能盡受。」佛告訴阿難，如果要我把怎麼樣才是正偏知、如來、佛的境界，詳細地告訴你，要說多久呢？縱然你的壽命同這世界的劫數一樣長，說一劫也說不完，不但我說不完，你也接受不了，說了你也不懂，乃至不相信。

「正使三千大千世界，滿中眾生，皆如阿難多聞第一，得念總持，此諸人等以劫之壽亦不能受。」進一步來說，假如一佛國土中三千大千世界裡所有的眾生，每個人的智慧都像你阿難一樣，學問淵博，記憶力強，就算把所有眾生的智慧加攏來，壽命也和這世界的劫數一樣長，我也不能把佛悟道的成就境界說得完。

佛說法四十九年留下的記錄，都是靠阿難的記憶，佛去世後，阿難再向五百羅漢背誦出來成為佛經，所以經文開頭都說「如是我聞」，表示是阿難親身聽來的。五百羅漢的聚會就是第一次「結集」，他們不是普通的佛弟子，而是個個有成就的。第一次結集是要把佛的一生說法，統一記錄下來，是由佛的大弟子迦葉尊者主持，那時舍利弗、目連尊者等都已過世了。這些羅漢沒有把握是否記得一字不錯，只有阿難記得。阿難多聞第一，得念總持，就是學問好，過耳不忘。

咒語的梵音是陀羅尼，也就是總持的意思。咒語的每個音聲都包含著非常多的意義，所以是陀羅尼。譬如唸一句「南無阿彌陀佛」就是唸咒，南無意義是皈依，阿彌陀是無量壽光。唸到這一句真能念念不忘，一心不亂，晝夜精進，七天七夜，是可以得總持法門。不止是佛法的記憶力，所有世間法的記憶力，都自然而然而來，腦子自然強了，就是六祖說的「弟子自心常生智慧」。你們年輕人學禪學佛的，讀書也不行，記憶也不行，還說自己是修行人。哎呀！用古文兩句話說「其誰欺，欺天乎？」你欺騙了誰呢？不管你打坐也好，修什麼也好，只要定力增長了，智慧自然一天一天增長的。很多老朋友常自嘆記憶力變差了，但是真有修持的，年紀大也不會變差的，記憶力不好是不得其總持。

再說阿難，第一次結集時，大迦葉不准他參加，為什麼？阿難雖然聰明強記，可是還沒有悟道，五百羅漢可都是悟了道的。阿難在門外大哭，大迦葉就限他七天開悟才准參加。大迦葉故意要鞭策他，因為佛在世時，阿難仗著和佛是兄弟，偷懶心和依賴心重，所以沒有悟道。可是這一下，阿難被逼到牆角了，羞愧不已，就拚命用功，七天限期到了，他真的悟了，才准參加結集。

「如是，阿難，諸佛阿耨多羅三藐三菩提無有限量，智慧辯才不可思議。」一切悟道的人，他那大徹大悟的境界，一般人都只是用推測的心理去理解，悟道的境界無量無邊，佛也沒有辦法告訴沒有悟道的眾生。成了佛，他的智慧不是用腦筋想的，用腦筋想的是凡夫的聰明，像機器榨出來一樣的，不是知識而不是智慧。真智慧是如《中庸》所說「不勉而中，不思而得」，不要去思想，它自然而來的。得道的人辯才無礙，他寫文章或說話是滔滔不絕的，很輕鬆的，如果還要去想，那就成了辯才有礙，不是空靈的。所以說佛的智慧辯才「不可思議」，那是凡夫境界不可以想像的。

「阿難白佛言：我從今已往，不敢自謂以為多聞。」阿難聽了佛所說得道人的境界，就稟告佛，我從現在開始，再也不敢自認學問淵博。阿難在這個時候還沒有悟道，只是佛學的常識非常淵博。佛也說過，初地的菩薩不曉得二地的事，二地菩薩不曉得三地的事。也就是說，不到那個境界就不會知道，不敢亂加猜想，就是不可思議。

「佛告阿難：勿起退意。所以者何？我說汝於聲聞中為最多聞，非謂菩薩。」佛就訓誡阿難，不可以起退縮的念頭，我只是說你在聲聞弟子中學問最好，記憶力最強，我不是說你在菩薩中是最好的，菩薩境界不是你可以想像的。

讀佛經典要把心情放輕鬆，有人問我花了三年讀完全部《大藏經》有什麼感想，我說像讀《紅樓夢》小說一樣。一般的老前輩聽了臉都變綠了，認為我侮辱了佛。其實我講的是真話，道理何在？你要是能心心相印，自然看起來很輕鬆，這本《維摩詰經》有三卷，全部《大藏經》共有一萬多卷，我每天坐著看二十卷，還怕看得太慢，所以晝夜不停的看。我最感謝的是這對眼睛，我老是讓它們加班，到現在還時常看東西看到天明。我常常摸摸它們說，對不起了，老兄，讓你們辛苦了。

為什麼說這番話呢？我們人在修持中常會起退悔心，想到佛法那麼高深，自己哪天才做得到？算了，我沒希望了。所以你把這佛經當小說當劇本，這樣你就不會退悔了。你看佛告訴阿難，你可不要生退悔心，我說你是小學生當中的第一名，不是大學生啊！阿難聽了這話，一定很難為情。佛又連忙說：

「且止，阿難，其有智者不應限度諸菩薩也。」你冷靜一下，阿難，不要難受，世界上一切有智慧的人，要推測想像得道菩薩的境界，都是做不到的。

換句話說，你自己非修到不可，憑想像是不可能的。像很多同學從國外回來了，就大談美國如何如何，我就說，好了，不用講了，你在美國時，美國總統跟你吃了幾次飯？你見得到他嗎？人家是怎麼辦公的？你只是在猜測白宮裡做了什麼事而已，這不是笑話嗎？老輩子人說「鄉下人說朝廷，越說越像。」一般人都喜歡這樣，不要說美國元首了，就講我今天做了什麼事你知道嗎？你要怎麼樣去了解美國元首是如何做決策的？這不是鄉下人說朝廷嗎？

所以佛對阿難說，不要去推測佛的境界，你只要老老實實修行，只問耕耘，不問收穫。也就是古人說的「勿以凡情而卜聖量」。

「一切海淵尚可測量，菩薩禪定、智慧、總持、辯才、一切功德不可量也。」阿難已經不是普通人了，像我們想當阿難的學生，他收不收都還是問題的。佛再三提醒阿難，一切大海的深淵還可以測量得出來，至於菩薩的禪定境界，智慧的成就，總持的範圍，辯才的深淺，乃至他一切的功德，你是沒有辦法去衡量的，你不到那個程度是沒有辦法知道的；你亂推測的話，就是謗佛，是犯了大戒。等於一個小學生，妄想推測大學教授的境界，那是沒有辦法做到的，那只是污蔑了人家。

「阿難，汝等捨置菩薩所行，是維摩詰一時所現神通之力，一切聲聞辟支佛於百千劫，盡力變化所不能作。」佛再告訴阿難，你不要再岔話了，這些客人到了還沒招呼呢，先暫時擱置大乘菩薩境界的問題。維摩居士今天所表現的神通境界，是你們一般學小乘的聲聞和辟支佛，縱然用盡氣力，花了百千萬劫也辦不到的。

佛與阿難師徒作了這一段對話，我們不要忘記，當時現場還有好多訪客。

眾香國菩薩問法

「爾時，眾香世界菩薩來者，合掌白佛言：」那時，從眾香世界來的菩薩，合掌向佛問話了。

「世尊，我等初見此土，生下劣想。今自悔責，捨離是心。所以者何？諸佛方便不可思議。為度眾生故，隨其所應現佛國異。」這段文字很簡潔，但其中有幾個轉折。這些菩薩說：世尊！對不起！我們從上方世界下來，對這裡的第一印像很差，看不起這裡。現在覺得後悔，也責備自己為什麼有看不起別人的心理。這個心理現在已經沒有了，因為我們現在了解到，一切佛的教化方便手法，不是我們所能想像的，為了教化某一類不同的眾生，所顯現佛國的環境就會不同。

這些菩薩事實上是在行戒律，什麼戒律？發露懺悔。發露是當著眾人坦承錯誤。懺悔是不再犯同樣的錯誤。

「唯然。」讀到唯然要打個圈號，這是釋迦牟尼佛的答話，嗯！好的！佛准許眾香世界菩薩懺悔。

「世尊，願賜少法，還於彼土，當念如來。」菩薩們又說，世尊，請您老人家也傳我們一點佛法，讓我們帶回到上方世界，也可以念著如來的教化。這些菩薩也難得下來一次，所以提出這個請求。這個「當念如來」四個字用得好啊，我們常搞文字工作的讀到這裡，打兩個圈都不夠的，這是一語三關。如來是佛的稱號之一，這裡也有好像來過的意思，又是心心念念有佛，文字怎麼解釋都通，這才是翻譯。哪裡像今天的翻譯文章，我看了不懂，就問問翻譯的人，他居然說，讓我想想看，他老兄自己都沒弄懂。

好！現在佛要對外來的菩薩說法了，也就是對我們說法。《維摩詰經》一路就是維摩居士表演了那麼多不可思議境界，這是神變，是修持功德具足而有的。現在佛要告訴大家怎麼修持。

佛說如何修持

「佛告諸菩薩：有盡無盡解脫法門，汝等當學。」前面講過大小乘修持的次序，由守戒得定，由定得慧，得了智慧才能解脫，解脫後再解脫所知所見。所以學佛是學解脫。如果越學越難與人相處，越多問題煩惱，那就不是學解脫，是學脫節。學佛是智慧之學，再複雜的環境也能化成祥和，心中的煩惱也能解脫。不要一學起佛來，欲望變得更大，又想求菩提，又想袪病延年，又要佛加庇功德，又要保祐你升官發財。甚至有同學問我，為什麼他那麼用心打坐拜佛還感冒了？我只好說，唉，大概佛法不靈吧。這解脫了嗎？真是的！

佛告訴這些菩薩們，「有盡無盡解脫法門」，又到頭又不到頭，究竟是什麼？佛說，這個解脫法門你們應該要學的。下面佛講什麼是「盡無盡」。

「何謂為盡？謂有為法。何謂無盡？謂無為法。」這是先下定義。佛法歸納成有為法和無為法。我們拜佛、念咒、參禪等等八萬四千法門，乃至練氣功，都是有為法，有個方法在修。一切眾生所求的，求神通，求悟道，只要你心中一想，就已經是有為法了。舉凡世間法，宗教、哲學、科學等都是有為法。如果你不來世間，一個人上山修道，就是無為法了嗎？還不是。沒有悟道之前都是有為法，「盡」就是有為法。

有為法學到了，學到了底，就證到無為法。無為法是什麼？是空。佛法最高是到空，到無為法，也就是涅槃。中國大乘佛法都喜歡講無為法，一上來就講空，可是你空不了啊！剛才有同學來問，說他近來一上座就覺得身體沒有了，很平靜。我說這是念。他說自己沒有動念啊。我說，你有個境界是念，有個空、有個清淨還是念，都是有為法，不是真正的空。真正的空要有為到極點了就是無為，有到了極點了就是空。盡到了極點，就是無盡。但是你也不要守一個空，守一個清淨的境界，一守就又轉到有為法了，無盡不盡，又回到盡了。你看，這佛說法之妙啊！

所以一切大阿羅漢、聲聞眾乃至菩薩，在沒有證得菩提，沒有成佛以前，所有的修持都是有為法。我常說，一切禪宗密宗，一切修持，都是加工的，都是加行法，都是助道品。真正的道是「了無一法可得」，那就是佛道。

講到有為與無為，我忽然想起明朝有位大禪師叫作梢堂法師，他有兩句詩，「千丈巖前倚杖藜，有為須極到無為。」就是說必須要修到了極點，才能夠空。

「如菩薩者，不盡有為，不住無為。何謂不盡有為？謂不離大慈，不捨大悲。深發一切智心，而不忽忘。教化眾生，終不厭倦。於四攝法，常念順行。護持正法，不惜身命。種諸善根，無有疲厭。」出家人所承擔的工作是紹隆佛種，就是把佛法的種子傳承下去。而在家佛弟子的任務是護持正法，就是護法，因此廟子裡習慣稱在家居士為護法。護持正法的工作是很難的，像廟子裡常見的韋馱菩薩，在中國是大護法神，當然也不一定只有在家人才有護法的責任，很多出家大師，一樣是挑起護法的責任。只要能弘揚佛法宣揚正道的，就是護持正法。

有為法起行時為了護持正法，連自己性命也不管，碰到災難寧可為法而死。活著的時候，隨時隨地都在做善事，種善根。做善事不一定得好報的，很多人只做了一點善事，就馬上想得好報，那是不可能的。大的、好的報應，是種在阿賴耶識的根根裡，是未來的福報。

所以因果報應是個大問題，有時看到社會上有的人非常壞，但是卻非常有福報。好像大部分壞人的福氣都比好人好。當然很多好人實際上是笨人，越笨人越好。人聰明一點就壞，聰明同壞像是兩兄弟。聰明而不壞，有本事做壞事而不做，那是善人。有的同學自認沒有做壞事，可能是因為你沒有本事去做。要講「放下屠刀，立地成佛」，那你成不了佛的，因你屠刀也沒拿過。我拿把屠刀給你，你可能拿著手就發抖了，那也用不著放下，都抖掉了。放下屠刀是放下殺人如麻的刀，放下這個殺人的權力和本事，才可以立地成佛。

所以一般人不能說是好還是壞。韓信看不起同時和劉邦打下天下的一班人，對他們說「公本碌碌，因人成事。」意思是，你們這些人不提也罷，還不是靠我們打天下才有碗飯吃。一般人對自己認識不清楚，對別人也認識不清，都以為自己是好人，所以說報應靠不住。佛法的因果報應道理在哪裡呢？如果一個非常壞的人卻有很好的福報，這是他過去生的善根所帶來善報的業沒有受完，所以這一生是好的。這一生所造的惡業，要到他生來世受報。

因果不是那麼現實，不等於買股票做生意，錢下去了能馬上賺回來。因此，修菩薩道的人不求善報，所以他種諸善根，才無有疲厭，不會計較是否得到好報，也就不會有心理上的疲厭。

「志常安住，方便迴向。求法不懈，說法無悋。」真學佛的人，他的志向常安住在方便迴向。方便就是隨時隨地用各種方法，迴向就是布施的意思，但是你施出去的還是會回到你這兒來，那是輪轉的道理。學佛的人常做唸經拜佛等等的功德，都知道該迴向給一切眾生。心裡想的迴向容易，要他真拿東西出來，恐怕就難一些了。不過能這麼想也不錯了，就怕自己連這個想法都沒有。所以要先訓練自己有這個思想，思想習慣了，慢慢變成行為。

我有時取笑年輕同學，他說已經迴向過了，我就說，你觀想一下就迴向了，自己不花一毛本錢，當然幹了。但行為上能不能做出來呢？例如現在要過年了，你身上有個一萬塊錢，看到別人過不了年，就缺個九千八百塊，你能痛快地幫助他，給了錢，頭也不回，走掉，這恐怕就難了。所以行為是很難的，不是坐在那邊用觀想就可以的。

菩薩的迴向呢？要注意「安住」這兩個字，是心裡樂意布施，安心於這個行為，做這種方便迴向。

因此學菩薩道的人，求任何一種修行的方法都不會懈怠馬虎的，為別人說法更是盡自己所知，知無不言，言無不盡，沒有慳悋心。你看經文說「求法不懈，說法無悋。」覺得很容易，但是真要你做的時候就很難了。

譬如說我們當年求法，那真是要懇求的，又下跪，又磕頭，又行禮的。現在沒這回事了，打個電話，還是寫封信來，就要求法，好像你應該告訴他似的。昨天還有位博士學生來這兒，說我在書中建議他如何如何。建議是部下對長官提出意見的用辭，說老師向學生提出建議就不禮貌了。這個時代這樣的例子多得很，但也是在求法，能做到不懈嗎？

儒家有「程門立雪」的典故，這才叫不懈。而禪宗更早就有立雪求法的事蹟，是二祖向達摩祖師求法的經過，二祖甚至最後把條膀子砍下來供養，這大家都很熟悉了。還有一個求法不懈例子，玄奘法師遠赴印度求法，他徒步走過大西北的沙漠地帶，那種艱苦真不是我們能想像的。玄奘法師決不退轉，他準備死在路上的。和他一起去的還有十幾個人，都死在途中了。

「說法無悋」也是不容易的，中國人的習慣總是要留一手，重要的地方留著，考察考察你再做決定。過去學拳學醫學等，老師慳悋都留一手，到後來什麼也沒有了。說法要沒有慳悋心，以布施的心態去說，是很難的。

「勤供諸佛，故入生死而無所畏。」上面這些行為，都是學佛人供養諸佛的行為。我們學佛經常講供養，以什麼供養？以身行佛道來供養諸佛，奉行佛菩薩的教導。你要去哪裡找諸佛菩薩？不是上西天去找，諸佛菩薩都在人世間，你認不出來，他也不會講的。他都在生死輪迴中轉，但是不受生死的拘束。所以如果為了要跳出紅塵而學佛就根本錯了，成就了的人不怕生死，不畏懼苦難，反而更要去苦難的地方教化眾生。

「於諸榮辱，心無憂喜。不輕未學，敬學如佛。」這是學佛的人，尤其當善知識的人要特別注意的，入了世間給人看得起、看不起都一樣，在心中不因此而憂愁或喜悅，一味清淨而已。對於沒學問或者沒學過佛法的人，不輕視他們，而且更要對任何人都像對佛一樣地尊敬。

本篇所講的，不但是學佛人的行為，更是學佛人的戒律。這裡都是戒條，不是只有律藏中才有戒條。

「墮煩惱者，令發正念。」這又是另一個觀念。學佛的人對於在煩惱痛苦中的人，正好去幫助他，讓他因此發起正念。

「於遠離樂，不以為貴。」一般人學佛都走上小乘的路子，變成厭世，心樂寂靜，想去山林中住茅蓬。想像中的青燈如豆，白雲飄渺，那境界真美。可是真到山中住，點一盞青油燈，那照在牆上的影子看起來像鬼影；白雲很美，你住在深山中，雲會從窗外飄進室內，濕氣重得不得了，我寧可不做白雲中的神仙。一般人要逃避人世間的痛苦，都想出離世間，以遠離為樂；但是大乘菩薩道偏要向紅塵中去，青山綠水並不缺你。

「不著己樂，慶於彼樂。」不耽著自己的快樂幸福，而慶幸別人能得到快樂幸福。就這一條，我們怎麼做得到？只有大菩薩才能真正做到，可是我們學佛的人，應該立志朝這個路上走才對。

「在諸禪定，如地獄想。」視禪定如地獄一樣。好了，你們打坐腿子痛的，這下可有藉口了，禪定於你真如同地獄，你何必下地獄呢？何必打坐呢？

這個道理在什麼地方？菩薩道不是追求自利，打坐入定是修行第一步，可是你常常入定是犯菩薩戒的，犯了「耽著禪定」之戒；但在小乘，入禪定反而是功德。我告訴你，世界上第一幸福、第一舒服的事就是入定，當然不是你打起坐來那麼痛苦的「定」，真入定是樂的，是進入大喜樂中。身心完全解脫、清明，那種禪定的快感不是凡夫可以想像的。你叫一個入定的羅漢出定去救世救人，他做不到。好像一個喝得八分醉的人，你奪下他的酒杯，叫他跟你去幹活，他可是一點力氣都沒有的。羅漢對禪定的執著，就好像凡夫被酒迷住了一樣，太舒服了。你說我痛苦極了，是的，他知道的，可是他那裡可沒有痛苦。

菩薩道以入世救人為主，入世並不一定是在家人才行，出家在家人都要入世的。有的居士只管自己修行清淨，那就是在家的小乘道。我常罵同學還是不要學佛了，一學佛就學懶了，你們沒有懂我的話，學佛必然會懶。儘管說要發心，多半是走上小乘之路，只管自己不管別人。

「於生死中，如園觀想。」菩薩道的人不想跳出生死，他在生死中猶如到園林中遊玩一樣。人生經驗多的人，就會覺得人生很厭煩，沒有什麼可留戀之處。你們可能會寫得出來這種文章，但是我可以大膽地說，你們沒有這種體驗，有這種體驗的人，自然會對這個世間如園觀想。講這一句話時，你要能想到文學中的名句：「夫天地者，萬物之逆旅。光陰者，百代之過客。而浮生若夢，為歡幾何？」這樣你就會懂了。園觀者，是把它看成是個旅館，人生不過是寄旅而已。能有這個觀念也可以算是菩薩境界了。

你懂了佛法，再去看任何一篇文章，任何一本小說，它都是佛法。這文學句子就是哲學，就是佛法，因為幾句話講了苦、空、無常、無我，都說完了。你們現代青年從白話文入手的，真沒資格學佛，因為你的工具不對。你那個鑰匙開洋鎖可以，拿來開中國古代的鎖就不對頭了，開不了的。學文言文入手的，他看古文看白話文都行，是一把萬用鑰匙，什麼鎖都可以開。

「見來求者，為善師想。」看到別人有求於你，不管是找你借錢，還是別的事，都要把他當成善知識。甚至有人對你不滿意，給你很難看的臉色，也都要把他當成善知識。善知識就是中國文化講的良師益友，儒家講「觀過知仁」，看到人家有錯誤的行為不要生氣，要把人家當成老師，自己引以為戒，不要犯同樣的錯誤，這就等於是一個機會教育。

「捨諸所有，具一切智想。」儘量把自己所有的布施出去，自己的智慧才發起來。聰明和智慧不同，很多學歷很高學問很好的人，有聰明而沒有智慧。智慧是生於空的，你要把世間的聰明、煩惱、妄想、雜念都丟完了，那個般若智慧才出得來。你有學問就有思想，有思想心中就有念頭，當你還有這一念時，智慧就出不來。我們學佛人的行為，同這個智慧的道理是一樣的。你能「捨諸所有」，把一切空完了，才能得大智慧。大智慧是一悟千悟，一通百通，不是有學問就能做得到的，學問只不過是累積來的。

菩薩除了外面的財物布施之外，也要內布施，把裡面的妄想心念統統空掉，就是內布施。

「見毀戒人，起救護想。」看到別人的行為不對，別人犯了戒，千萬不要看不起他。學佛的人看到犯戒的人，要像看到受傷的人一樣，值得憐憫和救護，如果看不起他，不是犯了輕視別人的戒嗎？

「諸波羅蜜，為父母想。」波羅蜜是梵音，意思是登彼岸，跳出苦海，到達清淨境界。波羅蜜有很多種，普通講有六波羅蜜：布施、持戒、忍辱、精進、禪定、般若；真正佛法是十波羅蜜，有十種（上述六種之外再加上：方便、願、力、智）。波羅蜜使我們能達到昇華超越的境界，它是如此的重要，所以我們對一切波羅蜜要起恭敬心，視之如父母。現在這本經就是我們的波羅蜜，它是文字般若，因此我們應該愛護尊重這本經，猶如父母。

「道品之法，為眷屬想。」我們曉得有三十七道品，廣義的道品更多，例如念佛、打坐、一切修持的方法，都是有為法，也都是道品，是助道品。它們本身不是道，道是了不可得的，真得了道，就不用一切法。所以說「即一切法，離一切相」，一切法都捨掉，了不可得，空完了就是道。但是我們也不要看不起有為法，你學止觀也好，密宗也好，學禪也好，都要尊重各種的道品之法，視之如自己的兄弟姊妹。接著下面是講菩薩行，菩薩行是以出世的精神來做入世的事業。

也說菩薩行

「發行善根，無有齊限。」發是發心，發心就是立志、動機。發行是把心裏所想的變成事實行為。善根是把為善的根栽在心田，就是栽在唯識所講的第八阿賴耶識中。因為是栽在身心的根裡，連想都不用想，自然處處做善行，無往而不善，無為而不善，這是善根成就了。

菩薩道發行善根是沒有齊限的。齊就是平等的，沒有比較的。限是限度。菩薩發行善根是永無盡止的，不是說做到與佛齊了，就可以停下來，因為發行善根是永遠無止境的。

有人只喜歡放生，放生是善根之一，可是我常勸人在都市中不要亂放生。例如你去菜場買些動物來放生，這不但不是放生，反而是殺生。有些賣動物的人曉得有人愛放生，他就拚命去抓來賣。甚至於你今天放生的，明天就又被抓回來，所以真放生是很難的，有時救了個小動物不見得是做善事，做善事是要智慧的。像有的人沒錢還好，你一幫助他，他反而有本錢去作惡，所以說，沒有智慧所做的善事，反而會變成壞事。

可是我是不管的，譬如好幾次有人來騙錢，坐在那兒講了兩個鐘頭，臉上都冒汗了，因為講假話是很吃力的。我明知是假話，還是坐著聽他講，最後問他，你究竟需要多少錢？他說要五千塊錢。我當時家中只剩有四千元，就都給了他。他臨出門還說過三天就給我寄回來。我說，不談這個，你慢走。他一走，我的家人就問，為什麼明明知道是騙人的還幫他？我同他們講，唉，你想，一個人能講兩個鐘頭的話，二千塊錢一個鐘頭也不貴，而且他講得多痛苦，講出一身汗來。本來那個錢是準備為家人過生日用的，這下不過生日，我替你做了好事。我後來還跟我兒子講，這個人也明知我曉得他是騙人的，可是還敢來，膽子之大就值得佩服。而且他還編了一大套故事，也用了很多心思，所以縱然被騙也風流啊！這也是一樂也。

還有一次，在火車站有一個人拉住我，跟我問好，非常熱絡，我卻完全不認識他。他一直扯下去，而我要趕時間，乾脆問他，你需要多少錢？他一聽，忙說，您老有神通啊！我是要坐火車回家鄉沒路費。我就把身上帶的錢交給他，自己走路回去。像這種事，我碰多了，都是很好玩的。

「以諸淨國嚴飾之事，成己佛土。」這裡與你們學淨土念佛往生有關，要了解這一句，就要參考其他的經典了。阿彌陀佛有四十八大願，藥師佛有十二大願。藥師佛的十二大願代表了東方文化，都是現在的現實生活，阿彌陀佛的四十八大願包括了未來，是超越的。佛發的願都是很大，例如，你敢不敢發願要辦一所學校，願其中沒有一個笨學生？做得到嗎？你敢發願，願學生中沒有一個會感冒，做得到嗎？要包每一個人沒病，連父母親都做不到的。可是佛卻發那麼大的願，你應該好好研究佛的每一條願。

願不是亂發的，願也不是為自己祈求什麼，發願是將自己的心理行為布施出去，發願就是立志。諸佛的佛土為什麼那麼清淨莊嚴，那麼美好？那是由諸佛與菩薩共同的願力而來的。好比我們社會風氣的好壞，是無法依靠領袖人物一個人的好壞決定，而是要每一個份子共同向這個路上努力，慢慢形成的。《楞嚴經》說「若能轉物，則同如來。」學佛不能因為外在環境的波動而影響到自己內心，而是能以自己的心理影響外在環境。反過來說，如果是物來轉心，被外在環境變化影響到心理，就是凡夫。

每個佛的發願不同，這是佛與其他宗教不同之處，不是只有一個教主的願力。例如藥師佛的十二大願，是有十二神將代表十二星座，一年有十二個月，一天有十二個時辰。他的願與阿彌陀佛的四十八大願不同。可是向東方藥師佛土一直走下去，就會走到西方阿彌陀佛的佛土，所以東方琉璃光淨土，和西方極樂世界淨土幾乎是一個。想參透這個道理，就要熟讀每一個佛的願力和境界，不要馬虎讀過去就算了。

那你學了佛之後要做什麼呢？要「成己佛土」。所謂學佛是跟著佛去學，才是學佛。不是像一般人學佛，都是心有所求，都是求佛保祐的自私心理。要注意學習每一個佛的佛土莊嚴美麗之處，學他的行為，將來自己成功成佛了，也是這樣的境界。

當年在上海，有條行走南洋之間最大的輪船，有一次，南洋有個有錢的老華僑，他有中國老一輩的習慣，越有錢越是節省，他從香港坐船去上海，買了大統艙的票。船上的茶房勢利，看不出他是有錢人，對老華僑的使喚不耐煩，就說，你要是有本事就自己開一家船公司嘛！老頭子一氣，到了上海，一上岸就安排成立一家船公司，還要人去找那個勢利茶房去上班。這是發願嗎？不是的，這是賭氣。懂嗎？

大家今天聽了故事，要檢查自己的心理，有時以為自己在發願，其實是在貪圖。真的發願是捨出去，不求什麼回來的，學佛就是學佛能捨的心。我們照著佛的一切行為做，就是學佛，就是修行。

所以發願要往生淨土的人，我勸你一定要讀淨土的三部經：《無量壽經》《觀無量壽經》《阿彌陀經》，那樣你才會曉得極樂世界是怎麼回事。如果再要研究阿彌陀佛的來源，就要看《法華經》，上面說到有位皇帝生了十六個兒子，他後來出家成了大通智勝佛，十六個兒子也跟著出家，阿彌陀佛就是其中一個兒子，釋迦牟尼佛也是其中之一。為什麼剛好有十六個兒子，十六是兩個八，這數字就要研究了，其中有內義的，這就是密宗，你找出這些道理就可以修行了。

「行無限施，具足相好。」無限量地布施，會有具足相好莊嚴的果報。為什麼要在佛前供花？根據佛經，來生就會長得漂亮；在佛前供香，他生來世不會有體臭；這一生多布施醫藥的人，來生身體就少病痛。雖然有這些說法，但是相好莊嚴還是多布施來的，人家有痛苦你肯幫忙，這幫忙也就是布施。

六波羅蜜當中，第一就是布施。我們再重複講一次，布施分三種：內布施、外布施、無畏布施。內布施也叫法布施，在精神、文化上幫助別人，講經說法，為人解答疑難，都是內布施。外布施也叫財布施，是以財物幫助別人。我們小時候一定要讀的《增廣昔時賢文》有這麼兩句話：「求人須求大丈夫，濟人須濟急時無。」這就是財布施的道理。

佛經中講過這樣一個故事，有位菩薩專修布施法門，天上的天人要試探他，就化身成一個小孩，哭喊著走到這菩薩面前。菩薩當然就問他是什麼事，小孩說自己的母親一隻眼瞎了，醫生說可以換眼睛，不過一定要菩薩的眼睛才能用。這位菩薩一聽，當場就挖了右眼給他；天人就故意說，哎呀，醫生說一定要菩薩的左眼才行。菩薩略想了一下，剛才挖得太快了，早知道先問一聲也不至於白挖了，不過既然修的是布施法門，還是把左眼挖下來給了他。哪曉得天人說，這一次你挖眼睛時猶豫了一下，效果就沒有了，這左眼不能用了！

你看，布施多難啊！我們哪夠資格自稱學佛呢？至少我還捨不得把眼睛布施出去。但是我看過在社會上有許多人，他也不一定是佛教徒，他的行為卻真是菩薩行，真是犧牲自我，在那一件事那一念上是無所求的。若是還要考慮一下，那就成了做生意的行為，就不是菩薩道。一無所求的布施太難了，有時見到人家有困難，當場慷慨解囊相助，回頭一想，唉呀！我幹嘛全部給了他？有這一念，你剛才捐了一千萬都不算功德了。就像那菩薩捐眼睛，考慮一下就沒有用了。

第三種無畏布施更不容易。人都經常在煩惱恐懼中，例如你們中有的人馬上要大學畢業了，覺得前途茫茫，就是一種恐懼。無畏布施就是消除別人的恐懼。我常講，有時碰到極度絕望的人，都準備要自殺了，我就對他說，你等三天，三天之內一定會有解決的辦法。其實我說這話一點把握都沒有的，按戒律是犯了妄語戒。可是他得到精神支持，過了一天半就不想死了，我寧可犯戒，這划得來嘛。這一句謊話救了他，就是無畏布施，真的無畏布施是大政治家、大救世主的行為。

老子說：「後其身而身先，外其身而身存。」你把自己拋開，先謀大家的利益。大家有利益了，那我不怕沒利益的。後來范仲淹把這句話發揮成「先天下之憂而憂，後天下之樂而樂。」這也是無畏布施的精神。

六波羅蜜為什麼先要我們布施呢？布施就是捨，也就是後來禪宗祖師講的土話「放下」。我們處處捨不得，不止捨不得自己的財物、生命，乃至捨不得自己的名聲。所以眾生第一個根本問題是慳恪。慳恪是貪的心理行為，是人天生有的自我佔有欲，佔有別人來成就自己的偉大，佔有別人來成就自己的財富，因為佔有而自然變得慳吝，變得貪。用人世間的標準來看，如果一個人不努力把別人口袋的錢賺入自己的口袋，這個人就沒有出息。所以會做生意的人都有第一流的頭腦，他不靠偷不用搶，卻能把你我口袋中的錢賺入他的口袋，你我還心甘情願付給他，這本事大了。但是，這個心理就是貪，就是佔有。

布施就是要對治慳恪，破除貪，破除佔有，以我之所有救濟他之所無。應該更正說，真正布施的精神，是連救濟這個觀念都沒有的，這個救濟觀念是一種傲慢的態度，覺得自己比人高，因為可憐人家才布施，那就不是真布施，就算捐了千億家財，還是沒有布施功德的。但是有沒有果報呢？當然有好的果報，然而好裡面還有不好的。這種可憐人家的心理沒有慈悲，慈悲是認為布施是應該的，視他如我的父母，我的子女，我最敬愛的人。而且重要的是，布施過後也不心痛，不要「慷慨布施易，從容掏錢難」。

「除一切惡，淨身口意。」上面講布施，是善，這裡講的是要除惡。我常說善與惡是很難講的，尤其研究歷史，古今中外許多偉大人物所做的事蹟，事後看來是絕大的錯誤。可是他當時是念念要做好事，所以他個人的果報並不壞。但是後來的人卻受他所作所為的不良影響，這是個過錯，仍然是惡，只不過是小惡。

講到底，佛法的基本道理只有四句話：「諸惡莫作，眾善奉行。自淨其意，是諸佛教。」每次唸到這四句話，我個人都會感到慚愧，能夠做到多少，實在是沒把握。「諸惡莫作」已經太難了，這還是消極的行善；「眾善奉行」是積極的行善，真菩薩行一定要做到。前兩句是講外在的行為現象，第三句「自淨其意」是講內在，是根本的道。

「自淨其意」不是自空其意，淨不等於是空，意念做到了一切皆空還只是小乘羅漢境界，落在一邊。在禪宗講就是「擔板漢」，只看到空，沒看到有。

如果一動念，空的清淨境界沒有了，那不算是真定。菩薩的戒定慧就在作人做事當中，乃至上入天堂，下入地獄，念念都在定中，不怕起心動念。因為起心動念的念頭是淨的，至善的，也等於《大學》所說的「止於至善」。

前三句都做到了，就什麼經典也不用研究了，那就是佛法了。所以第四句說「是諸佛教」。

唐代詩人白居易，別號香山居士，所以也稱他為白香山，是個學佛的人。白居易在政途上是受過幾次挫折的，有一次他被貶為杭州刺史。當時有功名的人都喜歡在中央作官，外放到地方作官是降級。現今西湖還有兩條堤，其中一條叫白堤，有人說就是他當刺史時修的，堤上一株楊柳夾一株桃樹。另外一條堤叫蘇堤，是蘇東坡被貶到杭州時修的，也是一株楊柳夾一株桃樹。西湖之美，與他們二人當地方官時所做的建設，都有關係。

當時杭州有一位有道的和尚，他本名已經沒人知道了，大家只叫他鳥窠禪師，因為他在山崖樹上鋪了草像個鳥窠一樣，人就坐在上面打坐。白居易是地方行政首長，聽說有這麼一位和尚，就上山去看他。參拜之後，白居易就求鳥窠禪師指點一條佛法修行的明路。鳥窠禪師說，很簡單，就是「諸惡莫作，眾善奉行」。

白居易一聽不過如此，就說這道理連三歲的孩子都知道，鳥窠禪師回答說，可是八十歲的老頭還做不到啊。白居易聽了非常佩服，立刻向鳥窠禪師頂禮。

白居易講的也是實話，我們從小受的教育就是如此，哪有老師教學生去做壞事的？像我常講一個故事，多年以前，我的孩子還很小，我一天到晚忙得不得了，有一天很累了，想睡一下，就交代孩子如果有客人來，就說我不在。後來有客人來了，孩子對人家說，我爸爸在睡覺，叫我說他不在家，這個客人聽了就直接進房中找我了。這個不能怪孩子，因為我們教他不能說假話，就這麼個例子，可以看出來善惡之間多難處理。

由此想起另一個故事。宋歐陽文忠公遊嵩山，問一老和尚，古人有修行的可以做到談笑風生，「坐脫立亡」，要走隨時就走，很瀟灑的，為何現在的人做不到呢？老和尚答：「古之人念念在定慧，臨終安得亂？今之人念念在散亂，臨終安得定？」怎麼做得到坐脫立亡？你們打起坐來，念念在腿痛中，怎麼坐脫立亡？

回到原來的行一切善，除一切惡，除一切惡要做到淨身口意三業。佛學的觀點認為我們凡夫的身口意，隨時都在造惡業。

身的惡業有三種：殺、盜、淫，是身體的行為。現代人生活講享受，一講享受就離不開殺、盜、淫。你要吃好的，就造殺業；我們的生活用品都是靠別人的勞力來的，每個人都在盜；淫，除了男女之事以外，生活過份享受奢華也是淫。

口的惡業最多，有四種：妄語、惡口、兩舌、綺語。妄語是說謊話，我們幾乎無時不在說謊話，日常寒暄最多，幾乎是慣性說謊；惡口是罵人，不一定是罵粗野的話才是罵人，有時文人罵人是轉個彎來罵，那罵得更厲害，也是惡口；兩舌是挑撥是非，人與人在一起最喜歡講是非；綺語是俏皮話，油嘴滑舌的話，不正經的話，空話都是。

意識的惡業有三種：貪、瞋、癡，是心理思想造成的。貪就是佔有的欲望，我們無時不在貪欲中，連你請人順便幫你做個什麼事，也是貪小便宜；瞋是憤怒、埋怨的心理。怨天尤人也是瞋念。人沒有不埋怨的，連老天爺下雨吹風都要怨，有詩曰：

作天難作四月天　蠶要溫和麥要寒
行人望晴農望雨　採桑娘子望陰天

一個人任勞還容易，能任怨就很難了。歷史上做大事的人都是能任勞，還更能任怨，甚至要任天下之怨而不悔。好多人物真把冤枉都帶進棺材，歷史對他們是很不公平的；癡就是智慧不夠，道理不明。

身口意三業，翻過來就成十善業，是學佛的基本行為。我常說，學佛慢一點來，先學作人，人都沒作好，想學大乘道成佛，沒有那麼簡單的。

能把身口意三業改過來，就是除掉一切惡，不犯過錯。能把人道的十善業道修好了，再修天道，然後再修聲聞道，然後修緣覺道，再修菩薩道，最後成佛。這就是所謂的五乘道。黃教宗喀巴大師所造的《菩提道次第論》，就是走這個路線。他是根據印度一位祖師阿底峽尊者所著的《菩提道炬論》擴充而來，而《菩提道炬論》是由彌勒菩薩的《瑜伽師地論》演化而來。很多人學密宗，不懂這個教理，學了個咒子就回來轟隆轟隆地唸，真是胡弄胡弄。中國佛法也是走這個次序，看永嘉禪師的文集，就知道他走的也是這個路子。

所以我常感嘆，你們讀的是什麼佛學概論啊！真佛學概論是《瑜伽師地論》《大智度論》《摩訶止觀》《宗鏡錄》《菩提道次第論》，現代人寫的概論是「蓋」論，是吹牛的。

佛法五乘道是五個階梯。千萬要注意！先學人道，就是十善業。再修天道，以至善配合禪定。然後才是小乘的聲聞、緣覺，那禪定就更進一步了，配合解脫知見修的，最後才是修大乘菩薩道。中國佛法往往一上來就是大乘菩薩道，學得太大了，所以中國學佛的人變成專門吹大牛，連人道的基礎都沒有打好，這一點我們一定要認真反省。

「生死無數劫，意而有勇。」認為自己是學佛的人要注意啊！很多人的心態是只想修這一世，以後不來了。你不來是去哪裡？要跳出三界外，可是哪裡有第四界？佛菩薩都在三界之中轉的，化身千百億，以不同的身分和不同的姿態來教化眾生。小乘羅漢以了生死為目的，以為可以了，可以不用再來，其實是不可能的！你定得再久，終究要出定的。非要迴心轉大乘不可，才會不畏生死，才敢入世，才真是了生死。

有人說要度眾生，我就對他說，少吹牛了！連你家裡幾個人都度不了，還度什麼眾生？他說他家裡宗教自由。是啊，因為你度不了，只好自由了。我可不敢吹這個牛，有時人家說我在度眾生，我就說，對不起，我是為了吃飯。作人就要老老實實，盡一份心力，能幫到多少就幫多少，如此而已，不敢說度眾生。我這麼多學生，哪一個被我度了？真是「本欲度眾生，反被眾生度」。

佛菩薩是不畏生死的，大乘菩薩要悲智雙運。你光知道放下萬緣，那是消極的，要積極地入世來救人，「智不住三有，悲不入涅槃」，才是菩薩道，所以菩薩也就是自尋煩惱的人，這要大勇氣，大忍辱。

「聞佛無量德，志而不倦。」剛才講過，研究淨土的一定要注意阿彌陀佛發的四十八個大願，光知道念佛是依賴的行為，好像念了佛，佛就會來救你。這也是貪便宜心理，如果我是佛才不來救你，你太沒出息了。你能學到阿彌陀佛發四十八願的願力，那當然往生。雖然這麼說，一般人又不肯去研究阿彌陀佛的發願，又認為念阿彌陀佛是愚夫愚婦做的事，結果自己搞得一事無成。我碰到這樣的人就不耐煩，你要麼就老實念佛，要麼就下工夫研究，能做到任何一樣，都是可以成功的。

「以智慧劍，破煩惱賊。出陰界入，荷負眾生，永使解脫。」大乘的菩薩行是智慧的成就，不是迷信崇拜，迷信崇拜只是培養智慧的資糧。正信與迷信有時不容易分別，迷信有廣義和狹義的，對一切理不透徹的事都相信，是廣義的迷信；不論是宗教的，或者入世的學問，你還不透徹理解，就相信了，就是迷信。狹義的迷信是對某一種神，某一種主宰，盲目的崇拜。所謂正信，是把一切理弄透徹了，真正的覺悟了。

修行是求正信的智慧，這樣的大智慧像是一把寶劍，能斷一切煩惱，能破一切迷惑。人最大的煩惱是生死問題，生命怎麼來怎麼去？究竟有無前生來世？煩惱不是痛苦，而是困擾你的。

大乘菩薩修行為的是「以智慧劍，破煩惱賊」，而修行的次序是「出陰界入，荷負眾生，永使解脫」。

「出陰界入」這裡包含了很多佛學的東西。陰是色、受、想、行、識五陰。我們重複再說一次，色包含了四大，地、水、火、風，我們肉體就是這四大組合而成。受包含了各種感受，譬如冷暖、喜怒哀樂。想是思想。行是生命的動能，譬如說我們不能任意停止血液循環，不能讓地球倒著轉。說得好聽是動能，不好聽就是業力，業是行陰的表現。而一切的根本在識陰，心意識的作用。要跳出五陰是很難的，單單解脫身體的感覺，就很困難。生起病來，發燒、咳嗽，都是受陰，你想不咳嗽，它不聽你的，這股動力你停止不了。真修行人，以智慧劍破煩惱賊，就可以跳出五陰。

佛學所謂的十二入，是十二根塵。外在的因素是色、聲、香、味、觸、法，就是六塵，它們透過眼、耳、鼻、舌、身、意這六根進入我們身心，合起來就是十二入，十二根塵。

所謂十八界，就是上述的六根與六塵相對，生起六識，各有一界限，因此三六合起來共有十八，就叫作十八界，前面也說過。

真修行人，以智慧劍破煩惱賊，不但可以跳出五陰，還可以跳出十二入、十八界。這才是真正成就了。成就了之後，才能挑負起解救一切眾生重擔的勇氣和決心，才能解決眾生的煩惱痛苦，正是所謂「肩挑起天下眾生的煩惱。

有這樣的氣派，所以能「以大精進，摧伏魔軍」。五陰是魔，煩惱也是魔，都是來磨你的。我們人生的遭遇，沒有哪一件不是來磨練你的。能經得起磨練，就是大丈夫。如果被磨練垮了，就完了。所以說「能受天磨真鐵漢，不遭人嫉是庸才」。

為什麼這裡用大精進而不用大勇呢？因為是永遠地求進步，不滿足於今天的成就，明天要更進一步。如此精進修持，直到成佛境地。

「常求無念，實相智慧。」學佛怎麼樣證到空？要先求無念。無念是沒有煩惱，沒有雜想。譬如說打坐，有幾個可以做到無念？無念不是沒有思想，那叫作死亡。無念是什麼都知道，非常清淨的境界。六祖說「無念為宗」，他解釋「無者無妄想，念者念真如」，所以無念是由兩個觀念組成。無念是完全沒有念了嗎？有念，是正念常在，也就是八正道的正思惟。人生不在昏沉就在散亂中，一輩子就在這兩個中間轉；得定是不昏沉，也不散亂。達到這個定境就是妄念清淨，淨念現前，也就是無念。

到了無念以後，自然可以見到空性，就有了般若智慧。這是般若實相的根本智慧，不是普通的智慧。什麼是實相？實相是無相，一切相皆空，也就是《心經》所說的「諸法空相」。下面的經文，無論出家在家的佛弟子，都是要學習遵行的。

「行少欲知足，而不捨世法。」少欲知足，這句話似乎很普通，可是很難做到。開始學佛時並不是叫你完全斷欲，而是要減少欲。能絕對無欲是證果的大阿羅漢才能做到。

廣義的欲包括一切，不只是孔子說的「飲食男女，人之大欲存焉」，一個人好山林清淨，也是欲。喝茶是欲，抽煙是欲，喜愛文學也是欲，乃至喜歡讀書也是欲。凡是貪圖就是欲，修行能做到少欲就已經很難了。出家人修頭陀行是最苦的修行，所以修這種法門的僧人叫作苦行僧，他穿的是糞掃衣，用撿來的布料拼湊縫起來的；常坐不臥，只打坐，不躺下來睡的；不三宿空桑，廟子都不住的。我們小時候看到過這樣的僧人，戴著像雨傘一樣大的草帽，背上揹個韋馱菩薩的牌子，前面掛個木魚，再揹個包袱，全部家當都扛在肩上了。碰上刮風下雨，就在人家屋簷下坐一坐，他的斗蓬就是房子。少欲知足就是頭陀行的第一條。

「少欲知足」不僅是要求出家人遵守，在家人也要做到。少欲已經難了，知足更難。中國的儒道兩家也都宣揚知足，這是東方文化共同的觀念。依照東方文化的人生境界，什麼是幸福呢？只有知足才能常樂，才能算是幸福。在我們小的時候，這種觀念是基本的教育，那時教育的目的是教孩子如何作人，現代的教育受外國的影響，目的是為生活。其實生活也就是作人，但是變得很短視現實，一味追求幸福。可是幸福不是能追來的，只有知足才能有真正的幸福，幸福的標準也不是絕對的，只有自己心理上知足，就永遠在幸福中。

看見人家吃得好，我也想吃好的，不過我能吃得飽的話，不管是吃好的吃壞的，那個舒服都一樣的。你穿好的，我穿壞的，是有差別。但是穿到我不感冒不凍死，目的都達到了。小時我們都讀過「他人騎馬我騎驢，仔細思量我不如，回頭一看推車者，比上不足下有餘。」這就是叫我們知足。

佛的出家、在家兩眾弟子一定要注意，在行為上要做到少欲知足。社會上一般人對學佛的人要求很嚴格，這是錯的，因為大家都是人，大家都在修。第一步先做到了少欲知足，然後是下面一句話：「而不捨世法。」這是入世的，不離作人的本位，不管在家出家，不捨離世間一切法。我常告訴出家的同學，不懂世間法你怎麼學佛？我們本師釋迦牟尼佛，他世法全懂，太子出身，然後出家修出世法。有的青年一來就學佛，我看了頭都大了，你連人都沒有作好，還成佛？人怎麼作都不知道。所以我常勸人，你先學作人再來，不是要推辭你，這是根本。如果連人都不會作就可以成佛的話，這種佛也不用學了。

當年我陪同禪宗老師，去四川萬縣看他的老師能緣和尚，這位太老師是近代禪宗的四大老之一，與虛雲和尚齊名。我想像中的得道高僧一定住在山中，環境清雅。哪曉得到了一看，太老師住在鬧市當中的鐘鼓樓上，外頭是市場。他也沒有如我想像的在打坐，而是在抽著長煙筒。我們師徒就向他磕頭，太老師很客氣，他趕快起身：「唉，好了，好了，起來，坐，坐。」然後他問我是誰，我師父向他介紹我是他的徒孫。他說：「噢，好啊，年輕人還學這個。」一就起身去炭爐燒開水要泡茶。我師父忙勸他歇手，讓給小輩來做吧。他執意不肯，親自燒水泡茶端給我們，我們當然馬上站起來，連說不敢不敢。他就告訴我們：「我已經不是大廟的方丈了，今天你們來我這小地方就是客人，世法的禮不可廢。這是『萬行門中不捨一法』。」

太老師引用的禪宗的名言「實際理地不受一塵，萬行門中不捨一法。」第一句是說道體真空，得了道的無言境界，這個時候萬緣皆空，萬念放下。第二句是說起用，起用就是有，放下就空，提起就是有嘛！成了佛也是要說法、要作人的，作人做事有萬行門，其中一點馬虎不得的。

所以你們學佛的人要注意，「行少欲知足，而不捨世法」，這就是戒律。一般在家人被稱為居士，其實是不夠資格當居士的。居士要有年高、有德等等條件。現在只要頭上還留著兩根頭髮就是居士，反正也沒有關係了，愛怎麼叫就怎麼叫吧！不過我就不願意當居士，我當不上，什麼都不是。一般的居士們對出家人有過份的要求，好像出了家的就要離開世法。出家還要不要吃飯穿衣？當然要，既然要就還是在世法中。所以在家出家的學佛人千萬注意，要「不捨世法」。如果為了想捨離世法而學佛，就已經錯了。

因此也要記得我們一再引用過六祖的話，「佛法在世間，不離世間覺。離世覓菩提，恰如求兔角。」

「不壞威儀，而能隨俗。」這一句話嚴重了，第一個要求是針對出家眾的，第二是對在家眾。我們知道戒律是學佛人的行為規範，共有三部分。第一部分叫作威儀，也叫作律儀戒，就是現在學校裡面屬於訓導方面的事，管品行的。譬如衣服要穿整齊，也是威儀，有些同學從美國讀書回來，衣服穿得很隨便，一問之下，他說在美國就這麼穿的。我說你在美國看過什麼世面？你在哈佛大學讀了幾年也就在那個小圈子中，美國的上流社會你有朋友嗎？你去那邊看看，人家還是衣冠整齊的，你就學到那些不入流的東西，然後回來說這是美國派頭，你騙別人可別騙我，這就是威儀的道理。處處都是威儀，人要有人的風格和風度。有的人即使戴個眼鏡也戴不好，滑到鼻子上去了，你就不能去調緊一下嗎？任何小地方都要注意，尤其是出家人，更是要注意。

當年張獻忠和李鷂子殺人如麻，他們殺到四川，見到一位有名的破山禪師。和尚見了他們，就要他們答應不再殺人；他們反將一軍，如果師父肯吃肉我就不殺人。破山一聽，好！拿肉來，我吃！這就是「不壞威儀，而能隨俗」的智慧表現。

所以這一句經文是要出家人能做到隨俗，而自己不壞威儀。不能隨俗就不是菩薩道；進一步說，菩薩道不但能隨俗，還能夠下地獄，還能夠變畜生。有經典說，要修一切畜生才能成菩薩道，這話嚴重了。例如你想度狗，做不到，因為你不能說狗話，不瞭解狗的生活。所以菩薩要化身千百億，要化成狗身，才能夠教化狗。根據華嚴境界，地獄中有菩薩，魔鬼中有菩薩，畜生道也有菩薩。

「起神通慧，引導眾生。」因此，菩薩能隨時起神通智慧，引導教化眾生。菩薩度眾生，就是讓眾生搭乘自己駕駛的車船，乃至讓眾生騎在自己背上，把眾生送到快樂清淨的境界。度人的定義是犧牲自我，使別人幸福。

「得念總持，所聞不忘。」總持就是梵語陀羅尼，是總綱的意思。因此咒語也叫陀羅尼。咒語是不用解釋的，你只要抓住這個就什麼都抓住了。大家學佛不能得總持，所以腦子容易昏沉，聽了看了很快就忘，有定力就是得念總持，腦力自然就好了。阿難就是修總持法門的，所以能把佛說的法，記得一字不差。

有的同學連剛才拿的這本書，是從哪個架子抽出來的都記不得，現在的事都記不得，還想修行到能知前生事的宿命通？如何能知前生事？就要得念總持，才能所聞不忘，因為所有的種子都在阿賴耶識中。

這個也是戒律，也是工夫，可以拿來考驗自己一天到晚修行在修個什麼。記憶力也是智慧，你腦力不好，學什麼都不成功。你說因為自己什麼都學不成功才來學佛，佛就那麼倒楣嗎？佛是第一流智慧的人才學得成的，要有悟力和記憶力的。所以打坐修持先要能把腦力健全，悟性要高，不管什麼學問，一接觸就理解就記得。定力夠的人沒有總持力不增加的。若是越修持記憶力越減退，那什麼也不要談了。

「善別諸根，斷眾生疑。」這一句是對法師們說的，法師負責教化，要能把人家的根器搞清楚，順著解答人家的疑惑，使他走上正路。善別諸根，就是知道這人的根器，前生所帶到這一生的腦力、功德力到什麼程度，有沒有善根。如果沒有善根可以讓他學別的，別的也是佛法啊！一切法皆是佛法。根器拿唯識來說，就是第八阿賴耶識的種性，拿現代教育的語言來說，就是性向。看這個人的性向適合什麼，就導引他走上哪條路。這個人能畫的，就教他多畫佛像，他佛像畫多了，自己樣子也會轉變。這個人愛唱歌，就教他梵唱，唱華嚴字母，唱好了也可以使人入定，這些都是方便。

「以樂說辯，演法無礙。」能夠說法的，要能見人說人話，見鬼說鬼話，什麼場合說什麼話。他如果是個鬼，你就得說鬼話來度他。

「淨十善道，受天人福。」修十善業道，去惡為善，把身口意的惡業轉過來，這個剛才講過了。淨十善道是修行的第一步，是修五乘道最初步的人乘道，前面也說過了。

光修十善業道就是學佛嗎？不是。你注意這個經文，一個字都不能放過。是要「淨」十善道，光是除一切惡、行一切善還不算，要善惡兩頭都不住，達到心淨則佛土淨的淨土境界，這樣才能受人天福報。

其實出家人比在家人有福報，頭髮一剃，就可以住在山明水秀的地方，即使在都市中，至少也有明窗淨几。吃的雖然沒肉，但是也有素雞，這些都是清福。我們把福氣分成洪福與清福。洪福是在這個紅塵滾滾世間的福氣，像普通人有兒有女有錢有地位之類，其實這都是煩惱，福氣福氣，福愈大氣也愈大。有洪福的人往往享受不到清福，有清福的出家人，往往不珍惜清福。清福是哪裡來的？是修十善業道來的。

明朝有個讀書人，學問很好但是不出去考功名。他每天晚上吃過飯一定燒一炷香，一路拜到門口，然後插在門口。這個叫作燒天香，供養天神。他燒了幾十年的天香，終於感動了天神，有一晚，天神現身在讀書人面前，問他有何所求。讀書人說自己一無所求，天神一聽都為之動容；再問他真的什麼都不要嗎？讀書人想了一下說，自己真的什麼都不要，只希望能夠健康長壽，遊遍天下名山，一輩子沒有煩惱。天神聽了又動容了，說此乃上界神仙之福，不可妄求。他求的這個就是清福，你要求功名富貴都可以許你，你要求這個，辦不到的。

你看，什麼才是福？可惜有人享清福卻不知人在福中，結果消了福報，那才慘了。所以「淨十善道，受天人福」是享清福。有些學佛的人都很有福氣，可是他不懂，反而向我埋怨說，自己學佛那麼多年了，什麼都沒有。我反問他，你還能要什麼啊？你已經很舒服了！怎麼不明白呢？

「修四無量，開梵天道。」慈、悲、喜、捨四無量心是菩薩道的基本。怎麼叫無量心？慈悲喜捨心都是無限的，胸襟開闊，永遠沒有滿足的時候。

學佛先修十善業道，進一步修四無量心。修成了四無量心得什麼果報呢？梵天道。上面已經說得天人福了，還有梵天道嗎？修十善業道所得的果報，是欲界天的人天乘之報，有五欲之樂。修四無量心的果報，是欲界天再上一層，色界天的梵天之報。所以修四無量心的功德，比修十善業道大。

「勸請說法，隨喜讚善，得佛音聲。」「勸請說法」在〈普賢行願品〉和其他經典中都常見到，是勸請諸佛菩薩和大善知識多多說法，就是弘揚教化。對別的教化也要隨喜，就是要多鼓勵，要「隨喜讚善」。

大家讀到「勸請說法，隨喜讚善」可能覺得文字很容易懂。但是為什麼佛菩薩還要人家來勸他說法呢？可見說法不是容易的，教化人不是件痛快的事，而是痛苦的事。在座諸位有從事教育工作多年的，應該了解這種心情。所以諸佛菩薩有厭煩說法的心理，需要勸請，也需要鼓勵。古代的戒律有這一條，四十里之內有法師說法，不去隨喜讚善是犯菩薩戒的，因為農業社會人口不稠密，文化不發達之故。現代都市交通發達，到處有善知識在說法，就不能嚴格遵守了，但是一有機會還是要勸請說法，隨喜讚善。

再從反面來講，經文這麼說，可見得眾生不願意做這件事。眾生的心理都希望讓別人來做，自己只想佔便宜，不肯出來。

其次，「隨喜讚善」是我們要多多學習的，不只是對諸佛菩薩如此，對朋友也要如此。看到別人成功了、受人稱讚，自己就心生妒嫉，這是凡夫常有的心態，是不對的。看到人家有好的行為，應該稱讚他，多捧捧人家嘛！不要如此慳悋，連捧人家都不肯，這又不花本錢，為什麼不幹？學佛不一定靠佛經，看到別人家不好的心理行為，自己能引以為誡，看到別人做了好事，能跟著起歡喜心，也是菩薩道。因為一般人不但不愛隨喜讚善，反而愛批評別人，所以造的口業也特別多。

能做到上兩句經文，果報至少是「得佛音聲」，來生的聲音悅耳。聲音也是相貌，例如有的人相貌很好，但是很倒楣。為什麼？因為內相不好，聲音破，就破了福氣，也就是前生吝於讚人。有些人相貌不好，但是聲音好，因而成了有名的歌唱家或演員，有可能是前生多唸佛來的，更有可能是前生多隨喜讚善。佛的音聲我們沒有聽過，但是經上的記載是，聽了可以使人開悟，心情寧靜，這是多生累世口德累積來的。

「身口意善，得佛威儀。」能起心動念，外在行為都是佛的境界，自然得到佛的莊嚴形象，這也都是靠功德累積而來的。

這些福報要怎麼樣才修得到呢？第一步，要作好人做好事，淨十善道，修到欲界天人的福。進一步，修四無量心，修到色界天人的福。而不以此為滿足，還要「勸請說法，隨喜讚善，得佛音聲」；「身口意善，得佛威儀」。學佛就是這樣學的，不是「南無南無」才算學佛。

「深修善法，所行轉勝。」大乘佛法就是修一切善，這不是聲聞緣覺眾可以做得到的。你看，佛弟子們多半是出家眾，專修聲聞緣覺，固然少了做惡事的機會，但是離世修行是小乘道，不是菩薩道。大乘之道是積極地修一切善，不逃避。既然修一切善法，那就不免要入世。能跳進染缸而不被污染，是多麼的難！所以菩薩修大乘道，難行而行，不斷地進步，善上加善。

「以大乘教，成菩薩僧。」以大乘道，勸出家的小乘弟子們，能做到深修善法，所行轉勝的菩薩道。

「心無放逸，不失眾善。」堅持自己心念，毫不放鬆地行一切善。「行如此法，是名菩薩不盡有為。」這一篇講大乘菩薩道的緣由，是上方眾香國的菩薩，來向釋迦牟尼佛求法，佛交代他們「菩薩者不盡有為，不住無為。」的道理。「不盡有為」是無止盡地修有為法，不是空，做善事就是有，不是空。

不盡有為還是需要智慧的，不是盲目的去做，否則善事反面會成惡事。我常說，害人利己的事不要做，利人利己的事可以做，可是世人都是拚命做害人不利己的事。大家檢查檢查自己和社會上許多的行為，是不是害人不利己的事居多？所以菩薩道是要「悲智雙運」，「智不住三有，悲不入涅槃」。

「何謂菩薩不住無為？」現在佛要交代「不住無為」的道理。無為是得了道，證得涅槃。菩薩為什麼不住那個境界呢？

「謂修學空，不以空為證。修學無相無作，不以無相無作為證。修學無起，不以無起為證。」空、無相、無作（或稱無願）是大乘的三解脫。空，是一切本空，開始學佛以空為基礎；無相，是不著相，不被現象欺騙；

無作，是作而不作，一切行為過了就算了（無願是沒有帶著什麼希求之念）。

昨天有位外地來的學生，他已是有名的教授，也常常為人說法。他問我一個問題，他那邊有對夫妻已經生有兩個女兒，還想再生一個兒子，前些時候一定要他來找我幫忙，我就說唸唸觀世音菩薩的白衣咒。結果第三胎又生了個女兒，嘴上還缺一塊。這教授就問我為什麼不靈。我告訴他，佛菩薩沒有保證過「有求必應」，這句話是後人寫的。何況「有求必應」還有一條：「誠則靈」，怎麼樣叫誠懇是很難的。一般人學佛都是以投資的觀念來學佛，根本不是學佛，靈不靈還是要配合善行。至於嘴唇畸型，你要去問一問那夫妻，在懷孕前和懷孕期是否吃了不對的藥物，這是很有可能的。行為要自己負責的啊！全靠佛菩薩而自己心行不配合，是絕對不會靈的。所以當菩薩也真難，這個來求願，那個也來求願，一不合願就變成怨了。

因為講到無願才想到這一件事，所謂無願就是儒家說的：行義所當為之事。自己良心覺得應當幫忙的就去做，做完了也不要問代價。

你們也許會問，三解脫是空、無相、無作，那不是什麼都放下來了嗎？

不是的，這裡佛經告訴你，「修學空，不以空為證。修學無相無作，不以無相無作為證。」知道空，但是絕對不入空，空了誰去救世界？大乘菩薩是要入世行善的。所以「修學無起，不以無起為證。」無起就是不動心，學佛能夠不動心當然很好，但是大菩薩積極為善，處處要找善事來做，不會以無起為究竟。

超越小乘　不盡有為　不住無為

無常、苦、空、無我是佛法的基本道理，尤其是小乘佛法的基礎。無常就是沒有永恆的存在；世間都是苦的，沒有樂的；一切本空；一切無我。可是到了大乘菩薩道，就要超越小乘的境界。

「觀於無常，而不厭善本。」雖然看到一切是無常，可是對於行善去惡卻不厭倦。否則會認為：既然做好事也無常，那何必做呢？

「觀世間苦，而不惡生死。」不畏生死之苦，以度眾生為目的。

「觀於無我，而誨人不倦。」雖然能觀成無我，沒有我也沒有人，沒有說法者也沒有聽法者，但是仍然不厭倦教化眾生，沒有退轉的心理。「誨人不倦」的原文出自《論語》。

「觀於寂滅，而不永寂滅。」雖然曉得一切法空，入於涅槃而不會永遠住在涅槃中，會跳出涅槃清淨而做事作人。

「觀於遠離，而身心修善。」雖然明白諸行無常的道理，能遠離一切世間所作所為，可是身心仍然在修，在做一切善法。

「觀無所歸，而歸趣善法。」萬法歸一，一歸何處？歸到空。雖然明白本來無所歸，但還是以善法為歸趣。

「觀於無生，而以生法荷負一切。」雖然知道一切生生不已，本來無生，但是願意起心動念，挑負一切利益眾生的擔子。

「觀於無漏，而不斷諸漏。」雖然已經證到無漏之果（凡夫都在漏中，向外放逸），有本事斷漏，而不斷。

「觀無所行，而以行法教化眾生。」雖然明白一切所行皆是空，但是能在空中挑起這個擔子，教化眾生。

「觀於空無，而不捨大悲。」明知道空，而仍然發大悲心。「觀正法位，而不隨小乘。」了解真正佛法只有一乘，所以不走小乘的路子。

「觀諸法虛妄，無牢無人，無主無相，本願未滿，而不虛福德禪定智慧。」明知世間一切法是虛幻的，不實在的，沒有人我，沒有主宰，本來無相，但是在自己所發的大願沒有完成之前，不斷地修六度，布施、持戒、忍辱是屬於福德的菩薩道。「不虛福德禪定智慧」，就是不斷地精進修福德和修禪定智慧。

佛在世的時候，他有一位比丘弟子要縫衣，因為眼睛瞎了不能穿針線，就向四周求人幫忙。但是沒有人幫他，因為師兄弟都在打坐。結果是佛親自去幫他穿針，這比丘向佛致謝並表示不敢勞駕佛。佛說這是應該的，也因為是修福德。比丘聽了很訝異，您老都成佛了，還需要修福德嗎？佛告訴他，十方諸佛修福德的行為是永無窮盡的。然後佛回轉來罵其他打坐的弟子，只顧自己修行，不肯幫人家，不修福德怎麼會得定？

就算其他弟子得了定，這種定要來幹嘛？充其量變個植物人。福德真修圓滿了，你不打坐也會得定的。可是要注意，光修福德不修禪定智慧是很危險的，他生來世福報會很大，功名地位財富樣樣好，但會把你吞沒，你就完了。

「修如此法，是名菩薩不住無為。又具福德故，不住無為。」明知道是空，不被空所吞沒，就是菩薩不住無為的道理。還有，因為菩薩道具足了福德，所以不停留在空的涅槃境界。

「具智慧故，不盡有為。」因為菩薩道具足了智慧的成就，所以仍然無止盡地修有為法，為善。你看，不住無為就是有，不盡有為也是有。真正的菩薩道是嘴裡講空，處處是有。

「大慈悲故，不住無為。滿本願故，不盡有為。」所以悲智雙運。

「集法藥故，不住無為。」大家都會唸「法門無量誓願學」，你學了幾個法門？多學一個法門都不肯幹，說人家是外道魔道，你又不會，怎麼曉得他是外道魔道？你說你是學佛的，胡扯！你又不是佛。佛是外道魔道都會，所以他知道。可是你不行啊！我講這個話不是特意鼓勵你們去學外道魔道，而是說不要得少為足，只得了一點點很淺薄的知識，就自以為如何如何了。你的知識越多，越能夠幫助眾生，因此菩薩道忙得很，不住無為。

「隨授藥故，不盡有為。」任何眾生有所求，要這個法門就給這個法門，將就度他，不盡有為。

「知眾生病故，不住無為。滅眾生病故，不盡有為。」因為知道眾生有各種不同的病痛煩惱，所以菩薩自己不住無為空境，為了替眾生治病，所以不盡有為。

什麼是菩薩？梵文是菩提薩埵，菩提就是覺悟，薩埵是有情眾生。雖然證到空了，還是大慈大悲要度盡眾生。所以佛菩薩是最多情的人，最多事的人。也有把菩薩翻成正士，或者開士，開明之士的意思。

「諸正士菩薩以修此法，不盡有為，不住無為，是名盡無盡解脫法門，汝等當學。」佛最後作個總結，這個不盡有為，不住無為就是盡無盡解脫法門，你們諸位菩薩應該要學的。

「爾時，彼諸菩薩聞說是法，皆大歡喜，以眾妙華，若干種色，若干種香，散徧三千大千世界，供養於佛，及此經法，并諸菩薩已，稽首佛足，歎未曾有，言：釋迦牟尼佛，乃能於此善行方便。言已，忽然不現，還到彼國。」來自眾香國的菩薩們，聽了佛這一段話，皆大歡喜，以各種花散遍三千大千世界，來供養佛，供養佛所說的法，供養所有的菩薩。然後向佛頂禮，讚歎了一番。說完了，他們又忽然消失，回眾香國去了。

見阿閦佛品第十二

爾時，世尊問維摩詰：汝欲見如來，為以何等觀如來乎？維摩詰言：如自觀身實相，觀佛亦然。我觀如來，前際不來，後際不去，今則不住。不觀色，不觀色如，不觀色性。不觀受想行識，不觀識如，不觀識性。非四大起，同於虛空。六入無積，眼耳鼻舌身心已過。不在三界，三垢已離，順三脫門。具足三明，與無明等。不一相，不異相。不自相，不他相。非無相，非取相。不此岸，不彼岸，不中流，而化眾生。觀於寂滅，亦不永滅。不此不彼，不以此不以彼。不可以智知，不可以識識。無晦無明。無名無相。無強無弱。非淨非穢。不在方，不離方。非有為，非無為。無示無說。不施不慳。不戒不犯。不忍不恚。不進不怠。不定不亂。不智不愚。不誠不欺。不來不去。不出不入。一切言語道斷。非福田，非不福田。非應供養，非不應供養。非取非捨。非有相，非無相。

同真際，等法性。不可稱，不可量，過諸稱量。非大非小。非見非聞。非覺非知。離眾結縛。等諸智，同眾生。於諸法無分別，一切無失。無濁無惱。無作無起。無生無滅。無畏無憂。無喜無厭。無已有，無當有，無今有。不可以一切言說分別顯示。世尊，如來身為若此，作如是觀。以斯觀者，名為正觀。若他觀者，名為邪觀。

爾時，舍利弗問維摩詰：汝於何沒而來生此？維摩詰言：汝所得法有沒生乎？舍利弗言：無沒生也。若諸法無沒生相，云何問言，汝於何沒而來生此。於意云何？譬如幻師幻作男女，寧沒生耶？舍利弗言：無沒生也。汝豈不聞，佛說諸法如幻相乎？答曰：如是。若一切法如幻相者，云何問言，汝於何沒而來生此？舍利弗，沒者為虛誑法，壞敗之相。生者為虛誑法，相續之相。菩薩雖沒，不盡善本。雖生，不長諸惡。是時佛告舍利弗：有國名妙喜，佛號無動，是維摩詰於彼國沒，而來生此。舍利弗言：未曾有也！世尊，是人乃能捨清淨土，而來樂此多怒害處。

維摩詰語舍利弗：於意云何，日光出時，與冥合乎？答曰：不也。日光出時，則無眾冥。維摩詰言：夫日何故行閻浮提？答曰：欲以明照，為之除冥。維摩詰言：菩薩如是，雖生不淨佛土，為化眾生故，不與愚闇而共合也，但滅眾生煩惱闇耳。是時，大眾渴仰，欲見妙喜世界無動如來及其菩薩聲聞之眾。佛知一切眾會所念，告維摩詰言：善男子，為此眾會，現妙喜國無動如來及諸菩薩聲聞之眾，眾皆欲見。於是維摩詰心念：吾當不起於座，接妙喜國，鐵圍、山川溪谷、江河大海、泉源、須彌諸山，及日月、星宿、天龍、鬼神、梵天等宮，并諸菩薩、聲聞之眾，城邑、聚落，男女、大小，乃至無動如來，及菩提樹、諸妙蓮華，能於十方作佛事者。三道寶階，從閻浮提至忉利天，以此寶階，諸天來下，悉為禮敬無動如來，聽受經法。閻浮提人亦登其階，上昇忉利，見彼諸天。妙喜世界成就如是無量功德，上至阿迦尼吒天，下至水際，以右手斷取，如陶家輪，入此世界，猶持華鬘，示一切眾。作是念已，入於三昧，現神通力。以其右手斷取妙喜世界，置於此土。彼得神通菩薩及聲聞眾并餘天人，俱發聲言：唯然！世尊，誰取我去？願見救護。無動佛言：非我所為，是維摩詰神力所作。其餘未得神通者，不覺不知己之所往。妙喜世界雖入此土，而不增減，於是世界亦不迫隘，如本無異。

爾時，釋迦牟尼佛告諸大眾：汝等且觀妙喜世界無動如來，其國嚴飾，菩薩行淨，弟子清白。皆曰：唯然！已見。佛言：若菩薩欲得如是清淨佛土，當學無動如來所行之道。現此妙喜國時，娑婆世界十四那由他人，發阿耨多羅三藐三菩提心，皆願生於妙喜佛土。釋迦牟尼佛即記之曰：當生彼國。時妙喜世界於此國土所應饒益，其事訖已，還復本處，舉眾皆見。佛告舍利弗：汝見此妙喜世界及無動佛不？唯然！已見，世尊。願使一切眾生，得清淨土，如無動佛。獲神通力，如維摩詰。世尊，我等快得善利，得見是人，親近供養。其諸眾生，若今現在，若佛滅後，聞此經者，亦得善利。況復聞已，信解受持，讀誦解說，如法修行。若有手得是經典者，便為已得法寶之藏。若有讀誦，解釋其義，如說修行，則為諸佛之所護念。其有供養如是人者，當知即為供養於佛。其有書持此經卷者，當知其室，即有如來。若聞是經能隨喜者，斯人則為趣一切智。若能信解此經，乃至一四句偈，為他說者，當知此人，即是受阿耨多羅三藐三菩提記。

阿閦佛在東方，不是在我們這個太陽的位置，還不曉得過幾個太陽，在多遠多遠的地方。釋迦牟尼佛介紹了西方阿彌陀佛的佛土，「阿」字是開口音，在梵文中代表了無量、無盡的意思，阿彌陀佛和阿閦佛的名號都是「阿」字頭。中國流行的佛教，多半是要往生西方極樂世界的，那邊有三位大老師，校長是阿彌陀佛，首席副校長是觀世音菩薩，第二副校長是大勢至菩薩。將來阿彌陀佛涅槃了，就由首席副校長即位，還是叫阿彌陀佛，所以念阿彌陀佛和念觀世音菩薩是一樣的。釋迦牟尼佛介紹的東方佛土可多了，有藥師佛、阿閦佛，《法華經》和其他經典，還介紹了許多其他東方佛土。六祖在《壇經》就說過，你們在東方的人造了罪，就念佛想往生西方，那西方的人造了罪，念佛該生何方呢？是不是大家把機票交換交換就可以了？佛經上介紹的東方佛國，都是生氣勃勃的，因為東方世界代表生發，而西方是代表歸宿。這一品介紹的東方阿閦佛，有不動的含義，所以又稱為無動佛或無動如來。現在我們來看怎麼見阿閦佛。

什麼是佛境界

「爾時，世尊問維摩詰：汝欲見如來，為以何等觀如來乎？」爾時，就是當時，我們講《維摩詰經》已經講了大半年了，在經文中還是同一天的事。佛問維摩居士，你要見如來，要怎麼樣才真正見如來？注意，佛並沒有說他是佛，真的佛是哪一個啊？那個釋迦牟尼只是個肉身。

「維摩詰言：如自觀身實相，觀佛亦然。」維摩居士答，佛不用向外去找的，每個人就是佛。「如自觀身實相」這句話你搞清楚了就見到佛了。我們現在身體是假相來的，人從出生，到少年、壯年、衰老，這個身體不是我，即使你成了佛，這身體也不是你。有人說他觀到身體實相了，他打坐時看到自己這個肉身坐在這兒，另外一個身體站在空中，這還是幻相。要你們修白骨觀、安那般那，都是修法，不是目的，修法的目的是要能夠「觀身實相」。所以維摩居士答覆要怎麼樣見如來，他說「如自觀身實相」，實相本空的，也就是智慧悟道，我觀自己身體實相是空的，所以「觀佛亦然」，我觀佛的身體也一樣是空的。

「我觀如來，前際不來，後際不去，今則不住。」例如今天是一九八三年三月十八日，我們有此一會，大家坐在這兒聽一個老頭子吹牛。五十年後這一會還有沒有？你我可能都不在了。但是如果五十年後有人聽到我們今天上課的錄音，知道曾經有此一會，心中會有個影子，但不是真的。「前際不來」，古人沒有到過現在，現在這裡也沒有古人；「後際不去」，你說有明天，明天是明天，同現在沒有關係；「今則不住」，現在也了不可得，念念遷流不停。

《金剛經》說什麼是如來，是「無所從來，亦無所去，故名如來。」來了等於沒有來，去了等於沒有去。順治皇帝的出家詩說：「未曾生我誰是我，生我之時我是誰？長大成人方知我，合眼朦朧又是誰？」照佛法的答法，無所從來也無所去，生而無生，來了等於沒有來。維摩居士與佛面對面，他說看佛是「前際不來，後際不去，今則不住。」我們打坐觀心，看自己的念頭，過去就過去了，下一個還沒生，剛說現在，現在就過去了。

昨天下午有位教育界的同學從外地來看我，他說很累，學佛也不得力，現在正修觀心法門。我問他是怎麼觀的，他說前念去了我不追，後念沒起我不引發。我說很好啊！他說，但是，老師你說當下即空，偏偏我當下空不了！我說，你這孩子好笨！前念跑了不追，對的，回憶過去的事是笨瓜，未來的事要想是傻瓜，當下即空你不能改一個字，說「當下即是」嘛！你空個什麼啊？他聽了愣住了。我再說，當下即空，哼！我算不定還講當下即有呢！你去抓那個空就是不空了嘛！當下即是，既不是空也不是有，也就是空也就是有。在人家嘴上求佛法的人是沒出息，要你自己心中求。你當下即是就對了，你管他空不空啊！我們這教室，下午上課的同學走了，晚上上課的同學還沒來，中間是空還是有？（同學答有）對了，這個教室還有的嘛，空空洞洞鑾舒服的，為什麼要把這房子丟掉呢？值一千多萬哪（眾笑），但他本來空的。這樣講，你們懂了吧？觀心就是這樣觀的，前際不來，後際不去，今則不住，聽任自然。安心得很，那裡就是。

「不觀色，不觀色如，不觀色性。」什麼是色？看得見形象的就是。你們打坐，哎喲，氣動了，腿發麻了。你曉得氣動了，曉得腿發麻了，你就在觀色，你把身體看得太牢了。色本身就是空，所以不觀色，不觀色如，不觀色性，不去觀，不去求。

「不觀受想行識，不觀識如，不觀識性。」不觀色，連下來是不觀受想行識，全都丟開了。這才是觀佛，才是見如來。

「非四大起，同於虛空。」什麼是佛？大殿上的不是佛，你夢中看見發光的也不是，不是四大起，不從身體上來。相同於虛空，但是沒有說虛空就是佛，虛空是物理的現象。

「六入無積，眼耳鼻舌身心已過。」六入就是六根。大家有個錯誤的觀念，以為靜坐就是想求切斷六根。有人說自己打坐很清淨，就是還聽見聲音，你又不求成為聾子，為什麼不聽聲音？聽到了，可是同你不相干嘛！大家現在聽我講話，有哪句話留住的？你留不住的！同時外面街上也有車子聲，同你不相干，不是很清淨嗎？「六入無積」，它本來不停留在裡面，過去就過去了，不去追求。

「不在三界，三垢已離，順三脫門。」都過去了，所以不在三界，三垢（貪、瞋、癡）都解脫了，空、無相、無願三解脫門也都成就了。

「具足三明，與無明等。」三明（六通中的宿命、天眼、漏盡三通明）具足，可是通明與無明一樣，都是一念。所以神通與無明是一個東西。

「不一相，不異相。不自相，不他相。非無相，非取相。」佛法講無相，可是無相只講了一半。《維摩詰經》給你講徹底了，是無相也是有相，不是無相，也不是有相。不一，就是二，但又不是異。不是自己來的，也不是佛菩薩給你的。不是無相，也不要執著無相，都不可取。

「不此岸，不彼岸，不中流，而化眾生。」你度到彼岸是去太平洋哪一邊啊？跳出苦海是跳到哪裡去？跳到樂園嗎？怎麼知道樂園一定比苦海好？不跳出來，苦海也是樂園。所以不此岸、不彼岸、不中流而化眾生。

「觀於寂滅，亦不永滅。」雖然證得涅槃，還是入世。

「不此不彼，不以此不以彼。不可以智知，不可以識識。」這四句話重要得很，是真正的佛法，你能搞懂了，下次不要來聽《維摩詰經》，不用來上當了。如來是什麼境界？不是這個，不是那個，不可以抓住這一面，不可以抓住那一面。不可以用智力明白，也不能用意識推測。所以《心經》上說「無智亦無得」。你有個想搞清楚的念頭，就已經悟不到了。「不可以智知，不可以識識。」這兩句話非常嚴重的！既然如此怎麼辦呢？只有睡大覺去了，真的喲！你有資格儘管睡，睡覺也可以開悟的。我前面提過，我家鄉有位素不識字的鄉下人，他就是出家之後一覺睡了三年，醒來之後，就開悟了，還能夠寫出很好的詩來。另外一個睡覺的故事，有位鐵牛禪師，大家在打坐，他老兄卻躺在禪堂上睡覺。老和尚來巡查撞見了，問他，你有道理嗎？就是問：你悟了嗎？他作了首偈子：

鐵牛無力懶耕田　帶索和犁就雪眠
大地白銀都蓋覆　德山無處下金鞭

這條牛睡在雪地，身上都蓋滿了雪，看不見了，你打也打不到。意思是他證到空了。方丈一看，好，你有資格睡，繼續睡吧。

「不可以智知，不可以識識。」你聰明也用不上，笨也用不上，有真本事就放下來睡睡看。我只怕你睡了九個鐘頭就睡不著了。臨濟禪師也是大徹大悟之後睡覺；黃龍禪師也是在山上一睡就是三年，醒來叫一聲就有老虎來馱他下山，要回去也有老虎來馱他。睡覺竟能睡出這樣的本事！

「無晦無明。無名無相。無強無弱。非淨非穢。不在方，不離方。非有為，非無為。無示無說。不施不慳。不戒不犯。不忍不恚。不進不怠。不定不亂。不智不愚。不誠不欺。不來不去。不出不入。」維摩居士這一路否定下來，我們學佛講了半天，滿嘴的佛法，到了維摩居士統統給否定了。這樣不是，那樣也不是，把相對的都打破了。無晦，沒有黑暗。無明，沒有光明。無名，所以你叫他是佛、是道、是上帝，都錯了。無相，本來沒有形相。不是強，不是弱。也不是清淨，也不是髒。不在方位以內，可是他有東南西北上下。不是有為法，也不是無為法。沒得可以開示的，無說，《金剛經》講佛說法四十九年，卻沒說過一個字。沒有布施，不需要布施，但也不是慳悋。不需要持戒，也不犯戒。不需要忍辱，也不起憤怒。不精進，也不懈怠。不求定，也不散亂。沒有智慧，可是並不笨。沒有什麼叫誠實，可是也不騙人。沒有來過，也沒有去過。沒有出去，也沒有進來。

「一切言語道斷。」總而言之，你怎麼說都不對。像我們講經是混飯吃的，真的佛法是沒得講的，文字言語都無法表達。你說上帝多偉大，佛多偉大，講得出來有多偉大，這偉大也就有限了。

「非福田，非不福田。非應供養，非不應供養。非取非捨。非有相，非無相。」成了佛可以讓一切眾生種福田，是什麼田？都不是。因為什麼都不是，所以可以讓眾生種福田。佛不是你求他、供養他才理你，如果佛是這樣子的，我第一個不信他。佛菩薩不是這樣勢利的，真正佛菩薩是你求他也度，不求他也度。所以非應供養，非不應供養。不是抓住，也不是空掉。不是有個相，也不是沒有相。

「同真際，等法性。」所以成了佛叫作如來，中文翻譯得非常好。你還把他當成真來了嗎？是好像來了。釋迦牟尼佛來過這個世界沒有？來過，也沒有來過。這個世界沒有哪一個人來過，也沒有哪一個人去過，只有現在。前不見古人，後不見來者，念天地之悠悠，獨愴然而「哈哈」。你要是「獨愴然而涕下」那就是笨蛋，你能哈哈就成佛，你要淚下就是凡夫。這個世界誰來過了？拿破崙、華盛頓、諸葛亮？都沒有來過。

「不可稱，不可量，過諸稱量。」你不能稱他，量他。沒法比的，超過可以稱量的境界。

「非大非小。非見非聞。非覺非知。」不是大，不是小。看不見，聽不到。悟不到，也不是知道。

「離眾結縛。」不要被一切捆住了，被捆住了就是凡夫，不能解脫。有人說，我現在什麼都放下了，就是看看經，打打坐。你說他對了嗎？又被一條繩子捆起來了！等於我有個朋友，他說一生除了煙酒嫖賭，別無不良嗜好。說了等於白說，被佛法捆住了，還是被捆住了。

「等諸智，同眾生。」有個智慧就不叫智慧了。什麼是佛？佛與眾生等同。

「於諸法無分別，一切無失。」世間法就是佛法，如來就在這裡。你怕老，怕生命沒有了，有錢又怕錢沒有了，這是世間法。「一切無失」告訴你來了也沒有來，去了也沒有去。這句話很重要。

「無濁無惱。無作無起。無生無滅。無畏無憂。無喜無厭。無已有，無當有，無今有。」沒有什麼五濁惡世，也沒有什麼煩惱。沒有作，沒有起，沒有生滅，沒有什麼可怕可憂慮的，沒有可喜的，沒有厭離心，過去沒有，未來沒有，現在也沒有。

「不可以一切言說分別顯示。」一切言語文字都不能表達。你看維摩居士一路嘩啦嘩啦講到底，當著佛的面一路否定，好像在拆佛的房子，一路拆光了。

「世尊，如來身為若此，作如是觀。以斯觀者，名為正觀。若他觀者，名為邪觀。」他說，佛法就是如此，有這樣的觀點，才是真正的佛法；與這樣的觀點不同的，都是邪魔外道！這裡說的如來身是法身，就是形而上學說宇宙萬有的本體，本體就是如此。光明、黑暗，善惡，來去……等等，都是現象，不是那個能生現象的自性。所以這一切現象境界都不是佛。

這一段話我們是拆開來講，以文字來講，文學境界非常的高，後世很多名作的詩詞，就是從這些境界出來的。這一品經值得細細的讀，如果敲木魚來唸，就沒有味道了。

我們這一品是〈見阿閦佛品〉，前面一路都是在講佛境界，但是什麼是佛境界？因為文字簡單，反而特別難講。希望各位不要只以我解釋的為準，我只是幫助大家，提起注意而已。上文中最重要的，就是「不可以智知，不可以識識。」思想的不是，意識的也不是。到了成佛境界，智慧也沒有用。

本經翻譯人鳩摩羅什法師的弟子僧肇，他著作的《肇論》，有一篇就寫〈般若無知論〉。真正的智慧到了最後，無所謂智慧不智慧，用世俗道理說，最聰明的人是最平凡的人，看起來最平凡最笨的人，卻有上上智。一般人覺得自己聰明的，其實是笨人。什麼理由？因為他不肯平凡；真能夠平凡，就是最高明的人。

不但佛經如此說，中國儒家道家，乃至西洋許多哲學家，都有差不多相同的道理。這個道理要信，是正信就入門，《華嚴經》也提到「信為道元功德母」。這個信不是一般宗教的信，宗教的信偏重人的情感，佛法的信是理性的。

過去禪宗的祖師們常說「百尺竿頭，更進一步」，後來成為通俗的成語，用來鼓勵人。但是可能大家沒有仔細想過，爬到了頂尖了，更進一步不就跌死嗎？這話的道理就是要踏實，就是《中庸》說的「極高明而道中庸」。最高明的人就是最平實的人，所以不要自視高明，沒有什麼叫作聰明有學問的，都是人類意識上的妄想，但妄想清淨就很難了。

我常說世界上最偉大的哲學家，往往是鄉下的老太太們。他們過的是平凡的生活，但也是我最羨慕的生活。「鄉村四月閒人少，才了蠶桑又插田。」

這種日子不是你們都市中長大的青年可以想像的。我記得以前常看到鄉下的老太太們，在黃昏時搬條板凳坐著看天，非常悠然。如果你去問他們日子如何，他們多半會說日子過得苦啊，為什麼苦呢？命嘛！命是不是靠得住不曉得，但老太太們可是承認的，認為所有的痛苦都是自己的命。反而是知識愈高的愈不認命，即使信佛也是功利主義掛帥，一信佛就想得利益，假使得不到利益，就會埋怨宗教不靈。

為什麼我講這些？我希望你們再讀一讀上次講的那一段。維摩居士講了半天什麼是佛，空的不是，有的也不是；高的不是，低的不是；總歸都不對。你說我有個對的，你那個對的還是不對。那麼就是都不對了？嘿，都不對還是不對。四面八方都把你堵住了，最後，原來我還是我，也不增也不減，很平實的，就接近如來境界了。說境界其實也不正確，因為又著了相，他其實是無境界又非無境界的，一切境界都是，又都不是。你要了解這一點，才可以繼續讀下文。

維摩居士從哪裡來

「爾時，舍利弗問維摩詰：汝於何沒而來生此？」這時，舍利弗問維摩居士，你是從哪一個世界隱沒，而投胎到這個世界來的？「沒」（讀如「末」）就是滅，死去的意思。

「維摩詰言：汝所得法有沒生乎？」維摩居士問舍利弗，你所學的佛法道理中，有生有滅嗎？「沒生」就是生滅。

「舍利弗言：無沒生也。」舍利弗答，真正佛法沒有所謂生或滅。各位要注意，真正佛法不在打坐參禪這些空事上面。你體會一下現在的心境，思想就叫作生滅心，有生沒的。一個念頭接一個念頭很快的，念頭過去就沒有了嗎？再想還是有的，所以沒有「沒」。真沒有「沒」嗎？它又沒有生過。每一個念頭都停留不住，所以勿以有無當成真有真無。《金剛經》說，「過去心不可得，現在心不可得，未來心不可得」，都是不可得的。要能在這個境界上看清楚了，這就是學佛的根本道理。

你們不論年紀，這個心用了這麼久了，有損害嗎？沒有。現在用還是它。過去的過去了，抓不回來的；未來的還沒來；現在的，剛一覺得又即刻成為過去了。所以要明白了根本什麼都不能把握，心境自然平靜下來了，這就是學佛的正路。作如此觀者為正觀，非如此觀者為邪觀。因此你想求個咒子，找個什麼稀奇的法門，那都是在妄想，因為你求的都是生滅法。佛法是非生滅法，言語道斷還有個什麼咒？還有個什麼法門？

「若諸法無沒生相，云何問言，汝於何沒而來生此。」佛法中的「法」代表著一切物、事、理，是個綜合的代名辭。維摩居士說，如果諸法沒有生滅，為什麼你要問我是從哪個世界滅了，才生到這個世界？

「於意云何？譬如幻師幻作男女，寧沒生耶？」維摩居士又說，我問你，譬如魔術師變出來的男人或女人，是有生滅的嗎？我們看電影，銀幕上的人物是假的嗎？不是，是拍攝真人而來，相貌動作都是真的。你說是真的嗎？它只是映在銀幕上，放映機一關掉就沒影子了。所以佛說我們的所作所為皆如昨夢。我們作了幾十年的人，都像昨天的夢。昨天的夢都抓不住了，如夢如幻。

「舍利弗言：無沒生也。」舍利弗答，魔術變出的人是沒有生滅的。

「汝豈不聞，佛說諸法如幻相乎？」維摩居士問，你豈沒有聽佛說過，一切法如幻，像魔術一樣的幻相嗎？

「答曰：如是。」舍利弗答：是的，佛是這麼說過的。

「若一切法如幻相者，云何問言，汝於何沒而來生此？」維摩居士追著說，既然曉得一切法如夢如幻，那為什麼你還要問我是從哪個世界滅了，才生到這個世界？

「舍利弗，沒者為虛誑法，壞敗之相。生者為虛誑法，相續之相。菩薩雖沒，不盡善本。雖生，不長諸惡。」這一段話很重要。從物理學來講，你把一張紙燒成灰，就沒有了嗎？那只是紙的形態沒有了，質能是可以互變的，燒了紙產生了熱、光、煙、灰燼。僧肇寫過〈物不遷論〉，世界上這些物質沒有動過，時間也沒有流動過，過去、未來幾千萬億年都沒有的，只是現在，現在也不可得。

所以維摩居士再說，舍利弗，你認為有「沒」，以為有什麼事或物滅亡了，那是騙人的，只是物理敗壞的現象而已。相反的，你認為有「生」，以為有什麼事或物生出來了，也是騙人的，只是物理相續的現象而已。那個能使生命生，能使生命滅的才是道，就是佛，是不屬於生滅的。所以，維摩居士講，菩薩雖然肉體敗壞了，他的法身仍然在此為善。菩薩雖然肉體生出來了，也決不做任何一點小惡。

維摩居士為什麼來

「是時佛告舍利弗：有國名妙喜，佛號無動，是維摩詰於彼國沒，而來生此。」這時候，佛看見舍利弗被維摩居士教訓了，就岔進來告訴舍利弗，有一個世界叫作妙喜世界（就是阿閦佛國），那邊教主的名號是無動（就是不動如來）。維摩居士是由那個世界滅了，而生在這個世界；也就是說，維摩居士原本是妙喜世界的大菩薩，到了我們這個世界，成為一位在家居士。

別的經典也說過，維摩居士早已成佛，他的前身是金粟如來。由於發願要利益眾生，所以化身來到這個世界。

「舍利弗言：未曾有也！世尊，是人乃能捨清淨土，而來樂此多怒害處。」舍利弗聽了就歎道，從來不知道有這樣的事，像維摩居士這樣的人，能拋棄清淨莊嚴的世界不住，而喜歡來到我們這個多怒害的世界。

前幾天有學生來找我，他說自己現在把名利看得很淡，已無求於人了。我說，不見得吧！你現在正在名利之中，說看得很淡容易，等你名利都沒有了，看你還淡泊不淡泊？再說，你無求於人，來找我幹什麼？這不是有求於我嗎？要求佛法也是有所求，這都是對自己的心理觀察不清楚。所以這個世界眾生多怒害，怒害從哪裡來？都是貪瞋癡生出來的。

「維摩詰語舍利弗：於意云何，日光出時，與冥合乎？」維摩居士再問舍利弗，我問你，日出時，日光會和黑暗結合嗎？

「答曰：不也。日光出時，則無眾冥。」舍利弗說：不會的，太陽出來時，一切黑暗都沒有了。

「維摩詰言：夫日何故行閻浮提？」維摩居士問，太陽為什麼會走到閻浮提？閻浮提就是我們這個世界，也就是南贍部洲，都是佛學上的名辭，前面討論過了。

「答曰：欲以明照，為之除冥。」舍利弗答，因為太陽要為這個世界照明，消除黑暗。

「維摩詰言：菩薩如是，雖生不淨佛土，為化眾生，不與愚闇而共合也，但滅眾生煩惱闇耳。」維摩居士說，大乘菩薩也是這樣，他為了方便教化眾生，而轉生到不清淨的世界，但並不會被眾生的愚癡黑暗所污染，他們只是為了幫助眾生，消除煩惱黑暗罷了。注意啊！這個滅「煩惱闇」就是我們學佛的目的，廟子中常見到「慧日當空」，是說隨時在解脫的環境中，智慧的太陽當空，可以消除眾生的煩惱黑暗。

「是時，大眾渴仰，欲見妙喜世界無動如來及其菩薩聲聞之眾。」這時候，現場的大眾都很希望能夠見見妙喜世界的無動如來，以及他的弟子們。

「佛知一切眾會所念，告維摩詰言：善男子，為此眾會，現妙喜國無動如來及諸菩薩聲聞之眾，眾皆欲見。」佛知道了大家的心意，就對維摩居士說，希望你可以把妙喜世界的無動如來，以及他的弟子們，展現給在場的大眾見識見識。

妙喜國來的佛及一切

「於是維摩詰心念：吾當不起於座，接妙喜國，鐵圍、山川溪谷、江河大海、泉源、須彌諸山，及日月、星宿、天龍、鬼神、梵天等宮，并諸菩薩、聲聞之眾，城邑、聚落，男女、大小，乃至無動如來，及菩提樹、諸妙蓮華，能於十方作佛事者。三道寶階，從閻浮提至忉利天，以此寶階，諸天來下，悉為禮敬無動如來，聽受經法。閻浮提人亦登其階，上昇忉利，見彼諸天。妙喜世界成就如是無量功德，上至阿迦尼吒天，下至水際，以右手斷取，如陶家輪，入此世界，猶持華鬘，示一切眾。」維摩居士當時心中想，我要不離開座位，把妙喜佛國引到這裡來，讓這裡的眾生，可以由三道寶階登上忉利天去看妙喜佛國。我要用右手一抓，把妙喜佛國從上至阿迦尼吒天，下至水際，像抓把陶輪一樣地截斷，猶如拿朵花似地，拿到這個世界來。

這裡描寫的妙喜佛國世界的景象，其實和我們這個世界差不多。這妙喜佛國的情境，就是這邊描寫的。佛經中形容一切世界的邊緣是鐵圍山，我們可以理解那是由礦物所構成的。妙喜世界的鐵圍山圍繞的，有河流海洋高山，世界的中心是最高的須彌山，世界中有日月星宿，有天龍鬼神、梵天等等的天人和宮殿，也有菩薩和聲聞眾，有人世間的都市村莊，男女老幼，乃至無動如來和菩提樹、妙蓮花，能在一切世界作佛事的。

三道寶階是從我們這個世界連接到忉利天的。佛經記載，釋迦牟尼佛的母親，在生下佛之後即去世，成為忉利天的天主。

阿迦尼吒天是色界天最高層的有頂天，超過有頂天就是無色界。有頂天的天主是大自在天，穿白衣有三隻眼，是觀自在如來的化身。

「作是念已，入於三昧，現神通力。以其右手斷取妙喜世界，置於此土。」維摩居士想到這裡，就入定，展現神通力量，用手一端，就把妙喜佛國端過來了。

「彼得神通菩薩及聲聞眾并餘天人，俱發聲言：唯然！世尊，誰取我去？願見救護。」妙喜佛國中得了神通的人，立刻感覺到了，就問無動如來，誰把我們這個世界抓起來了？請救救大家啊！

「無動佛言：非我所為，是維摩詰神力所作。」無動如來告訴他們，不要慌，不是我作的，是維摩詰在施展神通，請我們過去。

「其餘未得神通者，不覺不知己之所往。妙喜世界雖入此土，而不增減，於是世界亦不迫隘，如本無異。」至於妙喜佛國中沒有得神通的人，仍然不感覺到有任何異樣。這段故事要聽清楚，維摩居士心念一動，想發動神通，用右手把妙喜佛國端過來。他動了這個念，就進入定境，呈現了神通力量。那個世界有神通境界的菩薩，察覺到被移動了（無動如來也只好動了），但是沒有神通境界的菩薩卻渾然不知。妙喜佛國雖被端過來了，但我們這個世界並不覺得有什麼不同，妙喜佛國也沒有變得比較狹小。

「爾時，釋迦牟尼佛告諸大眾：汝等且觀妙喜世界無動如來，其國嚴飾，菩薩行淨，弟子清白。」釋迦牟尼佛就招呼大家來看，這妙喜世界無動如來國土的莊嚴美麗，當地菩薩的心地清淨，沒有染污，以及弟子們的身心清白乾淨，所以才有這樣莊嚴的淨土。這個不動的境界就是《楞嚴經》中的偈子所說的：「妙湛總持不動尊，首楞嚴王世希有。銷我億劫顛倒想，不歷僧祇獲法身」。

「皆曰：唯然！已見。」大家都回答佛，是的，都見到了。

「佛言：若菩薩欲得如是清淨佛土，當學無動如來所行之道。」佛說，如果你們想要達到這樣清淨佛土的境界，應該學無動如來之道。無動如來是行什麼道？就是上面講的「菩薩行淨，弟子清白」。

願生妙喜佛土

「現此妙喜國時，娑婆世界十四那由他人，發阿耨多羅三藐三菩提心，皆願生於妙喜佛土。」「那由他」是很大很大的數目單位。維摩居士表演了這一手神通，這個世界不知有多少人，都大徹大悟了，而且發願往生東方妙喜佛土。

「釋迦牟尼佛即記之曰：當生彼國。」釋迦牟尼佛就為他們預言，你們發了這個心，一定可以如願往生那個國土的。

「時妙喜世界於此國土所應饒益，其事訖已，還復本處，舉眾皆見。」這時，大概維摩居士把手一放，妙喜佛國就回歸原位了。全部過程中，無動如來也沒有向誰說法，妙喜世界和我們這個世界的眾生，也沒有交談，大家只是一看這個場面就開悟了，妙喜佛國因此也功德圓滿了。

禪宗裡就有這麼個問題，阿閦佛土一現而不再現是什麼道理？這是有個故事的。有位靈雲禪師，參禪三十年都沒能悟道，就決定不參禪，而修行去了，就是去走戒定慧、念佛、觀想等等的路子（你們恐怕不用三十年就放棄了）。他的心就放鬆了，沒那麼緊張了。在春天的有一天，他走在外面，看到桃花盛開，一下子就悟了。我們即使天天看桃花，為什麼也悟不了？等於我們天天吃蘋果，就是不會悟出地心引力一樣。靈雲祖師悟道後，就作了一首偈子：

三十年來尋劍客　幾回落葉又抽枝
自從一見桃花後　直至如今更不疑

有人就拿靈雲禪師悟道的事，拿來比《維摩詰經》這一段。維摩居士把阿閦佛國拿來給大家看，就一現而不再現，這個娑婆世界就有十四那由他人，因而大徹大悟。這是什麼道理？

後來有一位禪師，答覆了這個問題，他說，娑婆世界眾生見阿閦佛國而悟道，同靈雲禪師見桃花而悟道，是同一道理。每個人隨時都有機會見到無動如來，都是一現而不再現，不過人人都把握不住。因此這位禪師作了首偈子，非常高明：

靈雲一見不再見　紅白枝枝不著花
叵耐釣魚船上客　卻來平地摝魚蝦

何必一定看到桃花才悟道，看到椅子，看到狗屎，也可以悟道。你們來禪堂打坐，都是想釣魚，但是你們是到平地上釣，怎麼釣得到？你們參參看。事實上，世上一般人求道，都是背道而馳。

「佛告舍利弗：汝見此妙喜世界及無動佛不？」佛告訴舍利弗，你看見了妙喜世界和無動佛嗎？

「唯然！已見，世尊。願使一切眾生，得清淨土，如無動佛。獲神通力，如維摩詰。」舍利弗說，是的，見到了。我願一切眾生都能得到自己的清淨土，像無動佛一樣的真空境界。也願一切眾生起用的時候，能達到像維摩居士一樣的神通境界。

「世尊，我等快得善利，得見是人，親近供養。其諸眾生，若今現在，若佛滅後，聞此經者，亦得善利。況復聞已，信解受持，讀誦解說，如法修行。」舍利弗繼續說，我們今天真是痛快，能碰上這樣的好事，見到維摩居士，能夠親近供養他。其他的眾生，不論是當今的，還是佛逝世之後的，讀了這部經，也會得到利益。何況是讀了聽了這部經之後，能絕對地相信理解，將它牢牢地放在心中，為人讀誦解說，真誠地去遵照修行。

「若有手得是經典者，便為已得法寶之藏。若有讀誦，解釋其義，如說修行，則為諸佛之所護念。其有供養如是人者，當知即為供養於佛。其有書持此經卷者，當知其室，即有如來。若聞是經能隨喜者，斯人則為趣一切智。若能信解此經，乃至一四句偈，為他說者，當知此人，即是受阿耨多羅三藐三菩提記。」這裡繼續說明這部經珍貴之處，和它的功德，文字大家都能了解。《維摩詰經》講到這裡，功德大致也圓滿了。

法供養品第十三

爾時，釋提桓因於大眾中白佛言：世尊，我雖從佛及文殊師利，聞百千經，未曾聞此不可思議自在神通，決定實相經典。如我解佛所說義趣，若有眾生聞此經法，信解受持讀誦之者，必得是法不疑，何況如說修行？斯人則為閉眾惡趣，開諸善門。常為諸佛之所護念。降伏外學，摧滅魔怨。修治菩提，安處道場，履踐如來所行之跡。世尊，若有受持讀誦，如說修行者，我當與諸眷屬，供養給事。所在聚落城邑，山林曠野，有是經處，我亦與諸眷屬，聽受法故，共到其所。其未信者，當令生信，其已信者，當為作護。佛言：善哉！善哉！天帝，如汝所說，吾助爾喜。此經廣說過去、未來、現在諸佛，不可思議阿耨多羅三藐三菩提。是故天帝，若善男子善女人，受持讀誦供養是經者，即為供養去、來、今佛。天帝，正使三千大千世界，如來滿中，譬如甘蔗竹葦，稻麻叢林，若有善男子善女人，或以一劫，或減一劫，恭敬尊重，讚歎供養，奉諸所安，至諸佛滅後，以一一全身舍利，起七寶塔，縱廣一四天下，高至梵天，表剎莊嚴，以一切華香、瓔珞、幢旛、伎樂，微妙第一，若一劫，若減一劫，而供養之。天帝，於意云何，其人植福，寧為多不？釋提桓因言：甚多，世尊。彼之福德，若以百千億劫，說不能盡。佛告天帝：當知是善男子善女人，聞是不可思議解脫經典，信解受持，讀誦修行，福多於彼。所以者何？諸佛菩提，皆從此生。菩提之相，不可限量，以是因緣，福不可量。

佛告天帝：過去無量阿僧祇劫，時世有佛，號曰藥王如來、應供、正偏知、明行足、善逝、世間解、無上士、調御丈夫、天人師、佛、世尊。世界名大莊嚴，劫名莊嚴，佛壽二十小劫，其聲聞僧，三十六億那由他，菩薩僧，有十二億。天帝，是時有轉輪聖王，名曰寶蓋，七寶具足，主四天下。王有千子，端正勇健，能伏怨敵。

爾時寶蓋，與其眷屬，供養藥王如來。施諸所安，至滿五劫。過五劫已，告其千子：汝等亦當如我，以深心供養於佛。於是千子受父王命，供養藥王如來，復滿五劫，一切施安。其王一子，名曰月蓋，獨坐思惟：寧有供養殊過此者？以佛神力，空中有天曰：善男子，法之供養，勝諸供養。即問：何謂法之供養？天曰：汝可往問藥王如來，當廣為汝說法之供養。即時，月蓋王子行詣藥王如來。稽首佛足，卻住一面，白佛言：世尊，諸供養中，法供養勝，云何名為法之供養？佛言：善男子，法供養者，諸佛所說深經，一切世間；難信難受，微妙難見，清淨無染，非但分別思惟之所能得。菩薩法藏所攝，陀羅尼印印之。至不退轉，成就六度。善分別義，順菩提法，眾經之上。入大慈悲，離眾魔事，及諸邪見，順因緣法，無我、無人、無眾生、無壽命，空、無相、無作、無起。能令眾生，坐於道場，而轉法輪。諸天、龍神、乾闥婆等，所共歎譽。能令眾生入佛法藏，攝諸賢聖一切智慧。說眾菩薩所行之道。依於諸法實相之義，明宣無常、苦、空、無我寂滅之法。能救一切毀禁眾生。諸魔外道及貪著者，能使怖畏。諸佛賢聖，所共稱歎。背生死苦，示涅槃樂。十方三世諸佛所說。若聞如是等經，信解受持讀誦，以方便力，為諸眾生分別解說，顯示分明，守護法故，是名法之供養。又於諸法，如說修行，隨順十二因緣，離諸邪見，得無生忍。決定無我，無有眾生，而於因緣果報，無違無諍。離諸我所。依於義，不依語，依於智，不依識，依了義經，不依不了義經，依於法，不依人。隨順法相，無所入，無所歸。無明畢竟滅故，諸行亦畢竟滅。乃至生畢竟滅故，老死亦畢竟滅。作如是觀，十二因緣無有盡相。不復起見，是名最上法之供養。

佛告天帝：王子月蓋，從藥王佛聞如是法，得柔順忍。即解寶衣嚴身之具，以供養佛，白佛言：世尊，如來滅後，我當行法供養，守護正法。願以威神，加哀建立。令我得降伏魔怨，修菩薩行。佛知其深心所念，而記之曰：汝於末後，守護法城。天帝，時王子月蓋，見法清淨，聞佛授記，以信出家。修習善法，精進不久，得五神通，具菩薩道。得陀羅尼，無斷辯才。於佛滅後，以其所得神通、總持、辯才之力，滿十小劫。藥王如來所轉法輪，隨而分布。月蓋比丘，以守護法，勤行精進，即於此身，化百萬億人，於阿耨多羅三藐三菩提立不退轉，十四那由他人，深發聲聞辟支佛心，無量眾生，得生天上。天帝，時王寶蓋，豈異人乎？今現得佛，號寶燄如來。其王千子，即賢劫中千佛是也。從迦羅鳩孫駄為始得佛，最後如來，號曰樓至。月蓋比丘，則我身是。如是天帝，當知此要，以法供養，於諸供養為上為最，第一無比。是故天帝，當以法之供養，供養於佛。

現在是第十三品，〈法供養品〉。《維摩詰經》到這裡，等於是作總結論了。法供養是很重要的一件事，大家觀念中的供養，多半是出些錢，做些功德之類的事。不錯，這些也是供養，是培養自己的功德，但是真正的供養是法供養，就是這一品所要講的。

自在神通　絕對實相

「爾時，釋提桓因於大眾中白佛言：世尊，我雖從佛及文殊師利聞百千經，未曾聞此不可思議自在神通，決定實相經典。」釋提桓因依中國人的觀念，是玉皇大帝，是欲界忉利天的天主。

文殊師利菩薩是七佛之師，他早已成佛，為了輔佐釋迦牟尼佛在這個世界成佛，他化身成菩薩來護法的。護法是護持正法，使正法住世。因此廟子也稱作常住，是法常住的意思，代表佛的正法常住。一般顯教所塑造文殊師利菩薩的像，是一手持經典，座騎是獅子，代表百獸之王，作獅子吼。普賢菩薩坐的是蓮花高臺，騎的是六牙白象，代表大願力，負擔眾生。在密教，文殊師利菩薩的像，往往是一手拿經典，代表智慧，一手拿金剛寶劍，斬斷一切煩惱。

玉皇大帝向佛說，我雖然從您和文殊師利菩薩那兒，聽講過無數次的佛法傳授（佛傳法被紀錄下來的，就是後來的經典），可是從沒聽過像這樣不可思議的法門，講自在神通。

自在神通不是修出來的，是眾生本來具備的，但是要明心見性以後才發出來的。換句話說，沒有得到自在神通的境界，就不能算是真悟道了。一般認為，神通是能夠看見肉眼看不到的東西，或者聽到耳朵聽不見的，但這些現象很多是精神病態，不是神通，要分辨清楚。

唐代禪宗有名的龐居士龐蘊，學問很好，一輩子不出來作官。他住在湖北重鎮襄陽。襄陽在唐代是中國文化財富集中區域，《三國演義》講劉關張諸葛亮等人，一輩子鬧來鬧去就在那一帶，就是那麼重要的地區。龐居士家中富有，中國人喜歡把富貴連起來，有錢就貴。如果只是貴，地位高，可是不富，就不算福氣。過年常在門上貼「五福臨門」，五福不包括貴的。貴不一定就富，龐居士全家四口，他和妻子和一兒一女，都是悟道的人，是非常特殊的家庭。

龐居士跟馬祖學禪，他的修行工夫很好，什麼白骨觀、數息觀、念佛都會，但是不能解決問題，此心不安。不知道你們諸位學了半天，心安了沒有。

學佛的人就算什麼都會，有個還沒解決的問題，就是生死問題。生從何來，死向何去。學佛學了半天，成佛是成個什麼東西？我們所有懷疑的問題都在內。

龐居士最後去找馬祖，就問一個問題，「不與萬法為侶者是什麼人？」這個問題是問達摩祖師來中國傳佛的心法是什麼。他問佛的心要，心中心。密宗有心中心法門，有心中心咒。佛過世後，這個心法在印度傳了二十八代，到達摩祖師，他也是太子出家的。他發現佛法在印度已經要衰微了，看見東方的震旦（就是中國）有大乘氣象，因此渡海來中國，在廣州上岸。當時是中國的南北朝，南方是梁武帝，北方是北魏（雲崗石窟、嵩山少林寺都是北魏建立的）。

達摩祖師大概先在廣州住了一段時間，因為後來他和梁武帝對話，他回答「不識」。在我沒去廣東之前，一直就把這回答理解成「不認識」，等到學會了一點廣東話，才回頭想起，原來達摩祖師的意思是「不知道」。好，先交代了祖師西來。

回到龐居士問馬祖「不與萬法為侶者是什麼人？」他問得非常簡單，單刀直入，哪像你們學禪，連問個問題都拖泥帶水。馬祖怎麼回答呢？「等到你一口把整條西江的水喝下去了，我才告訴你。」這就是禪，問的是什麼話，答的又是什麼呢？

如果是換了你們，一定要罵格老子，這馬祖簡直是瘋子！可是龐居士一聽就悟了。這是什麼道理？後來有人亂加解釋，說坐禪坐到氣住脈停，就是一口吸盡西江水，真是不知所云。

龐居士悟道後，把全部家財用船載到江心沉掉。這又是為什麼？別的地方有記載，有人問他為什麼不去布施？他說人沒有錢不會做壞事，把錢給人了，這人會去做壞事，就是幫人造惡業，所以寧可把財產沉到江中。還好他們一家人都悟道了，否則這還得了，太太不跟他鬧才怪。

這一下，他們家徒四壁，就靠編織籃子過日子，靠自己勞力吃飯，不是過不勞而獲的日子。這也是龐居士同門師兄弟百丈禪師的教訓，百丈主張「一日不作，一日不食」，自己到了七八十歲還是照樣耕作。有一日，龐居士嘆一口氣說：「難！難！難！」他是講悟道難，「十石油麻樹上攤。」好像想把十石油麻攤在樹上，油麻當然不會停在樹上，一定流下去了，這個同一口吞下西江水一樣地難。他的太太在旁聽見了，就回答他：「易！易！易！百草頭上祖師意。」到處都是道，也不是一定要研究什麼《維摩詰經》。他夫妻倆好像為了菩提在鬥嘴，他女兒龐靈照聽到了，就說：「也不難，也不易。饑來吃飯睏來睡。」佛法就只是如此，沒什麼難和易的。

龐居士說過，神通與妙用如運水和擔柴。什麼是神通啊？你眼睛可以看，耳朵可以聽，茶來了能喝，這都是神通！是自在神通。除此神通，都是鬼通。你怎麼長大的？你怎麼會說話？你怎麼會記住東西？你怎麼會聽懂《維摩詰經》？是什麼東西讓你能做到的？你找也找不到它，這就是不可思議的自在神通，每個人都是現成的，還要去哪裡學？

作人平凡就是佛。一般人學佛學成了瘋子，不肯平凡。佛在悟道之後感嘆「一切眾生皆具如來智慧德相」，個個是佛，佛所有的智慧德相大家都有，為什麼不能悟道？「但以妄想執著不能證得」。那你只要不妄想不執著就好了嘛，是不是很簡單？你說，是啊，所以我天天在除妄想。唉，你那個除妄想的念頭不又是妄想執著嗎？所以你連一缸水也喝不完，更不必說一江水了。

佛十九歲出家，苦行求道十二年，肚子都餓扁了。後來明白這不是道，就出來接受人家的供養。一直跟他一同修道的幾個人，就離他而去，認為佛犯戒了。佛得到補充營養，才有在菩提樹下一坐七天而悟道的結果。所以悟道之後就大嘆：「一切眾生皆具如來智慧德相，但以妄想執著不能證得。」

本來佛在悟道後就要入涅槃了，釋提桓因等天人，懇請他留下來教化眾生。佛說「止！止！」你們不要勸了，「我法妙難思。」佛法是不可思議的，而凡夫偏喜歡在思議上搞，要怎麼講呢？後來天人再三懇求，就先為世人說小乘法，比較簡單明了，最後才說大乘法。這一說就說了四十九年，到了八十一歲才走。

這就是祖師西來意啊！就在吃飯喝茶中，你們很多年輕人何苦來這裡聽經？我看你眼睛都張不開了，累了就睡就是佛法嘛！還在那裡打坐，不敢睡。

覺都不敢睡，哪有本事一口喝盡西江水？

後來龐居士要走了，他有個好朋友位居藩鎮，是唐代的地方大員，等於是軍閥。龐居士知道要走了，就通知這個好朋友，要他來。你看，龐居士生死自在，可以預知自己什麼時候走。朋友來了，龐居士告訴他兩句很重要的話，「但願空諸所有，慎勿實諸所無。」就是說，寧可把什麼都放下都丟掉，不可以把沒有的硬抓進來。講完了，他把頭在朋友身上一靠，就走了。其實龐居士告訴他朋友這兩句話，是一語雙關，一方面是講佛法，另一方面是暗示他，不要野心太大想作皇帝，他沒有這麼大的福報。

還有個說法，龐居士宣布他第二天中午要走了，到了第二天差不多是時候了，他就叫女兒出房間，看看太陽當頂了沒有。靈照出去看了，回來說，當頂是當頂了，不過太陽周圍多了一圈。龐居士覺得奇怪，就下座自己去看，哪知道靈照竟然自己坐上去，搶先一步走了。你說龐居士沒神通，他怎麼可以預知死期？你說龐居士有神通，他居然還上女兒這個當。等龐居士回房間一看，女兒已經走了，他自己只好遲一步走。他兒子當時在田裡工作，龐婆跑去告訴他兒子，說老頭子走了，兒子聽了，站著拿個鋤頭就走了。老太太看這情景，一家四口一下子走了三口，氣得「不知所終」。我推測龐婆可能一氣之下，去了寒山寺，因為文獻上記載，當時在寒山寺常有個老婆子出現，所以我作這樣的聯想。他們一家人對生死都有把握，有自在神通。

講回《維摩詰經》，釋提桓因稱這本經是「不可思議，自在神通，決定實相經典」。決定就是絕對，實相是道之體。

要講禪宗就離不開這本經，《楞嚴經》是後來才加入的。禪是沒辦法教的，不是建立在言語文字上的，一用言語文字表達，就已經不是它了，不是實相了。實相無相，無相的東西要怎麼講？你說空，空也是相。所以真正佛法是不可說，不可思議的。我們現在是在不可說，不可思議中，勉強表達出來。

天帝的願心——供養　修行

「如我解佛所說義趣，若有眾生聞此經法，信解受持讀誦之者，必得是法不疑，何況如說修行？」釋提桓因繼續說，照我所理解佛所說的道理和旨趣，如果有人聽了這部經，能深信、理解、領受、保持、讀、背誦這本經，一定真正懂了《維摩詰經》所講的佛法。懂了不算，還要照著修行求證。

這裡提到讀經，小時候長輩就說讀書要入藏。後來學佛了才理解到，是要讀入阿賴耶識，藏識。你能入藏的話，不但一輩子不忘記，下輩子也不會忘記。蘇東坡的名言書到今生讀已遲是真話，有些古書我拿來一翻，內容就了解，也都記得住，就好像以前讀過的，可是我知道自己這一生中，確實沒有讀過。

有些同學說記憶力不好，這多半是你讀書方式不對，所以要用讀誦念出聲才容易真讀進去。你在這裡聽了《維摩詰經》，回去有讀誦嗎？沒有讀怎麼能「得是法不疑」？很多東西要先記住，以後機緣到了，就會恍然大悟。「斯人則為閉眾惡趣，開諸善門，常為諸佛之所護念。」能讀誦本經，依法修持的人，就可以避開一切惡趣（地獄、餓鬼、畜生三惡趣道），打開一切善門。我們常常不小心發了獸心，就是畜生道的行為。那一臉兇惡怨恨的樣子，就是餓鬼道的行為。這樣不能避開惡趣，怎麼能去開善門呢？學佛只要常拿這「閉眾惡趣，開諸善門」八個字提醒自己，就是學佛。能做到了，自然能「常為諸佛之所護念」。諸佛菩薩要加庇你，你就先要有個基礎，你本錢都沒有，他怎麼能加庇你呢？

我看年輕人學佛，乃至學其他宗教，會很替他擔心。很多年輕人後來學成了神經，因為沒有從作人的基本學起，人都作不好，怎麼學佛？現在也有提倡人間佛教的，佛教本來就在人間的嘛，不在天上。這麼提倡好像自打嘴巴，如果要講人間佛教，也就先從學作人做起，才算人間。

「降伏外學，摧滅魔怨。」能做到避惡開善，就可以「降伏外學，摧滅魔怨」。魔也好，鬼也好，都是怕善人的，做了善事，你的陽剛之氣就大了。我有個老朋友，專去傳說中鬧鬼的地方，甚至還燒香請鬼現身給他看一看，可是他一輩子就沒碰見過鬼。因為他的陽氣太強，是常常行善之故。你行惡，陰氣就重，那魔就會被你所吸引。一個不打牌的人會有人常來兜他打牌嗎？這個道理是一樣的，都是在找趣味相投的。

「修治菩提，安處道場，履踐如來所行之跡。」菩提是覺悟，所有的地方都是道場。很多人埋怨自己沒有一個好的修行環境，告訴你，我剛剛來臺灣時先到基隆，做點生意，一個晚上一萬兩黃金沒有了。我只有去租個小房間住，一家四口擠在裡面，還要放一張公事桌寫文章，吃飯也在上面。打坐時把桌面一清，就爬上去打坐，那就是我的道場、飯廳、辦公室、書房。富貴貧賤都一樣能過。有時知道明天沒有米了，今天晚上到明天還有六七個鐘頭，先睡覺再說，不管明天的米，它自然會來的，算不定半夜一場大地震什麼都下去了，急什麼呢？這就是「安處道場」。如果要環境對了才學道，我們這裡的環境很好，怎麼也沒有幾個人真在學道啊？

所以修行不要挑時間和地方，不管在哪裡，你心一安定，就對了，就「安處道場」，不用外求。能做到這樣了，才是跟著佛的腳印走，才是學佛。如果不能「履踐如來所行之跡」，照著佛走過的路線前進，你再怎麼聽經也沒有用。

「世尊，若有受持讀誦，如說修行者，我當與諸眷屬，供養給事。所在聚落城邑，山林曠野，有是經處，我亦與諸眷屬，聽受法故，共到其所。」這是釋提桓因對著佛所發的願，假使將來有人受持讀誦這部經，照著修行的人，我會帶領天兵天將，供養他，為他服務。不論是在城市、鄉村、山林、曠野，只要有這部經的所在，我們都會去聽法。

我們這課室中有這麼多本《維摩詰經》，大家有沒有看到他們呢？你小心，說不定就在你身後，所以你的心念不要亂。現在的科學已經可以把你的心念照出來，如果你動惡念或者起善心，照出來光的顏色就不同，你打起坐來，就有不同的顏色，一看就知道。

「其未信者，當令生信，其已信者，當為作護。」天帝繼續說，這部經所在之處，如果有不太信的人，我們會影響他，使他起信心；對於已經起了信心的人，我們會保護他。

供養如來與修行的福德

「佛言：善哉！善哉！天帝，如汝所說，吾助爾喜。」佛聽了釋提桓因所發的願，對他讚許有加，替他高興，就是隨喜功德。所以佛仍然在修功德。

「此經廣說過去、未來、現在諸佛，不可思議阿耨多羅三藐三菩提。」這本經是過去、未來、現在一切諸佛，想要大徹大悟的不可思議法門。

「是故天帝，若善男子善女人，受持讀誦供養是經者，則為供養去、來、今佛。」剛才講要從作人學起，要學習行善，才能夠稱得上是善男子善女人，人道才有基礎，才夠資格學佛。大家不要輕易放過佛經上的用語，善男子善女人就是要從人道做起。所以，假使將來有善男子善女人，能夠受持讀誦供養這部經的，就等於是供養過去、未來、現在一切諸佛。

「天帝，正使三千大千世界，如來滿中，譬如甘蔗竹葦，稻麻叢林，若有善男子善女人，或以一劫，或減一劫，恭敬尊重，讚歎供養，奉諸所安，至諸佛滅後，以一一全身舍利，起七寶塔，縱廣一四天下，高至梵天，表剎莊嚴，以一切華香、瓔珞、幢旛、伎樂，微妙第一，若一劫，若減一劫，而供養之。天帝，於意云何，其人植福，寧為多不？」佛又對天帝說，假如有善男子善女人，用一劫那麼長的時間，供養了滿布三千大千世界數不盡的如來，乃至在如來過世之後，又為所有如來全身每一顆舍利子，都造一個如天下那麼高大的寶塔，又用一劫的時間，用一切一切最上乘的東西，供養舍利塔，你說，這人的功德多不多？

這裡提到許多供養的物品，包括用伎樂供養，就是又唱歌又跳舞的。現在很多女士以為去道場不好穿得花花綠綠，我說有什麼不好？還要擦口紅擦粉呢！諸佛菩薩的像，哪個不穿戴得珠光寶氣的？莊嚴不是在外表，是在心。你心不乾淨就不莊嚴了，那道場也不莊嚴了。所以有人要點香，我說香有八種，你在室內燒香只是一種香，會污染空氣，所以最好不提倡。要點香也最好能用臥香爐，直插的香不小心倒了，會引起火災。這些都是常識。

「釋提桓因言：甚多，世尊。彼之福德，若以百千億劫說不能盡。」釋提桓因答，真有這樣的人，他的福德大到說不完了。

「佛告天帝：當知是善男子善女人，聞是不可思議解脫經典，信解受持，讀誦修行，福多於彼。」你們諸位的福德，比那個人還要大。因為佛說，只要聽聽這部經，生起信心，能讀誦依照修行，福報就更大了。

「所以者何？諸佛菩提皆從此生。菩提之相，不可限量，以是因緣，福不可量。」什麼原因呢？有錢固然可以做功德得福報，但是有錢可以買智慧嗎？再多也買不到的！佛法是智慧之學，真正的智慧才是大福報。你懂了這個道理，就不會說聽聽經哪有那麼大的福了。你能聽進去了，必須照著去做才會生智慧，那才是最大的福報。

要學佛需要多麼大的智慧啊！要成佛非要懂得這部經的道理不可，這部經所講大徹大悟之相，是不可限量的，能懂了這部經的話，那福報是不得了的。

轉輪聖王及其千子

「佛告天帝：過去無量阿僧祇劫，時世有佛，號曰藥王如來、應供、正徧知、明行足、善逝、世間解、無上士、調御丈夫、天人師、佛、世尊。」我們很快地解釋幾個名辭。「應供」，是應受供養。「正徧知」，沒有什麼不知道的。「明行足」，一切修行的法門具足。「善逝」，過去了就放下了，丟得開，就是孔子說的「逝者如斯夫，不捨晝夜」。「世間解」，解決一切世間困難。「無上士」，真正大丈夫，最有智慧的人。「調御丈夫」，最能訓練眾生的人。「天人師」，天上和人間的老師。你真懂了這十個名號代表的意義，你就懂佛法了。

這裡講的是佛的十個名號，其實佛不止十個名號，讀《華嚴經》就知道了，佛又叫神、主、上帝、金仙等等，你不要胸襟太狹隘了，佛沒有說信我的才得救，他是信的要救，不信的很可憐更要救。如果學佛還分宗派，還分入世出世，那你不如去學睡覺好了。佛的這些名號，是適用於所有一切佛的，在中國，通常只用佛或如來這兩個名號作代表。

「劫」是表示世界從成就到毀滅所經過的時間，依中國觀念，我們這個世界從存在到毀滅有十二萬億年。今日的科學認為，地球存在至少已有四十六億年。

依照佛教的觀念，這個世界有成住壞空四個階段，合起來也稱為一大劫，每一階段分二十小劫。從人的平均壽命八萬四千歲開始，每百年減一歲，到人壽十歲，又每百年增一歲，到八萬四千歲，這樣算一小劫。

在世界住的階段，住劫的最後一小劫開始，戰爭、瘟疫、饑荒等小三災頻繁發生。然後到了世界壞的階段，壞劫前十九小劫內，有情世間逐漸毀滅，當然人類也消失了。最後一小劫，輪次發生大三災，火災從地獄一直燒到初禪天，水災從地獄淹到二禪天，風災從地獄一直毀到三禪天，徹底毀掉這個物質世界。然後是空劫二十小劫，什麼都沒有。

再形成這個世界也要二十小劫，是成劫，第一小劫先形成物質世界，此後有情世界，包括人類，漸漸形成。

那麼，人種究竟是怎麼來的？這是個宗教問題。西方宗教認為，最初的人是上帝照他的樣子所造，現在科學對這個說法是懷疑的。佛家的說法，世界到了住劫的二十劫開始，色界天的光音天天人，到這個世界來玩，因為貪著這世界的「地味」，久了就飛升不回去了，所以成了我們的祖先。這還是沒有解決問題，光音天天人又從哪裡來的？這樣一直推下去，就是哲學原人論的問題。你們寫論文的同學，這裡頭隨便一抓就有很多資料，很多題目可以寫。本經所講的無量阿僧祇劫，是個不可說不可數的久遠概念。

佛告訴天帝，在過去無量阿僧祇劫的時代，有個佛，名叫藥王如來。「世界名大莊嚴，劫名莊嚴，佛壽二十小劫，其聲聞僧三十六億那由他，菩薩僧有十二億。」那時有一個世界叫作大莊嚴，劫數叫作莊嚴劫。那位佛的壽命有二十小劫，他的出家弟子中，聲聞眾有三十六億那由他之多，大乘菩薩眾有十二億那由他之多。

我們這個世界在佛學中叫作娑婆世界，就是堪忍的意思，也是有缺陷不圓滿的意思。正因為不圓滿，所以眾生會願意學佛，如果太圓滿了，就成了八難之一的災難，眾生反而容易墮落。我們這娑婆世界的劫數叫賢聖劫，有一千個佛會出世，釋迦牟尼佛是第四位。所以我們不用擔心世界馬上會壞，因為還有很多佛要出世，慢慢等吧！

「天帝，是時有轉輪聖王，名曰寶蓋，七寶具足，主四天下。」轉輪聖王就是不世出的賢明聖王。轉輪聖王也分四等，金輪聖王、銀輪聖王、鐵輪聖王、銅輪聖王。金輪聖王出世的時候，世界絕對太平，幾乎沒有壞人。我在本經開頭時，講過一個很好的對子「願天常生好人，願人常做好事」，這就是寫轉輪聖王的時代。這個願很大，是真正的大願。中國歷史上的明君，算是哪一等的聖王，那是歷史哲學的問題。

佛經說有轉輪聖王出世，必定有七寶呈現，就是七個條件：輪寶（聖王拿在手中的金輪）、玉女寶（賢惠的皇后）、象寶、馬寶（好的交通工具，高明的戰爭工具）、摩尼珠寶、主藏寶（能幹的財務大臣）、主兵寶（有計謀的臣子、武將）。用這種標準來衡量，那麼中國三千年歷史中，好皇帝不多，算得上輪王的恐怕不到十個。好的皇后倒有好幾個，像明朝朱元璋的馬皇后就是一位，當時的人稱她是馬如來。提倡婦女運動的人，可以選這種例子來宣揚一下，對於家庭教育有很大的關係。

四天下是包括了四大洲的全部天下，四大洲是南贍部洲、東勝神洲、西牛賀洲、北俱盧洲。

佛告訴天帝，那個世界中有一位治世的聖王，叫作寶蓋，當時有七寶呈現，他統治四天下。

「王有千子，端正勇健，能伏怨敵。」這聖王有一千個兒子，每個都很端正，又勇敢又身體強健，無人能敵。

在中國的歷史上，只有周文王有一百子，當然這是《封神榜》小說這麼寫，不是正史。

「爾時，寶蓋與其眷屬，供養藥王如來。」那時寶蓋聖王和他的家屬，供養藥王如來。這又同東方有關，很少人注意這個問題，大乘佛法最後都提到東方的諸佛。

為什麼輪王出世的時候，也都會有教主出世？這點佛學不提的。在中國，人類文化分成三道：君道，是統御者，如轉輪聖王；師道，例如孔子、釋迦牟尼佛這些教主；臣道，能夠造福社會的將相。每一部佛經中寫君道時代時，師道和臣道一定同樣昌明；輪王衰落時，師道也會衰落。

「施諸所安，至滿五劫。」藥王如來和弟子的一切，都是由寶蓋聖王所供養，使他們能安心修道。而且不是只供養一百年，是供養了五劫那麼長的時間。

「過五劫已，告其千子：汝等亦當如我，以深心供養於佛。於是千子受父王命，供養藥王如來，復滿五劫，一切施安。」過了五劫，寶蓋聖王吩咐他一千個兒子，我死後你們要學我，以深心，至誠恭敬供養人天師表。這一千個兒子就照著父王的命令，又供養了藥王如來五劫，一切如同父王在世一般。

「其王一子，名曰月蓋，獨坐思惟：寧有供養殊過此者？」一千個兒子當中，有一個叫作月蓋，他獨自思索，還有什麼樣更超越的方式來供養佛？

佛說法供養

「以佛神力，空中有天曰：善男子，法之供養，勝諸供養。」此時空中有天人告訴他，真正的供養是法供養，勝過任何一切的供養。用普通的話講，就是精神的供養勝過物質的供養。當然，我這是簡單地講，法供養不能解釋成是精神的供養，下面解釋什麼是法供養。

「即問：何謂法之供養？天曰：汝可往問藥王如來，當廣為汝說法之供養。」天人告訴月蓋王子，去找藥王如來，他會詳細為你解說什麼是法供養。

「即時，月蓋王子行詣藥王如來。稽首佛足，卻住一面，白佛言：世尊，諸供養中，法供養勝，云何名為法之供養？」月蓋王子就依言去向藥王如來請示。「稽首佛足，卻住一面」，這都是傳統的禮法，表示對佛的恭敬。我年輕時候在家鄉，還是要向父母親行跪拜禮的，現在的年輕人當然沒這一套規矩了。

「佛言：善男子，法供養者，諸佛所說深經，一切世間，難信難受，微妙難見，清淨無染，非但分別思惟之所能得。」藥王如來告訴他，法供養就是智慧的成就。從教育的觀點來說，老師教學生，最高興的是，學生的成就能超過老師。所以孟子說，人生三樂之一是，得天下之英才而教之（另二樂是：父母在，兄弟無故；仰不愧於天，俯不怍於人）。

諸佛所傳的法就是經，經是傳法的記錄。深經不是一般的經，像《維摩詰經》就是深經，我們看文字，覺得懂了，實際上能否真懂還是問題。藥王如來說諸佛所傳的深經，世間眾生是難以相信，難以接受的。這話我們可能聽了不服氣，會說，我可是所有佛經都相信的。你有真正的相信嗎？如果自己沒有能修證到經典所講的境界，還只能算是迷信，不是正信。因為沒有證得，所以叫「微妙難見」。能證得了就能達到「清淨無染」的境界，那不是可以用分別心來思惟研究而得到的。用分別心來思惟研究，只是個方便，不是真正佛法，所以我們不要把佛法當作學問來研究。

「菩薩法藏所攝，陀羅尼印印之。至不退轉，成就六度。」佛所傳的深經，是大乘菩薩道的法藏，是陀羅尼（藏是倉庫的意思。陀羅尼是總持，最精要的意思，不只是指咒語），可以使人到達菩薩第八不退轉地，成就六度法門。

「善分別義，順菩提法，眾經之上。」為什麼上面剛說不可以分別，這裡又說善分別？其實並不矛盾的。本經開頭時就講過，「能善分別諸法相，於第一義而不動。」修證到了的人，並不是不可以用分別思想，因為他的分別思想念念皆空，不會停留，不會染污的。第一義是無義，實相之義。所以到了這個境界的人，能「善分別義」，順菩提正法，超越了一切經典。真學到了佛法最高處，是沒有法的。

當年我們學密宗，在西寧見過一個悟了道的喇嘛，他在康藏一帶很有名，大家只叫他瘋喇嘛。這瘋喇嘛住在一個小破廟中，外界把很多發了瘋的女人送到廟子裡，瘋喇嘛就對著他們彈漢人的琵琶，他彈得也不是很好聽，可是這些瘋女人聽了卻好了，過不了幾天就可以回家了。我們去看他，最好是帶茶葉，要不然是帶破爛的古董，他都很喜歡。他有一個鉢，奇髒無比，洗也不洗，他就在這鉢裡面泡茶給人喝，我們可是跪著接這個鉢來喝的。很多人嫌髒不敢喝，他就再也不會理你了。他很多舉動很怪的，我們在廟中拜佛，他就跑到後面去推佛桌，還喊「哎喲，哎喲」，意思好像是說你們很行，佛都被你拜得動了。就這樣，他已經在傳法了，你們能懂嗎？他也是眾經之上，一字都無。

「入大慈悲，離眾魔事及諸邪見，順因緣法，無我、無人、無眾生、無壽命，空、無相、無作、無起。」這段是大法，你不要把它當經或當佛學看，實際上它把佛法都傳完了。能夠懂得一字皆無的清淨大法，才能入大慈悲境界，離開魔事及諸邪見，能順緣起性空的因緣法。什麼是順因緣法？是遇事不要怨天尤人，一切都是業報，能痛痛快快地還債，就是順因緣法的表現。所以張拙悟道後作的偈子：「隨順世緣無罣礙，涅槃生死等空花。」一切總歸是八個字「物來則應，過去不留。」順因緣法到底，就是上面說的順菩提法，就悟了。

順因緣法的起修就是無我、無人、無眾生、無壽命，空、無相、無作、無起。

「能令眾生，坐於道場，而轉法輪。諸天、龍神、乾闥婆等所共歎譽。」什麼是道場？不是山林廟子，講法供養，心地就是道場。有一首很好的偈子：

> 佛在靈山莫遠求　靈山只在汝心頭
> 人人有個靈山塔　好去靈山塔下修

佛家道家和其他外道，都很看重這個偈子，它把身心雙方面都講完了，這就是道場的意義。再舉個例子，道家的張紫陽也有個偈子：

> 不移一步到西天　端坐諸方在目前
> 頂後有光猶是幻　雲生足下未為仙

這就是講本地風光，平常心就是道。真達到法供養的境界，就可使眾生坐於道場而轉法輪，不用另外找個道場的，天龍八部也都會來給你護法。

「能令眾生入佛法藏，攝諸賢聖一切智慧。」可以加庇眾生，讓他們進入佛法寶藏，得一切智慧。

「說眾菩薩所行之道。」能真正解說各個菩薩的法門。

「依於諸法實相之義，明宣無常、苦、空、無我寂滅之法。」真正的法供養就是真修持，能夠見到性空，依諸法實相無相的義理，弘揚無常、苦、空、無我的寂滅法門。但是我們要注意，無常、苦、空、無我，只是佛法的一半，是小乘證入涅槃之道。佛他老人家自己要涅槃時，說了另外一半：常、樂、我、淨，正好是相反的。佛這個時候說的是得道的本體，即空即有，非空非有。雖然如此，大小乘都是要以無常、苦、空、無我為根基，連這個都沒做到，也不用自我標榜是什麼大乘。

「能救一切毀禁眾生。」可以拯救一切犯戒違禁的眾生了。這裡講的犯戒是指遮戒，因時因地可以有所不同的，是遮戒。性戒是不限時空的，例如人類共同認為殺生是惡的，就是性戒。如果犯了性戒，就要自度，自見自性空，罪福皆空，才能夠超度。

「諸魔外道及貪著者，能使怖畏。諸佛賢聖，所共稱歎。」行法供養可以使魔外道和貪著的人，生怖畏心，為聖賢所稱歎。

什麼是魔外道？你們不要隨便說人家是魔外道，魔外道也是要度的，好人要度，壞人更要度。真悟道了就懂得，沒有什麼叫魔外道的，心外求法叫外道。即使我們學佛的人，自己還是在心外求法，那我們也是外道。魔是心魔，大珠禪師說得好，「起心是天魔，不起心是陰魔，或起不起是煩惱魔。」諸魔外道都是自心，是自己搗鬼，哪有真魔外道？

其實經文也告訴你了，貪著者就是諸魔外道。一切不貪著才是究竟。你說自己學佛，已經放下了，不貪了，真的嗎？你貪著清淨不是貪嗎？所以佛在《楞嚴經》中，把聲聞緣覺都罵成是外道，因為貪著個空。

「背生死苦，示涅槃樂。」可以了生死，真正得涅槃。

「十方三世諸佛所說。」諸佛所說深經的道理，是一切佛都這麼說的，不只是我藥王如來說的。真理只有一個，不這麼說的，就不是佛了。

「若聞如是等經，信解受持讀誦，以方便力，為諸眾生分別解說，顯示分明，守護法故，是名法之供養。」這裡總結什麼是法供養。如果聽到了這樣的深經，要信解受持讀誦，為眾生分析解說，這樣的人才是護法，能如此才叫作法供養。這是第一層法供養的意義，下面講第二層法供養。

也是法供養——修行

「又於諸法，如說修行」，依據佛的教導確實修行。下面列出佛所教導的主要法門。

「隨順十二因緣」，十二因緣是無明緣行，行緣識，識緣名色，名色緣六入，六入緣觸，觸緣受，受緣愛，愛緣取，取緣有，有緣生，生緣老死。十二因緣是聲聞緣覺道最重要的修法，也是了生死法。一念無明起，所以入胎轉生；無明不是沒有光明，是沒有智慧。小乘法門是要切斷無明，至於無明是怎麼起的就不說了。無明一起，就有行，行是動力，所以行陰最難了的。你打坐心不能靜，就算做到心寧靜了，身體的行陰像血液循環呼吸往來，都沒辦法停下來，這還是一念，沒有空，儘管意識沒感覺它。生命存在就是一念。

因為行就生出識，識就是心意識，就會有了別知覺。然後一連串下去，緣就是掛鉤，十二因緣就像十二個連環，一個鉤住一個。假使能解開其中一個環，其他十一個環就都好辦了。

佛告訴我們，要了生死，就要了一念無明。能明白了，能悟了，自然會有光明出現，不過不是有相之光，是無相光，佛學上叫常寂光。佛永遠都在常寂光中。我們這裡不能詳細講十二因緣，否則要拖得很長了。

所謂因緣是一個前因搭住了後果。例如我們看到了一杯水，想到了汽水，想到了果汁等等，都是由一杯水這一念來的，是連鎖關係。有人常喜歡知道自己前生是什麼樣的，來生又變成什麼樣。你不用問別人，自己應該知道的。你這一生種種的遭遇是果，都是前生種的因。你來生的遭遇，就看你今生做些什麼事，種什麼因了。所以說「欲知前世因，今生受者是。欲知來世果，今生作者是。」這就是因緣關係。

所有因緣要如何去了呢？在一念之間，五陰、六根、十二根塵、十八界等等，就是一念。一念知道了就自性本空，因緣本性也是空，因為是性空，所以能生起因緣的作用。這就是「緣起性空，性空緣起」。

宇宙萬有皆是因緣所生。注意！這是說宇宙的現象，不是本體。《楞嚴經》說「非因緣，非自然性」，很多人就覺得不解，一切法明明是因緣，為什麼說不是？問題是《楞嚴經》那句話講的是本體，本體是空性。至於宇宙萬有的現象，才是因緣所生。因緣縱使過了幾億萬年都不會消失的，不受時空阻礙，所以佛教導我們慎莫造因，因為「假使經百劫，所作業不亡，因緣會遇時，果報還自受」，這個中間的道理是非常複雜奇妙的。

因此佛經還有四句話：「人身難得，中土難生，明師難遇，佛法難聞。」共有四難，說明佛法菩提因緣成就之不易，菩提因緣不成就，修行只能算是種一點善根，等他生來世因緣成熟時再說。所以一個人的悟道，還有一個很重要的問題，佛學名稱是時節因緣，就是時間。時節因緣不成熟，還是不可能，因為時間是心不相應行法。

我們人與人之間的因緣也是很奇妙的，有時與某人只有一面因緣，再想過去打個招呼就沒有機會了，從此天南地北甚至天上人間，永遠隔開了。所以佛法和中國文化，都要人珍惜善緣。

「離諸邪見，得無生忍。」講起邪見，其他的宗教多認為宇宙中有個主宰。在座很多人，雖然信佛，但是不大容易有正見，還是認為有個菩薩在管著的。今天下午才和一位年輕同學談起，他去菩薩前問卦，菩薩告訴他可以交某某朋友。我說，這個話你也可以信嗎？一個真學佛的人，又是個知識分子，要信自心。我就寫了孔子的話給他「敬鬼神而遠之」。孔子不是反對鬼神，不是要破除迷信，而是要你恭敬鬼神，但是保持距離。這東西不能玩的，玩起來，人的價值就沒有了，這些就算是邪見。

唯識般若中觀告訴我們，一切萬法，無主宰，非自然，因緣所生。所以諸法無自性，都是因緣，誰也主宰不了誰。

邪見是我們要遠離的，縱然你修行工夫好，有定力，如果見地不清，還是難有成就的。見地就是觀念，有所謂五見：身見、邊見、邪見、見取見、戒禁取見。縱然你貪瞋癡慢疑都平伏了，有這五見就還是外道法門，因為沒有般若正知見。我在《禪海蠡測》這本書中，就評論了東西方的哲學思想，統統都是落在這五見上。

修道上的邪見太多了，稍微差一點就是邪見，換句話說，落入五見之中的邪見。邪就是歪，所以認為有主宰的，就是邪見。

《般若經》上有六十二見，六十二種見解，六十二種錯誤的思想觀念，障礙了成道。實際上不管它有六十二還是一百八，就是一念之間去掉我相、人相、眾生相、壽者相，不要有主觀。

藥王如來在這裡告訴我們，真正法供養要「離諸邪見」，能離得開，就得道了，因此，「得無生忍」一念不生。所以我常引用「一念不生全體現，六根才動被雲遮。」如果考試問你：菩薩如何得無生法忍？你可以用上《維摩詰經》這一段「隨順十二因緣，離諸邪見，得無生忍」來答就對了。甚至再簡化一點，只要答「離諸邪見」，也是正確的。

「決定無我，無有眾生，而於因緣果報，無違無諍。」證到了無生法忍就絕對無我相，無眾生相，對因緣果報看得好清楚，怕得很，一點不敢偏差，不敢爭論。若說空了就沒有因果了，也是很大的邪見。

當年我在成都，成都文殊院的方丈給我一個帖子，請我這晚輩吃素齋。這很嚴重，我就趕快去請教我的老師，老師說他也收到了帖子，方丈要審問你，聽說你年輕悟道了，要公審你，一共有六桌人，都是老和尚，你去嗎？我說，當然要去了，充其量殺頭，何況和尚是不開殺戒的。

到那一天吃飯時，都沒事，方丈很客氣，讓我坐最高位，連我的老師都坐在下座。飯吃完了，老和尚讓我講話，這一下開始了，所有在座的都可以提問，還好，我都能應付。最後老和尚問了個問題：

「證無生法忍是不是證得空性？」我答，是的。

「那空了還有沒有因果？」我說當然有。

「空怎麼有因果？」我說空是因，涅槃是果。

老和尚聽了就坐下來，不再說話了。這才終於通過了，老和尚是慈悲的，他怕我悟了空性就「撥無因果」，那是很嚴重的。可是真正的悟到空，因果卻更明顯了。為什麼？你真空了，只要有一點東西就看得更清楚。凡夫眾生因為不空，對因緣果報反而看不清楚，被染污擋住了。所以古人說，學般若的空宗菩薩如「冰稜上走，劍刃上行」，在冰凍的山稜上走，以及踏著刀鋒走，都是很危險的，一有不慎，一念之間不防，就下去了。管你學的是什麼菩薩境界，照樣是六道輪迴。

「離諸我所。」問題來了，一個人真達到無我，是什麼無我？你們要把《維摩詰經》這一句參進去，好好修行，是「離諸我所」，我所屬的肉體，我所屬的思想妄念都空了。我常提醒大家，這個身體不是我，是我之所屬的，是我有使用權，但不是我。你住的房子是你的，你有權使用，但你不是房子，你死了房子不跟著你的。所以你就算得到空，這個空也是我所。真正的無我就是離諸我所。那個能知我與非我的，動也沒有動過，不需要離，天上天下唯我獨尊。你能懂進去了就恭喜了。

四不依　隨順法相

「依於義，不依語。依於智，不依識。依了義經，不依不了義經。依於法，不依人。」這是有名的「四不依」，學佛的人都要知道。我們本師釋迦牟尼佛，一生下來，走了七步路，然後一手指天，一手指地，說「天上天下唯我獨尊」。這是什麼意思？為什麼正好走七步，不是六步，不是八步？你們參參看，這才是真大話頭。

學佛是要完成自我，用現代哲學語言說，是要找到真正自我。真找到了，是頂天立地的，也沒有什麼上帝佛菩薩，三界之間只有我，其他一切皆空。你懂了這個道理，就明白為什麼學佛有四不依。

「依義不依語」，是說縱使你能把佛經倒過來背，如果沒有搞清楚經文的道理，也是沒有用的。你要把經文的義理，像吸收營養似的吸收，不死守經文的文字語言作標準。

「依智不依識」，是說不能依我們的心意識，不能用習慣的思想推理來解釋佛經，而是要用般若智慧。你們將來出去講經弘法，要像巖頭禪師說的，語語從胸襟中流出，蓋天蓋地，不然你一字不漏地講，於眾生無益。智慧不是聰明，更不是學位，生活中處處是佛法，不用言語文字表達，要靠智慧去領悟。

「依了義不依不了義」，三藏十二部當中很多是不了義經，就是義理不透徹的，很多小乘的經典是如此。學習佛法就要依了義經，義理徹底，透頂透底。譬如《楞嚴經》的經題是《大佛頂如來密因修證了義諸菩薩萬行首楞嚴經》，已經告訴了你是了義經。不過老實講，依我看《楞嚴經》還不是盡然了義的，還掛著點尾巴。真正徹底了義就只是一張白紙，什麼都沒有。諸位的了義經在哪裡？都在你家裡，你沒有出門來這裡聽經之前，你已經唸完《維摩詰經》了，你來這裡聽我講的是不了義。你懂了這個意思可以學佛了。

什麼是佛？禪宗祖師答：「佛是無事的閒人。」這很難，閒也不容易的，我看你們當中有幾位很閒的，但是閒得很煩惱。古人詩曰：「人非有品不能閒」，這個品不是人品，是說沒有超越「了脫」境界的話，是閒不下來的，閒下來會痛苦的。曾子說「小人閒居為不善」，一個人閒居久了不是好事。所以有時我會勸一些年紀大的朋友，不要退休，能夠賴就賴，多拖一下。我看有的人做了幾十年事，一退休下來就垮了，開始生病，精神不好，很快就真退休了。為什麼？就是「人非有品不能閒」。

還有禪宗祖師說：「佛是了事的凡夫。」所以學佛要依了義經，不依不了義經。你也不要執著於佛經上所有的話，一執著了，對不起，雖然不是邪見，但是成了邊見，也就是宗教性的偏見。宗教的偏見最多，也最排他。但是我看每一個宗教都一樣，因為基本上都是教人為善的，這總沒有錯吧！不必說你是那個教，我是這個教。你睡午覺，我睡晚覺。宗教的最高處是有不同，但你不要用最高來看人家，要從平等線來看。所以有的朋友對我說，想找個宗教歸宿，又不知道選哪個教，我就叫他去街上逛，看見哪個教堂廟子，覺得看著舒服就進去坐坐聽聽。我不是哪個教的推銷員，這是要看個人因緣如何，不是我不肯推薦。

第四個不依是「依法不依人」，我每次進教室你們就站起來，我只好合個掌，我實在很煩，很怕敬禮。我常罵你們，只會「老師早，老師好，老師不得了。」都是假話！其實老師樣樣都不了。老師好不好不要管，要依法不依人，以老師所講的法好不好為主，不是看老師這個人好不好。如果因為是某某講的我不能不信，那你是大迷信，有時我問同學為什麼要如此如此，他說因為是老師你昨天這麼講的。這就是沒有智慧，昨天某一個環境所以這麼說，今天的環境不同，你怎麼不曉得變呢？昨天下雨我叫你帶傘，今天不下雨你為什麼還要帶傘呢？

學佛一定要把四不依搞清楚。像現在好多人跟著去學密宗，我就問他們到底學了什麼東西，講給我聽聽。一聽之下，都是沒有搞清楚就胡跟著學，不管你跟著再有名的喇嘛還是麻辣，都沒用的，弄個手印就叫傳法，曼達還不如饅頭好。曼達是代表一切供養，曼達拉就是道場，曼達拉的手印就是說要盡自己一切所有供養。你又不懂這意思，也做不到這樣的供養，只會結印，不是自欺欺人是什麼？

現在回到本題，本題是法供養。你真做到四不依，才是如法修行的人，才真對得起佛菩薩，才是法供養。不是你搞什麼曼達拉才是供養。學佛在心在念，心念搞不清楚都是在自欺欺人。

「隨順法相，無所入，無所歸。無明畢竟滅故，諸行亦畢竟滅。乃至生畢竟滅故，老死亦畢竟滅。作如是觀，十二因緣無有盡相。不復起見，是名最上法之供養。」這是大乘十二因緣，一直連到這裡。能夠做到四不依，才能隨順法相，是真正學佛的教導。也無所謂證入了什麼境界，也無所謂歸入何處，也就是不著相。人到了不著相就解脫了，就達到學佛的目的。這時候就沒有無明起來，沒有無明就不會有行，最後到生、老死也空了。講到依了義經不依不了義經，大家常常讀的一本了義經，連題目共二百六十八個字（加了摩訶就成二百七十個字），就是《心經》。其中所講的「無無明，亦無無明盡，乃至無老死，亦無老死盡」，與這裡講的是一樣的。

能夠這樣去觀，就無所謂滅無明，也無所謂不滅無明。滅與不滅都是兩頭的不了義教。就像空，也是不了義；有，也是不了義。不了怎麼得了？學佛就是求了的。藥王如來說，這就是最上等的法供養。

我小的時候幫媽媽去街上打油，端著個碗，愈小心愈潑出來，結果把碗打破了。我頭也不回，趕忙去家裡再拿個碗出來。人家問我，打破碗怎麼也不停下來？我說為什麼要停下來？媽媽等著油燒菜，碗破了就破了嘛，我就算停下來，它還是個破碗啊！天下就有很多不了的人，打破了還待在那裡看，還要嘆氣，真可惜啊！好名貴的碗啊！然後還要氣得睡不著，吃虧了還要生氣，那簡直是笨蛋，這就是不了。所以當初很多同學問我怎麼學佛，我就叫他拿個好碗好杯子來摔，他們都上當。而且他愈生氣我愈笑，你們這樣子怎麼學佛？這個都捨不得！現在我年紀大了，這個方法不用了。

佛說到這裡，經文頓一下，然後再為天帝說下去。

王子月蓋守護正法

「佛告天帝：王子月蓋，從藥王佛聞如是法，得柔順忍。」月蓋王子聽到藥王如來這個法門，還不用證到，能聽懂了就得「柔順忍」的境界。心平氣和是柔順，由心平氣和進到萬念皆空就是忍，萬緣放下。不是表面忍住故作心平氣和狀的意思，那會得癌症的，會把肝弄壞了。本經在前面也講過，這個世界上的眾生懺悷不調，又倔強又壞，很難調伏，能調伏就是柔順。

「即解寶衣嚴身之具，以供養佛」，月蓋王子得了柔順忍，就立即把身上穿的寶衣脫下來，供養藥王如來。

釋迦牟尼佛當年，也接受了弟子迦葉尊者供養的一件袈裟，迦葉尊者沒出家之前，是當時印度的首富。這件衣服叫天衣，就是一塊布披著，也不用縫的，所以後來的成語說「天衣無縫」。天衣，不是說是天上的衣服，是因為印度在唐朝叫天竺（在漢代叫作身毒）。迦葉尊者供養的這件天衣，是他的傳家之寶。

「白佛言：世尊，如來滅後，我當行法供養，守護正法。願以威神，加哀建立。令我得降伏魔怨，修菩薩行。」月蓋王子向佛發願，等藥王如來涅槃了，我一定依佛的教導來做法供養，保護正法住世。請佛給我加庇，給我力量，使我在修行過程中能降伏魔怨，修菩薩道。

這個在佛學上叫作祝願，其它宗教叫祈禱。出家同學要注意，即使受了人家一粒沙的供養，也要合掌向人家祝願，祝他修道早成，或是菩薩加庇，萬事如意。

講到魔怨，這是修行上最難降伏的障礙。受佛法的影響，中國也有句老話「道高一尺，魔高一丈」，好像魔的力量比佛大。基督教也是如此，上帝全能，但是沒有辦法降伏魔鬼。佛與魔是平等的，佛的神通有多大，魔的魔力也有多大，這個道理要參透。換句話說，諸佛菩薩的智慧神通無量無邊，對不對？一切眾生的業力煩惱也同樣地無量無邊。這兩個是相等的，你不要以為佛的威力大，其實眾生的業力也很大。如果眾生的業力不大，我們這社會哪來這麼多煩惱？所以都在魔怨中。眾生最大的魔，就是生死魔。魔的種類就不再重複了。魔就是業力造的，魔的力量下去了，就是你菩提道成功了。

沒有魔怨了，修行自然就到家了。你修行何以不到家？因為處處有魔怨障礙，你剛剛進一步，障礙就來了，大家都有這樣的經驗。才清淨了幾天，別的煩惱就來了，「道高一尺，魔高一丈」，你進步一尺，魔怨進步十尺。但是我告訴你，真修菩薩道不怕魔怨，還希望有魔怨，所謂「欲堅道力憑魔力」，這個堅就是忍辱、堅忍。你每打贏一次，你的工夫就躍進一步，如果被魔磨垮了，你就下去了。月蓋王子發的願，就是修行人應該走的路子，不怕魔怨，不怕磨難，努力向前。

「佛知其深心所念，而記之曰：汝於末後，守護法城。」藥王如來明白月蓋王子的心念，就為他授記。授記就是灌頂，是要入定，然後把法界的智慧光明，灌輸給被授記的人。藥王如來作預言說，你在末法時代還要來的，會當個大護法。在末法時代保護正法是非常難的。正法時代弘法容易，修持也容易成就，看經典的記載，古人成就又多又快。現在好像都沒什麼人成就，就因為障礙愈來愈多。藥王如來交代給月蓋王子的，是一個非常艱鉅的任務。

「天帝，時王子月蓋，見法清淨，聞佛授記，以信出家。修習善法，精進不久，得五神通，具菩薩道。得陀羅尼，無斷辯才。於佛滅後，以其所得神通、總持、辯才之力，滿十小劫。藥王如來所轉法輪，隨而分布。」釋迦牟尼佛繼續對天帝說，當時月蓋王子因為受了加庇，得清淨心，再聽佛為他授記，因此得了正信佛法而出家了。不是一出家就成道了，出家修習一切善法，晝夜精進，不久後得了五種神通（還沒有得第六通的漏盡通），修成了菩薩道，得陀羅尼總持法門，學問高，辯才無礙。在藥王如來涅槃之後，以其所得神通、總持、辯才之力，維持正法經過十小劫。因此藥王如來的佛法，因他而能夠留傳世間，這是他的功勞。

這句話要注意「見法清淨」，真正學佛，不管你學哪一種法門，是以見地為最難。禪宗祖師選弟子，首先注重「具見」，具備遠大的眼光，高深的見解，理上懂了，才好修持。見地不真的話，修持就很難了，什麼是見？等於去到一個地方，一見很危險就走了；或者一見很適合自己就留住。這個見地是在自己，很要緊的，不要靠老師，那還是靠別人。見地是智慧來的，我常常大聲疾呼，學佛修道是智慧的成就，不是盲目的迷信，這個見地就是智慧之見。

能「見法清淨」就是認清什麼是佛法的正見，一念不生，自然心念清淨，才有資格算是佛弟子，才會聽見佛為你授記。雖然釋迦牟尼佛不在世間了，你能見法清淨，就會明白十方三世佛都還在，沒有涅槃，就會曉得佛在給你授記。為什麼你見不到佛？因為你不能見法清淨。

「月蓋比丘，以守護法，勤行精進，即於此身，化百萬億人，於阿耨多羅三藐三菩提立不退轉，十四那由他人，深發聲聞辟支佛心。無量眾生，得生天上。」這就是月蓋王子一個人的作用，所以人才之重要，像這樣的人，在中國古文來講是「不世而出」，不是每一個時代都有的，也許幾千年只出一個。

月蓋王子比丘住世，毫不懈怠地守護正法，他教化了無數的人，每一個都得到了大徹大悟，永不動搖。還有無數的人，雖然沒有大徹大悟，也證了小乘羅漢果。再其次也有無數人，因而在肉身結束時能夠升天。他的功德實在太大了。

各位從事教育的人要小心，好的教育工作者，能夠有像月蓋王子一樣的功德；不好的，真是誤人子弟啊！罪過大於搶匪。很多資質很好的年輕人，就是被教育耽誤了。教育失敗，對國家社會都有很嚴重的後果，是很令人痛心的。當然，今天的教育不行，不能只怪學校，也不能只怪老師。老師也是人家的兒女，都是家裡沒教好。所以現在從家長起就要再教育，他們才能教好後一代。但是有誰能來教呢？除非能找到月蓋王子。

賢劫中的千佛

「天帝，時王寶蓋豈異人乎？今現得佛，號寶燄如來。」現在釋迦牟尼佛把故事說完了，他就問天帝，你知不知道月蓋王子的父親寶蓋聖王是誰？他現在在另外一個世界成佛，叫寶燄如來。我們唸千佛名號中，就有他。

「其王千子，即賢劫中千佛是也。」他有一千個兒子也都成了佛，就是要在我們這個劫數（賢聖劫）中出世的一千個佛。

「從迦羅鳩孫馱為始得佛，最後如來號曰樓至。」迦羅鳩孫馱在別的經上，翻成拘留孫佛，都是譯音，是這個劫數的第一尊佛。釋迦牟尼佛是第四位，將來第五位是彌勒佛，千佛中最後一位成佛的，是韋馱菩薩，佛號是樓至佛，因為他發願為前面九百九十九尊佛護法。

「月蓋比丘則我身是。」那個月蓋王子是誰呢？就是釋迦牟尼佛。那維摩居士呢？他是第幾位？其實他在古老劫數早已成佛，只是來這裡湊湊熱鬧。

「如是天帝，當知此要，以法供養，於諸供養為上為最，第一無比。是故天帝，當以法之供養，供養於佛。」釋迦牟尼佛最後告訴天帝，要知道佛法的要點，依佛的教導去修持就是法供養，而法供養是所有供養中最高的，所以你要以法供養來供養佛。

囑累品第十四

於是佛告彌勒菩薩言：彌勒，我今以是無量億阿僧祇劫所集阿耨多羅三藐三菩提法，付囑於汝。如是輩經，於佛滅後末世之中，汝等當以神力，廣宣流布於閻浮提，無令斷絕。所以者何？未來世中，當有善男子善女人，及天、龍、鬼、神、乾闥婆、羅剎等，發阿耨多羅三藐三菩提心，樂於大法。若使不聞如是等經，則失善利。如此輩人，聞是等經，必多信樂，發希有心，當以頂受。隨諸眾生所應得利，而為廣說。彌勒當知，菩薩有二相。何謂為二？一者，好於雜句文飾之事。二者，不畏深義如實能入。若好雜句文飾事者，當知是為新學菩薩。若於如是無染無著甚深經典，無有恐畏，能入其中，聞已心淨，受持讀誦，如說修行，當知是為久修道行。彌勒，復有二法，名新學者，不能決定於甚深法。何等為二？一者，所未聞深經，聞之驚怖生疑，不能隨順，毀謗不信，而作是言：我初不聞，從何所來。二者，若有護持解說如是深經者，不肯親近供養恭敬，或時於中，說其過惡。有此二法，當知是為新學菩薩，為自毀傷，不能於深法中，調伏其心。彌勒，復有二法，菩薩雖信解深法，猶自毀傷，而不能得無生法忍。何等為二？一者，輕慢新學菩薩，而不教誨。二者，雖信解深法，而取相分別。是為二法。

彌勒菩薩聞說是已，白佛言：世尊，未曾有也。如佛所說，我當遠離如斯之惡，奉持如來無數阿僧祇劫所集阿耨多羅三藐三菩提法。若未來世，善男子善女人，求大乘者，當令手得如是等經，與其念力，使受持讀誦，為他廣說。世尊，若後末世，有能受持讀誦，為他說者，當知皆是彌勒神力之所建立。佛言：善哉！善哉！彌勒，如汝所說，佛助爾喜。

於是一切菩薩合掌白佛：我等亦於如來滅後，十方國土，廣宣流布阿耨多羅三藐三菩提法。復當開導諸說法者，令得是經。

爾時，四天王白佛言：世尊，在在處處，城邑聚落，山林曠野，有是經卷，讀誦解說者，我當率諸官屬，為聽法故，往詣其所，擁護其人。面百由旬，令無伺求，得其便者。

是時，佛告阿難：受持是經，廣宣流布。阿難言：唯！我已受持要者。世尊，當何名斯經？佛言：阿難，是經名為維摩詰所說，亦名不可思議解脫法門，如是受持。佛說是經已，長者維摩詰、文殊師利、舍利弗、阿難等，及諸天人、阿修羅一切大眾，聞佛所說，皆大歡喜，信受奉行。

現在是本經的最後一品〈囑累品〉，很多經中都有這個品名。「囑」是佛的吩咐；「累」是集中，就是把佛的吩咐累積起來，叫作〈囑累品〉。本經這一品，佛吩咐彌勒菩薩，這位未來的佛。

佛對彌勒菩薩的交代

「於是佛告彌勒菩薩言：彌勒，我今以是無量億阿僧祇劫所集阿耨多羅三藐三菩提法，付囑於汝。如是輩經，於佛滅後末世之中，汝等當以神力，廣宣流布於閻浮提，無令斷絕。」佛吩咐彌勒菩薩，把過去無量劫數修持累積來的大徹大悟法門，交代給你，像這一類的經，在我去世之後的末法時代，你應該以你神通的威力，在這個世界中弘揚，不要讓佛法斷絕。

「所以者何？未來世中，當有善男子善女人，及天、龍、鬼、神、乾闥婆、羅剎等，發阿耨多羅三藐三菩提心，樂於大法。」學佛的人要記住佛所教誨的一句話：「勿輕末學」，也有寫成「勿輕未學」，就是不要輕視後輩或將來的人。孔子也說過：「後生可畏，焉知來者之不如今也？」觀念和佛法是一樣的。我儘管也罵時下年輕人，不過總是勸人也不必擔心，這些年輕人將來會比我們過得好。

佛在這裡吩咐彌勒菩薩，將來末法時代的人，乃至牛鬼蛇神之非人類，也有發菩提心的。

「若使不聞如是等經，則失善利。」假使他們不能聽聞這一類的經，就會失去應得的善利。

「如此輩人，聞是等經，必多信樂，發希有心，當以頂受。隨諸眾生所應得利，而為廣說。」這些人和非人，聽了這類的經，一定會樂於相信，會覺得是難得的經，會接受它是至高的道理。因此彌勒菩薩，你要為未來眾生的利益來弘法。

兩種菩薩

「彌勒當知，菩薩有二相。」注意，一切眾生都是因地上的菩薩，如果修持證果了，例如觀音菩薩、文殊菩薩、地藏菩薩，就是果位上的菩薩。

而菩薩分二種。

「何謂為二？一者，好於雜句文飾之事。二者，不畏深義如實能入。」第一種菩薩，喜歡把佛法當學問知識來研究；另一種，不畏懼高深的義理，能把身心投進去修持。在禪宗，第一種菩薩叫作理入，用思想學問證入的；第二種菩薩叫作行入，用修持做工夫證入的。達摩祖師說，在末法時代說理者多，行證者少。也就是說，好談禪的人多，真做工夫的人少。

「若好雜句文飾事者，當知是為新學菩薩。」有些人只喜歡研究佛學，也很喜歡聽經，但是要他來修行他就不幹，或是環境不許可，這些是剛發心的菩薩。

「若於如是無染無著甚深經典，無有恐畏，能入其中，聞已心淨，受持讀誦，如說修行，當知是為久修道行。」有些人接觸到這些大乘的經典，不會害怕，聽聞經典後心能清淨，能受持讀誦，依教導修行。這種人都是前生有修行過的。

「彌勒，復有二法，名新學者，不能決定於甚深法。」初學菩薩又分兩種。

「何等為二？一者，所未聞深經，聞之驚怖生疑，不能隨順，毀謗不信，而作是言：我初不聞，從何所來。」第一種人聽了佛經的高深義理會害怕，或者不能相信，甚至毀謗佛法，會說我從沒聽過這種道理，我不信。

事實上這種人的確有的，我當年在西康碰過一個人，他學問很好，地位很高，他常跟我說，我們什麼都可以談，只有佛法不能談。有一天一起吃完飯，他對我說，你曉得嗎？世界上真正吹牛祖師就是釋迦牟尼。佛經上說，「於一毛端現寶王剎，坐微塵裡轉大法輪」，吹得多大啊，我說，你老兄說得不錯。要影響一個人，不能擺你那個宗教面孔，罵他謗佛，要能布施、愛語、利行、同事才行。我便給他戴戴高帽子，他便對我這個學佛的就有好感了。逐漸地，他會背著我們去讀佛經，這是他另外的朋友告訴我的。

還有一個人，是英國老牌留學生，學問第一流，過去在國民政府當過部長的。他很氣他的太太，因為他寫的文章，常被太太說是狗屁不通。他打坐、讀佛經，太太都反對，就問我怎麼能影響他太太。我就告訴他，不用和太太爭，但是把一些佛經故意翻開，擱在桌上太太看得到的地方。你不在，太太會去翻翻看的，一看就看進去了。他就依我的去做，最後真把太太引進門了，這就是教育的方便手段。你們千萬不要擺一副宗教面孔，死板地傳教，我看到汗毛都豎起來了。

「二者，若有護持解說如是深經者，不肯親近供養恭敬，或時於中，說其過惡。」第二種初學菩薩，對於能護法說法的人，反而不願意親近供養，甚至會挑人家毛病，批評人家。

「有此二法，當知是為新學菩薩，為自毀傷，不能於深法中，調伏其心。」有這兩種行為，就知道他是新學菩薩，雖然在學佛，也在造業，所以不能調伏其心，永遠在生死輪迴中。像是燒柴火，雖有亮光，但也在冒煙，要看將來哪一種力量戰勝他。

「彌勒，復有二法，菩薩雖信解深法，猶自毀傷，而不能得無生法忍。」還有兩種，有的菩薩雖然深信大乘佛法，但是自己倒行逆施，因此不能得無生法忍。

「何等為二？一者，輕慢新學菩薩，而不教誨。二者，雖信解深法，而取相分別。是為二法。」是哪兩種？一種是輕視後輩。所以我常勸同學要發心幫助初學的同學，可是就有人會推三阻四的，你這樣就已經造了業，會有果報的。第二種人，雖然了解佛法，但是分別心重，認為一定要怎麼樣才對，這也是造業。

這裡釋迦牟尼佛對彌勒菩薩講的，都是戒，是嚴重的菩薩戒啊！大家一定要注意。

彌勒菩薩的承諾

「彌勒菩薩聞說是已，白佛言：世尊，未曾有也。如佛所說，我當遠離如斯之惡，奉持如來無數阿僧祇劫所集阿耨多羅三藐三菩提法。」

彌勒菩薩聽了釋迦牟尼佛的這一番教訓，立刻就懂了，即刻表示會小心遵照佛的教導，會避免這些過錯，會奉持佛在過去無量劫數修持累積來的大徹大悟法門。

「若未來世，善男子善女人，求大乘者，當令手得如是等經，與其念力，使受持讀誦，為他廣說。」未來如果有人願意求大法的，我會讓他遇到正法，我也會加庇這樣的人，使他能受持讀誦，並且為他人解說。

「世尊，若後末世，有能受持讀誦，為他說者，當知皆是彌勒神力之所建立。」假若在未來末法時代，有人對大乘經典能受持讀誦，甚至能為他人解說的，那就是彌勒菩薩神通力量之助，也是他所發的心願。

「佛言：善哉！善哉！彌勒，如汝所說，佛助爾喜。」佛聽了就稱讚彌勒菩薩，好啊！如你所說的願力，諸佛都會幫助你，為你而歡喜。

「於是一切菩薩合掌白佛：我等亦於如來滅後，十方國土，廣宣流布阿耨多羅三藐三菩提法。復當開導諸說法者，令得是經。」在場的所有菩薩都合掌對佛發願，會在未來十方的國土中，弘揚正法。對於一切宣揚佛法的人，使他們能得到這部經。

「爾時，四天王白佛言：世尊，在在處處，城邑聚落，山林曠野，有是經卷，讀誦解說者，我當率諸官屬，為聽法故，往詣其所，擁護其人。面百由旬，令無伺求，得其便者。」接著，四大天王也向佛發願，無論在何處，只要有人在唸、在研讀、在解說這一部經典，我們會帶領天兵天將，前去保護，使他們在百由旬範圍以內，不會受魔怨障礙。

阿難受命記錄

「是時，佛告阿難：受持是經，廣宣流布。」最後佛吩咐阿難，要他好好整理記住這部經，將來廣為流通。

「阿難言：唯！我已受持要者。世尊，當何名斯經？」阿難回答，是的，我已經記住了，這部經應該取什麼名字呢？

「佛言：阿難，是經名為維摩詰所說，亦名不可思議解脫法門，如是受持。」所以，這本經的題目是佛所定的。

「佛說是經已，長者維摩詰、文殊師利、舍利弗、阿難等，及諸天人、阿修羅一切大眾，聞佛所說，皆大歡喜，信受奉行。」研究所有佛經，都是這四個字「信受奉行」，這是四個階段，真的信了嗎？不是迷信，而是透徹了解道理的正信；信了以後接受，確實遵行。大家唸經讀到這四個字，都很開心，因為可以休息吃飯了。所有佛經都是由「如是我聞」開始，到「信受奉行」結尾，就是要以至誠接受，再變成行為。

《維摩詰經》講到今天，算是圓滿了。

南懷瑾文化出版相關著作

2014年出版

南師所講呼吸法門精要
劉雨虹／彙編

孟子與盡心篇
南懷瑾／講述

東拉西扯——說老人，說老師，說老話
劉雨虹／著

雲深不知處：南懷瑾先生辭世週年紀念
劉雨虹／編

禪海蠡測
南懷瑾／著

禪海蠡測語譯
南懷瑾／原著，劉雨虹／語譯

孟子與滕文公、告子
南懷瑾／講述

太極拳與靜坐
南懷瑾／講述

2015年出版

點燈的人：南懷瑾先生紀念集
東方出版社編輯群／編

金粟軒紀年詩
南懷瑾／原著，林曦／注釋

話說中庸
南懷瑾／著

孟子與萬章
南懷瑾／講述

2017年出版

瑜伽師地論 聲聞地講錄（上下）
南懷瑾／講述

靜坐修道與長生不老
南懷瑾／著

圓覺經略說
南懷瑾／講述

答問青壯年參禪者
南懷瑾／講述

說不盡的南懷瑾
查旭東／著

說南道北：說老人 說老師 說老話
劉雨虹／著

南懷瑾與楊管北
劉雨虹／編

禪、風水及其他
劉雨虹／著

如何修證佛法（上下）
南懷瑾／講述

藥師經的濟世觀
南懷瑾／講述

懷師之師：袁公煥仙先生誕辰百卅週年紀念
劉雨虹／編輯

我的故事我的詩
南懷瑾／講述

www.nhjce.com

2016年出版

孟子與離婁
南懷瑾／講述

孟子與公孫丑
南懷瑾／講述

對日抗戰的點點滴滴
南懷瑾／口述

孟子旁通
南懷瑾／講述

大圓滿禪定休息簡説
南懷瑾／講述

我説參同契（上中下）
南懷瑾／講述

人生的起點和終站
南懷瑾／講述

孔子和他的弟子們
南懷瑾／講述

漫談中國文化：企管、國學、金融
南懷瑾／講述

跟著南師打禪七：一九七二年打七報告
劉雨虹／編

2018年出版

洞山指月
南懷瑾／講述

百年南師——紀念南懷瑾先生百年誕辰
劉雨虹／編

新舊教育的變與惑
南懷瑾／著

禪與生命的認知初講
南懷瑾／講述

易經繫傳別講（上下）
南懷瑾／講述

道家密宗與東方神祕學
南懷瑾／著

中醫醫理與道家易經
南懷瑾／講述

2019年出版

花雨滿天維摩説法（上下）
南懷瑾／講述

編印中

金剛經説甚麼（上下）
原本大學微言（上下）
列子臆説（上中下）
易經雜説
皇極經世書

花雨滿天維摩說法 下冊

上下冊合售 · 建議售價 · 1300 元

講　　述 · 南懷瑾
出版發行 · 南懷瑾文化事業有限公司
網址：www.nhjce.com
董 事 長 · 南國熙
總 經 理 · 饒清政
總 編 輯 · 劉雨虹
編　　輯 · 古國治　釋宏忍　彭　敬　牟　煉
記　　錄 · 張振熔
校　　對 · 歐陽哲
代理經銷 · 白象文化事業有限公司
412台中市大里區科技路1號8樓之2（台中軟體園區）
出版專線：（04）2496-5995　　傳真：（04）2496-9901
401台中市東區和平街228巷44號（經銷部）
購書專線：（04）2220-8589　　傳真：（04）2220-8505
印　　刷 · 基盛印刷工場
版　　次 · 2019年5月初版一刷

設計編印 白象文化
www.ElephantWhite.com.tw
press.store@msa.hinet.net
總監：張輝潭　專案主編：吳適意

國家圖書館出版品預行編目資料

花雨滿天維摩說法／南懷瑾講述. --初版.--臺北市：南懷瑾文化，2019.05
面：　公分.
ISBN 978-986-94058-0-5（平裝）
1.經集部
221.721　　105022546